DIANZI SHANGWU REDIAN
WENTI FENXI

电子商务热点问题分析

郝玉柱　陈　静◎主编

图书在版编目（CIP）数据

电子商务热点问题分析/郝玉柱，陈静主编．—北京：知识产权出版社，2016.4
ISBN 978-7-5130-4016-7

Ⅰ.①电⋯　Ⅱ.①郝⋯ ②陈⋯　Ⅲ.①电子商务—研究　Ⅳ.①F713.36

中国版本图书馆 CIP 数据核字（2016）第 006293 号

内容提要

本书分为电子商务发展趋势、电子商务与物流、跨境电子商务、在线零售、电子商务管理及附录六个专题。

内容包括"一带一路"战略区电子商务，OTO 电子商务，农产品电子商务，电子商务时代的物流发展、物流信息化、日本电子商务物流的发展经验、云物流环境下的农物商一体化、跨境电子商务物流，零售企业线上线下协同经营、整合营销策略，消费者品牌知识分享，我国电子商务立法面临的挑战、监管体系中的公共主体作用、网络零售市场信用、网络交易平台运营商垄断行为的政府规制等。

责任编辑：张水华　　　　　　　　　　　责任出版：刘译文

电子商务热点问题分析

郝玉柱　陈　静　主编

出版发行：	知识产权出版社 有限责任公司	网　　址：	http://www.ipph.cn
社　　址：	北京市海淀区西外太平庄 55 号	邮　　编：	100081
责编电话：	010-82000860 转 8389	责编邮箱：	miss.shuihua99@163.com
发行电话：	010-82000860 转 8101/8102	发行传真：	010-82000893/82005070/82000270
印　　刷：	三河市国英印务有限公司	经　　销：	各大网上书店、新华书店及相关专业书店
开　　本：	787mm×1092mm　1/16	印　　张：	21.25
版　　次：	2016 年 4 月第 1 版	印　　次：	2016 年 4 月第 1 次印刷
字　　数：	320 千字	定　　价：	49.00 元
ISBN 978-7-5130-4016-7			

出版权专有　侵权必究

如有印装质量问题，本社负责调换。

前　言

电子商务通常是指在开放的网络环境下，基于浏览器/服务器应用方式，买卖双方网络进行各种商务活动、交易活动、金融活动和相关的综合服务活动的一种新型的商业运营模式。近年来，电子商务在我国发展迅速，在2015年"双11"购物活动中，据数据公司"星图数据"公布的数字，"双11"当天全网交易额为1229.37亿元，较上年的805亿增长52.7%，全网包裹数达6.78亿，较上年的4.1亿增长65.7%。为了更好地推动电子商务的发展，2015年5月4日，国务院颁布了《关于大力发展电子商务加快培育经济新动力的意见》，2015年8月21日商务部等19个部门出台了《关于加快发展农村电子商务的意见》。中国流通经济杂志社结合刊物特色及栏目设置，及时组织并刊登了与电子商务相关的热点问题研究稿件。应广大读者的要求，现将刊登在各期的电子商务热点问题的稿件结集出版，以飨读者。

本书的内容共分为六个专题，分别是电子商务发展趋势、电子商务与物流、跨境电子商务、在线零售、电子商务管理及附录。

在"电子商务发展趋势"研究专题中，《我国电子商务发展的特点和趋势》一文认为，我国电子商务的迅速发展带动了现代服务业快速发展和传统企业转型升级，助力企业开拓海外市场和中小企业进入大市场，促进实体经济与网络经济融合发展，在未来发展中，移动终端应用将成为电子商务市场的新领域，跨境电子商务将加快外贸发展方式转变，大数据技术将推动电子商务向精细化发展。《"一带一路"战略区电子商务新常态模式探索》一文指出，为更好地推动"一带一路"战略区电子商务实现新常态，必须积极创造条件，在明确电子商务与实体经济关系的基础上，立足"一带一路"战略区，"市场主导、政府参与"，打造由跨境电子商务平台、专业化云物流系统、互联网金融等构件组成的电子商务新常态模式。《OTO电子商务商业模式探析》一文认为，企业采用O2O模式，要精准定位，实施成本领先战略或差异化战略；设计可持续的赢利模式，扩大赢利源；平衡筹资能力、资源整合能力和技术能力，发展核心竞争力，提高自身竞争优势；注意成本和费用控制，避免一味"烧钱"，防止资金链断裂；提升企业价值，吸引多方投资，使企业发展进入良性循环。《从阿里平台看农产品电子商务发展趋势》一文，归纳总结了农产品电子商务发展出现的几个新特点：一是通过互联网用心做农业的"新农人"崛起；二是原产地农产品直销成为热点；三是越来越多的海外农产品涌进中国；四是生鲜农产品电子商务快速发展；五是非标准化农产品探索新标准；六是农产品成为县域电子商务的关键抓手，一些特点明显的县域电子商务模式不断涌现。

在"电子商务与物流"研究专题中，《电子商务时代的物流发展分析》一文认为，电子商务平台的快速拓展急需构建并完善相应的物流系统。因此，要以动态开放的理念构建匹配电子商务发展的物流系统，加强基础管理，创新管理模式；加快制定法律法规，以政策法规进行引导和约束；提高管理信息化、技术信息化和基础设施信息化水平；加大人力资本存量，提升从业人员职业素质，提高物流服务质量和配送效率。《电子商务背景下物流信息化的新趋势》一文认为，信息化物流作为一个社会物流系统，其主要输入和输出分别是物流运作信息和物流基础设施服务，电子商务背景下，当信息化遇到传统物流业时，必将推动传统物流运作朝着信息化物流方向转型，信息化物流将成为物流业特别是快递服务业发展的趋势，并深刻影响我国商业流通模式的发展。信息化物流作为一种全新的物流运作业态，将通过物流信息共享来实现对社会物流资源的整合，从而深刻影响甚至再造我国物流业，其对整个流通业运作模式的冲击在所难免。《日本电子商务物流的发展经验及对中国的启示》一文认为，中国是在电子商务发展的基础上完善和发展了物流业，而日本则在先发展了物流业和零售业后发展的电子商务，近年来随着电子商务市场规模不断扩大，日本传统物流业以及零售业的物流体制均面临着挑战，为满足电子商务高速发展的需要，中国应加快建设电子商务专用物流设施，依据电子商务物流的特点规划和建设物流设施，加强电子商务物流需求量预测，使其与实际的物流供给量相匹配。《中国电商与快递协同发展的影响因素及未来趋势》一文认为，当前我国电商与快递协同发展趋势明显，但总体上前者还受制于后者发展；网购节日化特征、双方服务水平相对不足、行业竞争无序及利益分配机制不健全等因素制约两者协同发展；两者协同发展天然属性及两者快速发展前景为协同发展提供基础动力，政策助推、产业演化及环境助推为两者协同发展提供现实动力，前者注定两者协同发展将呈现更加紧密趋势，后者会加快这一趋势的进程。《云物流环境下的农物商一体化农产品物流模式》一文认为，在云物流环境下，"农、物、商一体化"是农产品物流的一种新模式，其提升物流效率主要从三个方面体现：通过物流公共信息平台接受客户订单，提交物流管理平台调度和指挥各类物流资源，以最快的速度交付货物；各物流企业在云物流平台上整合资源，安全快捷地完成物流配送任务；云物流通过物联网、互联网、社交平台、智能终端抓取、汇集海量物流信息和物流订单、订单全生命周期可视、业务紧密衔接且可追溯，为客户提供个性化的整体物流解决方案。

在"跨境电子商务"研究专题中，《跨境电子商务物流模式创新与发展趋势》一文认为，跨境电子商务发展迅速，但跨境物流尚未适应其发展，二者无法实现协同发展，未来跨境电子商务物流发展需要推动跨境电子商务与跨境物流的协同发展和跨境物流网络协同，采用多种跨境物流模式共用的方式，推动以第四方物流为代表的物流外包模式升级，实现跨境物流本地化运作，加强与本土物流公司合作等。《中国跨境电子商务发展现状及对策》一文，提出了我国跨境电子商务发展的具体对策，即整合第三方物流资源、适当建设海外仓储和利用海外第三方仓储解决物流问题；大力扶持第三方支付机构开展跨境支付业务，并通过第三方支付机构加强对跨境电子商务交易的监管；构建第三方信用中介体系，政府积极参与国际协商并建立争端解决机制；创新海关监管模式，探索无纸通关和无纸征税措施；做好市场调研，优化客户服务。《我国B2C跨境电子商务物流模式选择》一文认为，跨境物流系统建设的严重滞后以及高昂的跨境物流成本，严重阻碍了我国B2C跨境电子商务企业的进一步发展。因此，对政府来讲，作为跨境电子商务市场的监管者，应当在现有扶持政策基础上，进一步出台以促进B2C跨境电子商务便利化为重点的专项政策，减少跨境电子商务企业不必要的制度成本；对B2C跨境电子商务企业来讲，应积极构建第四方物流联盟，并致力于为顾客提供定制化跨境物流服务，这将成为其核心竞争力的重要来源。《促进跨境电子商务物流发展的路径》一文认为，为更好地促进跨境电子商务的发展，必须重视跨境物流网络建设，一要加强海外仓等的建立和管理，二要加强物流监控和预测，三要采用供应链管理方式，四要针对不同国家采取不同的物流模式，五要积极争取政府政策的支持。《跨境电子商务在我国不同规模企业中的应用》一文认为，信息技术基础设施准备度、可感知的收益、可感知的外部压力以及政策法律的支持程度是影响企业采纳跨境电子商务的主要因素，企业规模起部分调节作用，相较于大型企业，中小企业中的信息技术基础设施准备度与跨境电子商务采纳度的关联更显著；政策法律的支持程度对大型企业跨境电子商务采纳度的影响比中小企业更明显。

在"在线零售"研究专题中，《零售企业线上线下协同经营机制研究》一文认为，零售企业线上线下协同包括战略协同、流程协同、营销策略协同和经营保障协同，协同程度可分为完全协同、中度协同和差异化经营。战略协同是协同的方向和起点，流程协同是战略协同实现的条件，营销策略协同是协同的具体实施，经营保障协同是企业协同战略的保障。《线上线下整合营销策略对在线零售品牌体验影响机理》一文认为，跨越顾客与企业两个层面的扎根理论研究发现，顾客对零售品牌的体验过程包括决策、交易、履行、反馈四个过程。在以上四个过程中，线上线下整合策略以顾客感知到的信息对称程度、风险和不确定性、服务效率与成本、顾客参与和控制感为中介，影响品牌体验。《物流服务质量、网络顾客满意与网络顾客忠诚》一文，基于717位网络消费者样本数据研究发现，物流服务质量显著增强了顾客忠诚，而网络顾客满意在其中发挥了完全中介作用；转换成本是有中介的调节变量，在物流服务质量和网络顾客满意的关系中具有显著调节作用，但在网络顾客满意与顾客忠诚的关系中调节作用不显著，这种调节作用会进一步通过网络顾客满意影响顾客忠诚。《虚拟社群中消费者品牌知识分享意愿探析》一文认为，品牌营销者应在以下方面做出努力：一要在进行社群营销时努力使品牌相关话题的讨论更多，内容更丰富，以增加消费者讨论品牌话题的兴趣，吸引更多消费者进入到品牌知识讨论的圈子中来；二要增强与消费者的互动，提升品牌与消费者的关系质量；三要建立成员间信任关系，使知识分享更流畅。《网络口碑对体验型产品在线销量的影响》一文，通过格瓦拉网上电影评论的样本面板数据，从在线评论数量、评论分数、星级评论三个角度，对网络口碑和电影票房收入的关系进行实证分析。研究发现，第三方网站在线评论对电影票房收入有显著影响，电影网络销售商应积极在第三方网站上建立和完善消费者在线评论系统，激励消费者参与在线评论，并对负面口碑进行积极管理。

在"电子商务管理"研究专题中，《我国电子商务立法面临的挑战》一文认为，目前我国电子商务立法主要面临急进与缓进、综合与分立、电子商务与传统商务、国际接轨与中国特色、自我治理与法律治理、自下而上与自上而下等六个方面的问题，这些问题涉及不同观点之间由来已久的激烈争议，以及立法者如何在不同的观点之间加以选择或者进行平衡。《电子商务监管体系中的公共主体作用》一文认为，随着电子商务的纵深化演进，现有监管体系中的漏洞日益扩大，其根源在于监管主体经济人的身份属性，追求经济利益最大化的监管行为准则制约了电子商务发展，将公共主体如政府纳入电子商务监管体系成为占优选择。《网络零售市场信用机制优化研究》一文，采用信任传递原理改进信用计分机制，可有效改善我国网络零售商信用评价机制，降低用户虚假评价及其他蓄意破坏行为对我国网络零售市场信用系统的影响，反映店铺真实的信用度，降低买家因信息不对称和时空分隔带来的不信任，降低消费者购买的信用风险，同时为卖家提供一个公平的竞争环境，为我国网络零售市场健康发展奠定一个良好的信用基础。《网络交易平台运营商垄断行为的政府规制》一文认为，由于网络交易平台具有显著的规模经济、范围经济、网络经济效益等自然垄断特性，在平台之间的市场竞争中出现了"一枝独秀"和"赢者通吃"的市场竞争格局，有可能会出现损害市场效率的垄断现象。这就需要政府通过政策或法规方式引入竞争性力量，抑制网络交易平台运营商利用垄断势力实施垄断行为的冲动，主要包括端口接入规制、业务范围规制、网络互通规制、共同投资规制四类模式。《电子商务中的消费者知情权保护探讨》一文认为，我国现行的《中华人民共和国消费者权益保护法》在应对电子商务环境中消费者知情权保护方面无法直接适用，国家应立足于电子商务中消费者知情权保护的特点，制定更为完善的针对性法律法规，全社会也应建立强大的公众舆论力量，同时创新和完善各种在线法律程序，以满足电子商务模式下消费者对知情权益的渴求。

在"附录"中，收录了与"电子商务"联系紧密的政策——《国务院关于大力发展电子商务加快培育经济新动力的意见》《关于加快发展农村电子商务的意见》，供广大读者参考。

目 录

电子商务发展趋势

我国电子商务发展的特点和趋势 …………………… 聂林海　3
"一带一路"战略区电子商务新常态模式探索 …… 王娟娟　秦　炜　11
OTO电子商务商业模式探析 ……………………… 林小兰　27
从阿里平台看农产品电子商务发展趋势 …………… 陈　亮　38

电子商务与物流

电子商务时代的物流发展分析 ……………………… 王娟娟　55
电子商务背景下物流信息化的新趋势 ……… 王昕天　汪向东　66
日本电子商务物流的发展经验及对中国的启示 … 杨　洋　李晓晖　79
中国电商与快递协同发展的影响因素及未来趋势
　　………………………………………… 孙学琴　王宝义　90
云物流环境下的农物商一体化农产品物流模式 …………… 丁丽芳　106

跨境电子商务

跨境电子商务物流模式创新与发展趋势 ………… 冀　芳　张夏恒　119
中国跨境电子商务发展现状及对策 …………… 孙　蕾　王　芳　131
我国B2C跨境电子商务物流模式选择 …………………… 柯　颖　138
促进跨境电子商务物流发展的路径 ……………………… 李向阳　152
跨境电子商务在我国不同规模企业中的应用 …… 谌　楠　刘　罡　162

· 1 ·

在线零售

零售企业线上线下协同经营机制研究 …………………… 张 琳　179
线上线下整合营销策略对在线零售品牌体验影响机理
　　　　　　　　　　　………… 刘 铁　李桂华　卢宏亮　193
物流服务质量、网络顾客满意与网络顾客忠诚 ………… 陈文沛　206
虚拟社群中消费者品牌知识分享意愿探析 ……… 管玉娟　黄光球　221
网络口碑对体验型产品在线销量的影响 ………………… 杨 扬　239

电子商务管理

我国电子商务立法面临的挑战 …………………………… 李红升　253
电子商务监管体系中的公共主体作用 …………………… 王肃元　264
网络零售市场信用机制优化研究 ………………………… 李敬泉　276
网络交易平台运营商垄断行为的政府规制 ……………… 邱 毅　286
电子商务中的消费者知情权保护探讨 …………………… 温 蕾　298

附 录

国务院关于大力发展电子商务加快培育经济新动力的意见 …… 311
关于加快发展农村电子商务的意见 ……………………………… 322

电子商务发展趋势

我国电子商务发展的特点和趋势

聂林海[1]

摘　要：近年来，我国电子商务发展迅速，带动了现代服务业的快速发展和传统企业的转型升级，助力企业开拓海外市场和中小企业进入大市场，促进实体经济与网络经济融合发展。在未来发展中，移动终端应用将成为电子商务市场的新领域，跨境电子商务将加快外贸发展方式转变，大数据技术将推动电子商务向精细化发展。要努力构建有利于电子商务发展的政策环境，加快电子商务信用体系建设，引导网络零售健康快速发展，推动跨境电子商务创新应用，加强电子商务应用示范体系及农村和农产品电子商务应用体系建设，完善电子商务支撑服务体系，建立电子商务发展人才智力支持体系，广泛开展国际交流与合作。

关键词：电子商务；政策环境；信用体系；跨境

随着物联网、云计算和移动终端等新一代信息技术的飞速发展和应用的日益普及，电子商务作为一种新型商业模式，正在与实体经济加速融合，对人们的日常生产、生活和消费产生深刻影响，并且已经成为信息化、网络化、市场化、国际化条件下配置资源的重要途径，成为引领经济社会发展进步的一种重要力量。大力发展电子商务，成为世界各国、各地区提高竞争力、抢占发展先机的战略举措。

---

[1] 作者简介：聂林海（1959—），男，湖南省衡阳市人，中华人民共和国商务部电子商务与信息化司副司长，主要研究方向为电子商务。

一、我国的电子商务发展

近年来，我国电子商务保持快速发展态势，市场规模不断扩大，网上消费群体增长迅速。2013年，我国电子商务交易总额已超过10万亿元，5年翻了两番；网络零售超过1.85万亿元，5年来年均增长率超过80%，市场规模已超过美国，成为全球最大的网络零售市场。电子商务已成为我国重要的社会经济形式和流通方式，在国民经济和社会发展中发挥着日益重要的作用。从发展情况看，主要呈现出以下几个特点。

1. 带动现代服务业快速发展

电子商务应用需求的不断扩大，促进了包括交易服务业、支撑服务业和相关衍生服务业的快速发展。目前，我国获得非金融机构第三方支付牌照的企业已超过250家。据统计，2013年我国第三方互联网支付交易额达9.22万亿元，使用网上支付的用户规模达2.6亿，在网上预订旅行的网民规模达1.8亿。据不完全统计，全国规模以上快递企业超过70%的业务量来自网络零售的配送需求。

2. 在扩大消费、促进就业方面作用明显

网络零售市场交易规模占社会消费品零售总额的比例，在2008年首次突破了1%，2013年则超过8%。2013年我国网络购物用户达3.02亿。网络零售商品种类也由图书和数码产品为主发展到实体市场存在的几乎各类商品，甚至扩大到实体市场难以实现的游戏装备等虚拟商品。据研究机构分析，在网络零售产生的交易额中，约有40%的消费是由网络渠道刺激产生的新增消费，在三、四线城市这个数字更高达57%。研究表明，2008—2012年间，网络零售创业创造了1000多万个就业岗位，2015年预计将达到3000万个就业岗位。

3. 带动传统企业加快转型升级

随着电子商务应用的普及，电子商务企业与传统企业由竞争向融合发展的方向转变。众多知名传统零售企业积极应用电子商务加快转型升级，在协同线上线下资源、拓展营销渠道、增强用户体验、提升供应链效率等方面取得了良好效果。大型传统制造业企业普遍应用电子商务网上采购，更直接地面向市场组织生产，降低了企业运营成本。同时，电子商务推动传统农业转型升级。由于电子商务对上线交易的产品有规模、品质、标准等多方面的要求，这将引导传统农业在种养、运输、加工、销售等环节进行变革，从而有效缓解供需信息不对称、价格波动大等一系列农业发展的"老大难"问题。

4. 助力中小企业进入大市场

电子商务为中小企业发展创造了更多的贸易机会和发展空间，特别是通过第三方电子商务平台，中小企业可以更加便捷地进入国内外市场，获得与大企业同样的市场竞争机会。据调查，2013年开展在线销售的中小企业比例为23.5%，开展在线采购的比例为26.8%。研究表明，中小企业在第三方平台上跨省域销售的商品约占80%，这在传统市场体系下是不可能实现的。同时，电子商务的迅速传播性和良好互动性，使得中小企业得以迅速成长为业内有影响力的企业，如凡客诚品（VANCL）、小米公司等。

5. 助力企业开拓海外市场

电子商务借助互联网技术突破了时空限制，减少了中间环节，降低交易成本、提高流通效率，能够有力促进现代流通体系的形成。电子商务拓宽了买卖双方的市场空间，让国内的生产、流通企业可以直接面向国际市场，有效建立和拓展国际营销网络，促进国际国内要素自由流动，提高资源配置效率。跨境电子商务是目前发展的一个热点，已成为我国加快转变外贸发展方式的新手段。据统计，我国80%以上的外贸企业已经开始应用电子商务开拓海外市场。

6. 新一代互联网技术在电子商务中得到广泛应用

无线互联网功能的不断优化，提升了用户体验，大批优秀电子商务平台的服务功能完成了向移动终端的移植。移动终端应用在用户规模和信息交互维度、实时性、实地性、多样性等方面的优势得到了较好的发挥。云计算技术被大型电子商务平台普遍应用，为单日内数十亿级别的各类业务处理和数百亿级别的查询访问提供了良好的支撑。二维码技术在电子商务推广中得到普遍应用。

二、我国电子商务发展趋势

互联网和信息技术的广泛应用，将商品交易市场演变为实体市场和互联网虚拟市场,以网络交易为主体的电子商务使互联网虚拟市场得到快速发展。互联网市场与实体市场协同融合发展将是大势所趋,也是世界经济发展的必然走向。

1. 电子商务促进实体经济与网络经济融合发展

电子商务对流通业的影响,不仅表现为交易方式的改变,更重要的是它带来了流通业内部作业流程和经营管理方式的一系列深刻变革。电子商务大大提高了流通行业的技术和资本构成,使之从"劳动密集型"向"技术密集型"转变。大批传统零售企业和品牌制造企业已通过第三方平台或自建平台开展电子商务服务;同时,纯电商企业也日益重视物流配送等网下业务,积极开展线下服务。未来,线上和线下将进一步融合,"线上营销、线下成交",或"线下体验、线上购买"等服务和交易模式都将逐步成熟。电子商务与传统产业密切结合的全新商业模式正在加速形成。

2. 移动终端应用将成为电子商务市场新领域

移动终端在互联网应用中快速普及,为电子商务的创新发展奠定了基础。移动终端凭借其及时性和便携性,成为网民获取信息的重要通道。其地理位置服务、微信、二维码等应用,为新的商业模式提供了发展机遇;其媒体属性和个性化服务,为移动终端营销提供了广阔空间。随着4G应用的发展,移动终端应用将成为电商企业角逐的新战场。

3. 跨境电子商务将加快外贸发展方式转变

电子商务借助互联网技术突破了时空限制,将促进国际国内要素自由、有序流动,加快市场深度融合。跨境电子商务具有开放性、全球化、低成本、高效率等特点,成为推动经济一体化、贸易全球化的重要手段。跨境电子商务不仅冲破了国家之间的障碍,使国际贸易走向无国界贸易,同时也正在引起世界经济发展方式的巨大变革。跨境电子商务构建的开放、多维、立体的多边经贸合作模式,将极大地拓宽进入国际市场的通道,大大促进多边资源的优化配置与企业间的互利共赢。

4. 大数据技术将推动电子商务向精细化发展

大数据技术为精准营销、个性化服务及管理决策打下坚实基础。依托大数据分析,电子商务企业可以从规模庞杂的用户数据中挖掘出具有市场开发价值的营销数据,更准确地判断消费者需求,更准确地锁定目标受众，制订更具市场竞争力的营销方案，更有效地提高服务和市场运行效率。

5. 电子商务企业跨界经营冲击传统企业

随着电子商务企业规模的不断扩大，其业务需求将催生企业向物流、金融、广告等其他业态发展的需求，跨界经营正成为大型电子商务企业的战略选择。基于信息技术优势，电子商务企业利用对供应链数据的挖掘，为上下游企业提供融资服务，为被大型金融机构忽视的中小企业融资提供渠道。大型电商企业自建物流体系，凭借高效的信息化管理系统开始与传统物流企业竞争市场。基于对客户消费行为分析的精准营销正在悄然兴起，对传统广告形式产生了巨大的挑战。

三、我国电子商务发展面临的主要困难和问题

我国电子商务发展总体上还处于起步阶段。随着电子商务规模和应用领域的不断扩大，也暴露出一些问题和困难。

1. 制度环境有待完善

电子商务因其主体和经营模式等方面具有特殊性，按照现行法规难以判定其一些违规违法行为并界定其行政管辖权，导致侵权、售假和恶意欺诈等行为时有发生，传统法律法规在规范电子商务活动方面还存在空白。行政管理制度和体制有待完善，监管部门职能交叉，传统的管理体制机制与电子商务发展存在脱节现象。

2. 支撑体系不健全

我国通信网络带宽不足、资费偏高，信息安全隐患较大；现代物流仓储设施不足，物流配送信息化程度较低；社会信用体系不完善，诚信受益和失信惩戒机制效能弱，信用服务市场发展缓慢；互联网支付体系有待进一步完善；统计监测制度尚未建立；电子商务人才特别是中高端人才相对匮乏；行业组织不健全，缺乏在业内有影响、服务能力和组织能力强的行业组织。此外，依托互联网出现的隐私安全、支付安全等问题也要高度重视。

3. 地区和行业电子商务发展不平衡

中西部地区对电子商务发展规律、趋势及其作用认识不足，发展主动

性不够，加之各地经济、产业、市场基础存在差异，造成沿海和内陆、东部和西部以及不同行业电子商务发展的不平衡。

4. 企业综合竞争力有待进一步提高

我国大型电商企业与国外跨国电商企业相比，在运营管理、技术创新、产品服务及开拓国际市场等方面仍需要进一步加强。

四、我国发展电子商务的主要任务

党的十八届三中全会作出全面深化经济体制改革的部署，其核心是处理好政府和市场的关系，使市场在资源配置中起决定性作用，更好地发挥政府作用。商务部高度重视电子商务应用促进和规范发展工作，始终把电子商务作为现代流通体系建设的重要组成部分，坚持以市场为导向，以企业为主体，"在发展中规范，在规范中发展"，积极通过政府引导和规范，带动市场的力量共同促进电子商务应用，解决发展过程中出现的问题。

1. 努力为电子商务发展提供良好的政策环境

针对当前电子商务发展面临的突出问题，结合应用促进工作的实际需求，把规制建设作为重点，加快建章立制的步伐。梳理现有法规，有步骤地制定和完善相关法律法规，研究出台一批行业标准。充分发挥法规、标准的引导和规范作用，形成管理适度、竞争有序的电子商务发展新市场，营造有利于公平竞争的市场环境，为电子商务健康、快速发展奠定良好基础。

2. 加快电子商务信用体系建设

形成政府主导、多方参与、标准统一的电子商务信用体系。在制度上，建立统一的信用信息采集、共享与使用机制，制定统一的信用评估指标。在此基础上，建设电子商务信用基础数据库，以电子商务平台的入驻企业信用记录为主体，征集本地区电子商务企业信用记录，建立公开、透明、动态、标准统一的企业信用信息库。推动商务诚信信息共享，以及行业、企业和政府部门信用信息共享，建立面向第三方信用服务机构的信用信息采集、共享与使用机制。进一步在电子商务领域加大打击假冒伪劣的力度，加强知识产权保护，建立公平竞争的市场环境。

3. 引导网络零售健康、快速发展

引导网络零售企业优化供应链管理、提升客户消费体验，支持网络零售服务平台进一步拓展覆盖范围、创新服务模式；支持百货商场、连锁企业、专业市场等传统流通企业依托线下资源优势开展电子商务，实现线上线下资源互补和应用协同；组织网络零售企业及传统流通企业开展以促进网络消费为目的的各类网络购物推介活动。

4. 推动跨境电子商务创新和应用

积极推进跨境电子商务创新发展，提升跨境电子商务对外贸易规模和水平。鼓励多种模式的跨境电子商务发展，推动落实《关于实施支持跨境电子商务零售出口有关政策的意见》，探索发展跨境电子商务企业对企业（B2B）进出口和个人从境外企业零售进口（B2C）等模式。加快跨境电子商务物流、支付、监管、诚信等配套体系建设。鼓励电子商务企业"走出去"，在境外设立服务机构，完善仓储物流、客户服务体系建设，与境外电子商务服务企业实现战略合作等。引导和支持电子商务平台企业在边境区域设立专业平台，服务边境贸易。

5. 加强农村和农产品电子商务应用体系建设

结合农村和农产品现代流通体系建设，在农村地区和农产品流通领域推广电子商务应用，加强农村地区电子商务普及培训，引导社会性资金和电子商务平台企业加大在农产品电子商务中的投入，支持农产品电子商务平台建设。推进农村商务信息服务工作，以信息服务促进农产品流通。探索农产品网上交易，培育农产品电子商务龙头企业。融合涉农电子商务企业、农产品批发市场等线下资源，拓展农产品网上销售渠道。鼓励传统农产品批发市场开展包括电子商务在内的多形式电子交易。鼓励电子商务企业与传统农产品批发、零售企业对接，引导电子商务平台及时发布农产品信息，促进产销衔接。推动涉农电子商务企业开展农产品品牌化、标准化经营。

6. 完善电子商务支撑服务体系

按照国家加快流通产业发展的总体要求，专项规划电子商务物流体系建设，构建与电子商务发展相适应的物流配送体系。推动电子支付、信用服务、安全认证等电子商务支撑服务企业开展技术和服务模式创新，建立和完善电子商务服务产业链条。发挥服务外包对电子商务的促进支撑作用,发展业务流程外包服务和信息技术(IT)外包服务。

7. 加强电子商务应用示范体系建设

继续发挥国家电子商务示范城市、示范基地、示范企业的示范引领作用,发挥产业集聚效应,激发创新潜力,带动传统流通和生产企业应用电子商务。建立中小企业电子商务促进体系,鼓励中小企业利用电子商务平台开展网络营销,开拓境内外市场。

推进国家电子商务示范城市创建工作,大力推进项目试点,开展政策先行先试。发挥国家电子商务示范基地产业集聚优势,创新公共服务模式,建设和完善面向电子商务企业的公共服务平台,搭建完整的电子商务产业链条,提高区域经济核心竞争力。培育一批网络零售平台、行业电子商务平台和电子商务应用骨干企业,发挥其在模式创新、资源整合、带动产业链等方面的引导作用,结合电子商务统计、监测、信用体系建设推进电子商务示范企业建设。

8. 建立电子商务发展人才智力支持体系

结合国家电子商务专业人才知识更新工程,加强电子商务紧缺人才、高端人才和专业技能人才的培养。积极培育国家电子商务继续教育基地和地方分基地体系。鼓励行业组织、专业培训机构和企业,开展电子商务人才培训及岗位能力培训。建立电子商务专家咨询机制,发挥专家的指导与咨询作用。

9. 广泛开展国际交流与合作

积极参与电子商务国际规则制定,推进中韩、中日韩等自贸区电子商务谈判,参与亚太地区无纸贸易磋商,推进多双边及区域电子商务交流与合作,促进国内电子商务发展与国际对接,推动建立有利于我国企业开展电子商务的国际规则体系和外部环境。

经过十多年的发展,电子商务已经融入国民经济各个部门,并给整体经济社会带来了巨大变革。在当前世界经济全球化与信息化进程中,电子商务已经成为经济发展的重要引擎和产业融合的推动力。从科学发展观高度进一步认识未来市场发展趋势,从战略性新兴产业高度推动电子商务快速发展,对于我国新型工业化、信息化、城镇化和农业现代化的实现,具有极为重要的意义。

"一带一路"战略区电子商务新常态模式探索[1]

王娟娟 秦炜[2]

摘 要：新常态下，我国宏观经济转入按规律以适宜方式演进的结构性减速轨道，"一带一路"作为传承和创新古丝绸之路的战略，对于缩小亚太经济圈至欧洲经济圈广大区域内的发展差距意义重大，为我国提供了巨大的机遇。经济新常态下，与实体经济一样，电子商务在经历了量增阶段后，亦将启动从重量到重质的转变，基于"一带一路"战略提供的机遇，深入分析质变需要的条件，有利于电子商务平稳进入重质的新常态。当前，"一带一路"战略区电子商务发展很不平衡，未能充分体现区域特色，可持续发展乏力，金融引导电子商务发展的能力较弱。为更好地推动"一带一路"战略区电子商务实现新常态，必须积极创造条件，在明确电子商务与实体经济关系的基础上，立足"一带一路"战略区，"市场主导、政府参与"，打造由跨境电子商务平台、专业化云物流系统、互联网金融等构件组成的电子商务新常态模式。短期看，这一模

---

[1] 本文系国家社会科学基金项目"青藏高原区生态补偿成本计量及分摊研究"（项目编号：12XJY006）、甘肃省教育厅项目"甘肃牧民定居点文化承载力与定居牧民文化适应力协同研究"（项目编号：2013A075）、甘肃省哲学社会科学规划项目"'丝绸之路经济带'甘肃自我发展能力研究"（项目编号：14YB060）、兰州科技局规划项目"丝绸之路经济带兰州新区功能定位研究"、兰州财经大学重点科研项目"甘肃省特色农产品电子商务运营模式的理论与实务研究"的阶段性研究成果。

[2] 作者简介：王娟娟（1981—），女，甘肃省兰州市人，经济学博士，兰州财经大学教授，硕士生导师，主要研究方向为区域经济学、生态经济学、电子商务、物流管理、供应链管理；秦炜（1986—），男，甘肃省兰州市人，兰州财经大学教师，博士生，主要研究方向为区域经济学。

式有助于充分体现战略区经济特色，增加消费增长点、就业渠道和社会福利等。长期看，这一模式有助于落后地区降低缩小区域差距的追赶成本、综合消费建议及时顺应需求以动态化提升产品竞争力、推动人民币国际化进程等。无论是短期还是长期，这一模式都会进一步强化金融引导电子商务发展的作用，推进"一带一路"战略区互联互通，明晰市场和政府在电子商务中的定位等。随着新常态模式的演进，电子商务必将对"一带一路"战略区产生更多更深的影响。

关键词："一带一路"战略区；电子商务；新常态；模式；探索

一、问题的提出

后金融危机时期，世界各国致力于经济复苏，我国在稳定经济的同时，检视要素驱动型发展战略的弊端，认识到正是这种轻投入重产出的数量型高速增长导致我国应对国际经济风险的能力减弱。为此，国家提出了创新型发展战略，这不仅存在于微观经济主体的生产经营管理层面，更体现在国家的发展视野维度，多维因素合力的"一带一路"战略就是有力佐证。

从历史维度看，张骞出使西域与郑和下西洋共同构建了海陆丝绸之路的历史轨迹，"丝绸之路经济带"和"21世纪海上丝绸之路"就是基于此而形成的一个当代新的经济发展区域，具有强烈的历史传承性。从地理层面看，"一带一路"是连接亚太经济圈和欧洲经济圈的两大通道，辐射面广，其中"一带"（丝绸之路经济带）的起点是中国，中亚和俄罗斯是桥梁和支撑点，欧洲是终点，非洲是延伸线；"一路"（21世纪海上丝绸之路）的起点是中国东海和南海，贯穿太平洋、印度洋沿岸国家和地区。"一带一路"在欧亚大陆、东太平洋和印度洋之间并行向西，中巴经济走廊和孟中印缅通道是连接两者的横梁，使"一带一路"能够涵容更多区域的经济发展诉求。[1]从横向联系看，"一带一路"范围内的国家和地区资源同构性强，产业关联度高，兼具经济互补性和相似性，我国对中东、中亚具有极高的能源需求，在多种产业上存在合作发展的空间，我国是它们主要的贸易伙伴。另外，"一带一路"社会资本蕴含相似，部分地区具有相同的集体意识，如宗教文化，从而奠定了"一带一路"的软实力基础。从发展现状看,"一带一路"的国家和地区发展水平差距较大,呈现出两端发达中间落后的哑铃状分布,强烈的发展愿望促使落后区域向东向西谋求经济合作。此外,我国对外投资规模不断扩大,已经成为全球三大投资国之一,而在"走出去"战略的指引下,我国将继续加大对外投资力度,转移过剩生产能力,这与"一带一路"范围内发展中国家和地区强烈的资金和技术需求形成了无缝对接。同时,中亚地区存在借助丝绸之路发展经济的愿望,如2012年哈萨克斯坦提出了新丝绸之路计划,[2]中东地区也集体呈现出了"向东看"的态势。[3]为此,"一带一路"的形成,由于其能够辐射的国家和地区存在极大的延展性,是全球发展战略的组成部分,故笔者将"一带一路"范畴称为"一带一路"战略区。在全球视阈下,首先,借助资源、产业、文化等方面的互补性和相似性扩大区域贸易、投资等合作空间,可有效深化区域经济合作。其次,有助于完善中亚、中东和中国西部等地区的交通基础设施建设,提升硬实力。再次,通过区域金融合作提升国际结算效率。目前,四大国有商业银行全部进驻迪拜,汇丰、渣打等银行以及中东国家部分金融机构已经开展人民币账户业务,可以与部分中亚、中东、西亚等国家进行人民币结算。从我国视角看,首先,"一带一路"战略区是我国全方位对外开放格局的体现。这既是我国应对与欧美贸易提升空间趋窄的策略,也是我国"走出去"战略在地域、内容、重点等方面的明晰,同时显示了"向西开放"且"东西互动"的新时期对外开放的方向。其次,推动我国产业结构转型。通过对外投资推动我国资金、产业、企业、技术、标准、规则等"走出去",其中既包括发达地区的外溢产业"走出去",也包括西部地区的相对优势"走出去",与其他国家和地区形成供应链体系,这是西部开发战略的深化。再次,有助于保障我国能源安全。作为最大的能源进口国,能源安全对我国而言至关重要。目前,我国原油的对外依存度已经超过60%,[4]我国主要的原油进口地基本上位于"一带一路"战略区之内,但大多通过海运借道马六甲海峡,安全隐患极大,而与"一带"沿线国家以管道运输方式展开能源合作可有效规避这一风险。

"一带一路"战略区可为区内国家和地区创造极大的发展机遇,然而以何种方式把握是其关键。在电子商务井喷式发展的当下,以突破时空限

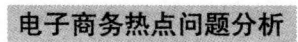

制的电子商务平台推进"一带一路"战略区的合作与发展是可行的，但在当前我国全面进入结构性减速的宏观背景下，可持续发展非常重要，"一带一路"战略区电子商务必须探索新常态模式。目前，新常态内涵呈现出百家争鸣的局面，笔者将之定义为事物本应存在的发展规律。与电子商务实践先于理论相类似，学术界有关"一带一路"战略区、电子商务、新常态融合的研究尚属空白，大多只是在某一方面形成了成果。例如，高新才[5]提出，应当在丝绸之路经济带着力发展通道经济；郭爱君等[6]认为，应当从经济带、国家和节点三个层面制定丝绸之路经济带产业空间布局战略；黄卫平[7]主张，借助我国高铁建设的绝对优势来增强丝绸之路经济带互联互通的硬实力。在电子商务领域，学者们在电子商务运营方式[8]、跨境电子商务物流方式[9]、缓解物流制约[10]、电子商务发展弊端[11]等方面均取得了创新性成果。笔者融合这些关键词进行研究，立足特定经济区划范畴，探索电子商务的区域性和专业化路径，使电子商务以新常态模式在"一带一路"战略区实现可持续发展，进而成为新的经济增长点。

二、解读新常态内涵

新常态是我国宏观经济在结构性减速战略下的增长速度处于且将长期处于中高速运行状态的定性判断，是审视经济增长长期高位运行成果后，对我国未来宏观经济运行的总体把握。在此前提下，新常态的内涵不应狭隘地锁定为增长速度的快慢，而应分时期、分阶段剖析发展条件、目标等因素来加以认识。在做大经济总量、提高人均收入水平、增强国家经济力的时期，高速增长的常态是符合我国国情的，在提高投入效率、提升人民生活品质、提高我国经济"质"的当期，中高速的新常态同样符合国情的需要。可见，任何事物都不会在整个生命周期内匀速演进，以不同的速度、方式推进是事物运行的规律。如果发展条件和环境变化后，我国经济依然高速前进，不仅会增加生产投入的成本，使可持续发展乏力，而且会错失经济结构优化、拓展国际经济合作空间的机遇，甚至会恶化我国经济发展的国际环境。因此，结构性减速成为新常态，不以数量、速度等量化指标为唯一考核标准，使各地区关注经济效率、以市场机制主动淘汰落后产能成为可能。在国家层面，积极开拓国际经济合作空间，特别是加大与中亚、中东、非洲的合作，营造多赢格局，这是我国升华市场经济观念的体现，符合当前我国经济提升"质"的要求。基于此，在宏观经济实践层面，新常态是指顺应经济条件变化、遵循经济发展规律的占优方式。在理论层面，常态和新常态是任何一个事物按规律演进进程中不同阶段的状态表述，只不过路径依赖使事物可能会忽略条件变化而继续保持前一常态，此时需要借助强制力引导主体客观对待条件的变化，使事物发展以新模式收敛于发展规律所要求的新状态。

三、"一带一路"战略区电子商务发展现状

1. 电子商务影响显著

"一带一路"战略区几乎辐射我国全境，故本文简化地以国家电子商务发展状况来代表战略区中国段的电子商务发展。互联网的普及加速了电子商务的发展进程，目前我国电子商务的发展规模和速度均为世界第一，对国内经济影响重大。首先，电子商务成为经济增长点，较之实体经济，电子商务的增长速度持续处于高位，对遭受金融危机冲击的国内经济起到了拉动作用。2013 年，我国网络零售市场交易规模占社会消费品零售总额的 8.04%，[12] 同时通过设计特殊交易节庆（"如双 11""双 12"等）屡创单日网络交易新高。从经济"质"的层面看，电子商务促进了产业结构转型，促使市场经济机制充分发挥作用，较好地顺应了社会消费理念的转变，在一定程度上满足了个性化需求，为消费者剩余和生产者剩余的双增开辟了具有可行性的路径。其次，奠定了电子商务的信息化基础。电子商务是信息经济的表现之一，信息化至关重要。在电子商务的推动下，我国信息化进程加快。2014 年，我国信息化发展指数为 66.56，同比增长 5.86。其中，网络技术指数 60.94，同比增长 10.05；信息通信技术指数 69.38，同比增长 3.05；应用效益指数 72.19，同比增长 3.11。截至 2014 年 6 月，我国网民规模达到 6.32 亿，互联网普及率达到 46.9%，同比上升了 1.1 个百分点。[13] 最后，推进供应链一体化进程。突破时空限制的电子商务使消费领域发生了革命性变化，全天候消费替代了定点消费，个性化、多样化、定制化需求在交易中占绝对比重。因此，产销脱节等经济顽疾完全显性化，为保障市场份额，经济主体或主动调整生产，或顺应需求，或引导需求。此外，电子商务充分明确了物流在供应链中的纽带地位，并以实践为论据推导出了我国物流领域轻"物"重"流"制约供应链

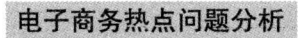

一体化的论断,为包括物流在内的供应链各环节明晰了专业化演进方向。[14]

2. "一带一路"战略区电子商务发展不平衡

"一带一路"战略区中国段区域差距巨大,既包括发达的京津冀城市群、环渤海经济圈、长江经济带,又包括经济欠发达的西部地区,而海上丝绸之路尽管也存在内部差异,但整体水平较高。这种实体经济差距也延伸到了电子商务,致使"一带一路"战略区电子商务的发展呈现出路强带弱、东强西弱的态势。从运营模式看,我国已有的运作成熟的电子商务平台均为"一带一路"战略区中国段东部地区自建,西部地区电子商务以借助第三方平台的形式依附于东部地区自建的平台发展,在能够充分展示东部地区特色产品和优势的电子商务模板上,西部地区的相对比较优势难以得到充分的展示。从物流水平看,东部地区布局了众多的大型物流集散中心,物流效率高,而西部地区经常遭遇不包邮、加邮费等网络歧视,增加了消费者的网购成本,仅仅由于区位上的差异便使同一商品的消费者在不受时空限制的网络经济平台上遭受价格歧视。从电子商务发展水平看,东部地区电子商务发展迅猛,其影响已经渗透到了消费模式、就业观念、产业结构、供应链完善等经济社会的各个方面,而西部地区明显滞后,电子商务正在成为拉大我国区域差距的新引擎。长此以往,战略区内的落后地区可能会错失"一带一路"战略所带来的发展机遇,陷入区域差距加速拉大的高风险境地。

3. 区域特色未能展示于电子商务平台

区域特色是区域个性的体现,表征在区域优势产业、产品、资源等各个方面,是特定空间单元赢得市场份额的基础。从本质上看,任一商业模式均是便于良好展示经济特色的介质和手段,在实践中,实体经济模式长期维系这一职能,但依托互联网和信息技术而存在的电子商务并未公平地对所有区域发挥这项职能。客观剖析当前主导网络经济的电子商务运营平台,从模板设计看,通过差异化战略,发展较为成熟的几大电子商务平台已经形成了自己的主打领域和平台特色。例如,京东商城数码家电类产品的模板设计以精细化凸显各种专业参数为主;美团以线上到线下(O2O)模式主打本地消费,与腾讯、百度、谷歌、公交系统等合作,在模板设计中设置了静态平面地图指引、动态街景提示、基于差异化要求的出行方案推荐、免费短信指示等；天猫、淘宝等综合类平台以注重买卖沟通的板块设计来降低产品因替代性强而诱致的市场风险。然而，目前尚无能够体现"一带一路"战略区中国段西部地区经济特色的平台，致使牛羊肉、藏医药、中药材等优势产品只能借助那些不能展示其优势的天猫、京东等平台进行销售，这显然不利于新型商务模式下落后地区与发达地区的共同发展。从目标市场看，我国现有的电子商务平台以服务国内消费者为主，在平台设计和模板安排上以满足国内消费者对商品的认识要求为主导，因此注重消费评价、卖家信誉等指标，而在商品质量认证、介绍语种等指标方面几乎是空白。对战略区的东部来说，这种设计所致力开辟的市场是有利于推进电子商务的；而对西部来说，这种目标市场取向不利于其与毗邻的、经济联系强的中亚、中东、东北亚展开网络交易，因此制约了战略区部分地区市场占有率的提升。

4. 电子商务可持续发展乏力

综观我国电子商务的发展，诸多基础的残缺和空白致使其可持续发展动力不足。首先，信息化普及不均衡。互联网和信息技术是电子商务的重要基石，其普及率高低直接影响电子商务发展的广度。目前，"一带一路"战略区中国段的信息化水平呈现出东部高西部低、城市高农村低的格局，这不利于电子商务开拓潜在市场。其次，征信体系缺失。不同于实体经济交易，电子商务模式下，交易的发生大多基于卖家口头承诺、商家信誉、消费者评价、商品介绍等，加之付款与收货之间存在时间差，这些均需要以信用作为纽带。然而，近年来，买家信息外泄、网络假货充斥、卖家行贿网络仲裁等现象频频出现，致使电子商务平台在征信体系尚未建立的情况下，信用受到质疑。再次，监管漏洞较多。作为市场经济的产物，电子商务既具有高效配置经济资源的市场经济赋能，又无法避免地会受到市场失灵的侵扰。诸多理论和实践显示，政府是治理市场失灵的占优主体，但是我国政府在这一领域的介入力度明显较弱，目前尚无真正适用于网络交易的电子商务立法，工商、税务等相关职能部门对电子商务的监管和约束基本空白，已经颁布的规范电子商务发展的法规多为实体经济法规的延伸，可操作性差，约束力弱，很多电子商务平台身兼经济主体、规则制定者、纠纷仲裁者等多种身份，致使游离于法规监管之外的电子商务陷入了诸多不能自解的窘境，可持续发展乏力。最后，物流增值能力弱。电子商务带动了物流业的繁荣，但由于没有合理运用电子商务手段和市场机制来激发物流商之间的良性竞争，物流已经严重制约了电子商务的发展，甚至出现了物流从买卖双方获利的不合理现象。同时，轻"物"重"流"的物流现状使物流业将重心放置于货物送达上，而非因"物"设"流"的有质送达，且当物流不专业使货物品质受损时，在无法单独对物流进行评价的现有电子商务平台上，买方只能将差评转嫁于卖家，影响其信誉。从横向来看，在"一带一路"战略区的欧洲经济圈，很多国家物流增值水平很高，这尤以荷兰的花卉物流为代表。相比之下，我国物流增值的现状必然会影响电子商务的协同发展。

5. 金融引导电子商务发展的能力弱

追本溯源，金融是资金与产业间的桥梁，随着市场的日益繁荣，经济社会对金融的要求也不断提高，不仅要求其能够满足当期资金供求的缺口，还要求其所支持的产业和领域等具有市场竞争力和占有率攀升的潜质，即金融应当具有敏锐而精准的市场前瞻力，能够引导经济进入可持续发展轨道。发达经济体正在良好地践行着金融的引导职能，金融明确了电子商务的发展方向和重心，在具有国际竞争力的电子商务领域进行金融支持。而综观"一带一路"战略区电子商务的发展，其电子商务的金融引导方面普遍空白，没有发挥前瞻力，致使电子商务发展陷入了目标不明确的境地。在这样的背景下，东部地区强化金融支持以弥补前瞻性不足的损失，西部地区效仿东部地区发挥金融的支持功能，但由于支持内容和方向模糊，进一步拉大了战略区中国段内部电子商务发展的差距。整体而言，由于金融引导方面空白，金融在支持电子商务发展方面呈现出一定的盲目性，大多集中于当期资金缺口的弥补，注重在网银平台上筹集资金，不断涌现的余额宝、理财通、零钱宝等金融产品是重要渠道，对电子商务平台上具有潜在竞争力的产业、产品把握不准，金融支持乏力。忽略对自建电子商务平台的金融扶持，使很多优势资源没有真正的网络展示平台；忽视电子商务与实体经济关系的金融协调，使实体经济此消彼长的替代关系受到了强烈冲击；轻视对电子商务的专业化金融推动，使我国与战略区中发达经济体的差距存在扩大的潜在风险。

四、"一带一路"战略区电子商务新常态模式所需要的条件

在传统商业模式居绝对垄断和主导地位的环境中,电子商务出现并冲击实体经济是市场机制作用的结果。与其他事物一样,电子商务同样存在其发展规律,在经历了量增阶段后,电子商务必然会迈入重质的发展阶段,基于"一带一路"战略区提供的机遇,深入分析质变所需要的条件,有利于电子商务平稳进入重质的新常态。

1. 鼓励自建电子商务运营平台

特色是市场份额的基石,"一带一路"战略区集合了诸多优势产业、产品、资源,但其区域经济特色很难在现有电子商务运营平台上得以充分展示。为开拓市场,战略区必须自建能够展示经济特色的电子商务运营平台,依据产品特色与目标市场特点设计网络模板,这在西部地区更加必要、更加紧迫。在"向西开放"战略指引下形成的"一带一路"战略区是西部地区发展的机遇,诸多产业、产品、资源特色是把握这个机遇的资本,如果措施得力,电子商务将成为西部地区开辟替代性小的自有市场的平台。审视"东部开放"和"向西开放"两个不同阶段的开放战略可以发现,前者是我国经济水平低下时期的经济战略,旨在调动我国相对优势资源提升经济总量,立足于国内外两个市场;后者是我国经济总量居世界第二、已有手段难以缩小区域差距时期提出的发展战略,充分考虑了西部的区位条件、经济结构等因素,这是一个具有国际化视野的战略。此外,不同于化妆品、数码类产品等,战略区特色产品需要详尽的商品介绍模块细分、物流方案多元化、物流增值保障、所达到标准水平的解读等。以马铃薯为例,其商品介绍中至少应当包括品种特色、营养成分、贮藏要求、国际比价等内容;设置根据品种差异推荐使用方法、制作过程演示等模块;设计物流板块,预期不同物流方案的物流效果;明确已经达到的国内外标准,注明各种标准的内涵;支持多语种商品功能介绍,配套买卖双方沟通的语言同步翻译软件等。显然,只有通过自建电子商务运营平台,才能全面而充分地展示战略区的特色资源。

2. 明确电子商务是缩小区域差距的商业契机

电子商务是新型商务业态的表现形式之一,对于"一带一路"战略

区，各地区必须从意识观念层面上加以认识，这是市场经济发展进程中必然的产物，与实体经济并行。电子商务突破时空限制的发展特点，可使经济主体以较低的成本在虚拟经济平台上借助现代信息技术开拓市场，对特色产品和资源丰裕度高的落后地区而言，这是发挥后发优势将资源优势转换为经济效益的商业契机。在发展理念上，落后地区应积极主动学习电子商务，明晰特色是市场竞争力的根本，着力自建能够充分展示产业、产品和资源特色的电子商务运营平台。同时，应明确电子商务已经极大地改变了人们的消费模式和理念，全天候消费替代了定点式消费，个性化定制需求呈上升态势，"一带一路"战略区在电子商务发展中必须具有创新意识，以准确的前瞻性顺应经济新常态的要求，顺应电子商务发展规律的要求。如果战略区内的落后地区能够较好地利用电子商务平台展示经济特色，不仅可以在虚拟经济空间赢得市场份额，而且会因消费好评以零成本加速扩展市场空间。同时，还能快速得到市场反馈的进一步完善产品的相关意见，从而实现落后地区优势产品与无边界市场的直接对接，有助于特色产品的综合品质在顺应预期需求的轨迹上螺旋式演进，以市场机制提升落后地区的市场经济水平，在经济"质"和"量"的二维空间内缩小与发达地区的差距。

3. 发展专业化云物流，提升电子商务发展质量

电子商务推动了物流业的繁荣，但二者发展的非同步性引发了物流对商流的制约，笔者主张运用"云"手段激发物流业内部的良性竞争，提升现有物流资源利用率，[15]因"物"而"流"是占优措施，专业化云物流将成为必然。专业化云物流以产品种类为划分依据，在正向演进过程中，电子商务平台上关于某类产品的商流和物流信息汇集于云物流平台，云物流借助专业人员和软件甄别资源信息真伪及完善程度等，针对客户选定的一定状态的产品设计物流方案，并根据客户的物流要求推荐物流方案选择项，每一物流方案都有物流商承诺的送达货物的品质预期，以便到货后客户对产品品质进行比较，如果实际品质严重偏离预期，则进入专业化云物流的反向反馈机制，依据信息技术追踪问题源，由责任主体承担相关责任。专业化云物流一方面可以促使物流商加强对专业人才的聘用，创新运营模式以保障物流质量；另一方面以市场机制淘汰电子商务平台中的不合格商流，有助于审核现有标准体系的合理性。"一带一路"战略区启动专

业化云物流建设,在提升电子商务质量的同时,也推动电子商务专业化进程,完善物联网建设。由于市场机制是专业化云物流运行的主导机制,有助于以低成本明确电子商务中的市场失灵环节,从而明晰政府干预的方向和程度,健全战略区的市场经济体系。

4. 充分发挥金融对电子商务发展的引导作用

在宏观经济步入结构性减速的新常态下,尽管电子商务增速依然处于高位,但已经出现了缓和的态势,谋求电子商务"质"的提升成为必然,这符合事物发展的规律。然而,市场经济条件下,即使追求量增目标的粗放式发展导致现行电子商务弊端频现甚至不可持续,只要经济主体依然有利可图,电子商务就不会主动转变发展方式,这是市场失灵的表现,需要政府适时介入,而金融是政府可以利用的有效杠杆。"一带一路"战略区政府应当引导金融在电子商务发展中起关键作用,这要求金融必须具有极强的前瞻性,通过完善金融互联网、创新互联网金融产品、利率引导、金融参股等多种方式引导电子商务平台及时引领并收敛于市场需求。为实现这一目标,金融部门必须开展市场调查,对市场前景良好的产业以金融支持等方式推动其电子商务进程;对当前市场竞争力强的电子商务平台产品以金融参股等方式开拓市场;对发展空间不断趋窄的产品以提升融资成本等金融抑制手段加以制约。此外,为防止金融对电子商务发展形成垄断性制约,政府应推动金融机构间的竞争,如推动第三方支付平台的多样化,提升金融部门网络筹资能力。在金融引导电子商务发展的大环境下,金融与电子商务互选模式能够提升两者的协同性,从而使战略区内各地区的电子商务成为区域经济特色的展示平台,显示电子商务的区域性。

5. 制度落差保障电子商务新常态可持续推进

电子商务高速发展是初始阶段的常态,宏观经济视阈下网络交易量猛增,随着互联网的普及,电子商务广度放量扩张,同时诸多漏洞显现,电子商务纵深发展是其可持续发展的基本要求,因此无论我国经济是否处于结构性减速阶段,电子商务发展目标由量增向质升的转变都必然会发生。为抓住电子商务这一缩小区域差距的商业契机,"一带一路"战略区应将区域优势产业、产品和资源特色充分展示在电子商务平台上,这需要适宜地改善网络展示模板、创新经营管理等,即推动电子商务进入展示区域经济特色的新常态。由于没有参照系，谋求"质"的电子商务改革风险提升，为推进这一改革进程，政府必须与经济主体共担风险，制度落差是政府有效的参与方式之一。制度落差是一种间接的制度优惠，战略区各地方政府通过设计当地适用的制度落差引导各种资源向优势产业、产品、资源集聚，创造同一产品在电子商务平台与其他平台发展的经济效益差，提升电子商务平台运营的相对效率，扩大相对经济势差，在形成市场驱动力后，电子商务进入具有区域性的新常态，此后开始逐渐缩小制度落差，由市场来主导电子商务的新常态发展。从表面看，在电子商务由量增转向质升的过程中，战略区各地方政府干预较多，但经济主体受制于有限理性，难以在无政府保障的情况下舍弃当前收益去追逐潜在收益，同时政府能够在宏观层面统筹各因素使之明确趋于相对比较优势及电子商务发展趋势，因此地方政府设计制度落差是战略区电子商务进入新常态的保障。

6. 处理好电子商务与实体经济的关系

电子商务与实体经济这一组本应在电子商务发展伊始就处理好的关系至今尚未得到科学界定。在长期的实践中，两者已经形成了一种替代关系，尽管电子商务平台经常创造单日交易量的新高，但其中难免有滞后或提前累积消费的因素。同时，由于监管缺失，电子商务平台上假冒伪劣货品充斥，在经济高速增长时期，这一状况对我国经济影响有限，而在当前结构性减速的背景下，两者间的替代关系已经引发了宏观层面上的实体店关店浪潮。笔者认为，电子商务与实体经济之间应当是一种竞合或互补关系。"一带一路"战略区必须着手转变电子商务与实体经济的替代关系，只有如此，才能培育出新常态下新的经济增长点。由于战略区内差异巨大，各地区转变的手段与路径不应遵循某种固定的模式。在电子商务发展水平比较高的地区（如东部），针对某一产业打造由电子商务与实体运营共同支撑的产业链体系，不仅可以强化两者间的联系，而且能够快速推进供应链一体化；在电子商务发展水平比较低的地区（如西部），由政府引导本地大型购物中心进入电子商务平台，能以线上到线下（O2O）的方式缓解物流压力，规避网络和实体纠纷，还可通过支持地方银行发展的方式，让客户在实体店刷地方银行卡时可以享受电子商务平台成交价的优惠，激发电子商务与实体经济间的竞合关系。战略区内各地区在明确本地电子商务与实体经济应存在关系的基础上，以培育新的经济增长点为目标，探索落实两者间关系的合理路径是当务之急。

7. 完善电子商务立法体系

综观"一带一路"战略区，与发达经济体相比，我国电子商务立法严重缺失，致使客户信息保密、网络支付安全等很难得到法律保障，网络交易纠纷出现时，政府仲裁主体大多套用实体经济法来解决问题，网络仲裁主体又因多为电子商务平台运营商而难以公正裁决，因此买卖双方大多私下解决，而其他消费者则很难在消费评价中看到有关产品效果的真实信息。然而，经济实践证明，没有法律制度约束的经济终将会因市场失灵而崩溃，完善电子商务立法体系是电子商务实现可持续发展的制度根基。需要强调的是，尽管电子商务与实体经济均为商务业态，但两者差别很大，不能简单地将实体经济法条款复制到电子商务领域，而应立足于电子商务特点制定具有可操作性的法律条款。首先，"一带一路"战略区以国家为单位，从国体法层面给予电子商务立法的国家权威；其次，各地方政府结合本地实际，通过附加条款来提高法律的地方适用性。在内容方面，电子商务立法至少应涉及规范买卖双方交易行为、保障客户信息安全、惩戒攻击支付平台行为、分配第三方平台沉淀资金收益、物流责任认定、网络消费诈骗处罚、侵权行为认定等。此外，战略区内各地区还必须根据实际情况制定规范电子商务发展的地方性法规。可以说，只有完善电子商务立法，战略区的电子商务发展才能步入健康有序的新常态。

五、"一带一路"战略区电子商务新常态模式

1. "一带一路"战略区电子商务新常态模式的内涵

从本质上看，与实体经济一样，电子商务是便捷商品与劳务交易发生的场所，只不过其存在于网络空间。由于种种原因，短期内，电子商务呈现出井喷式发展，使电子商务完成了社会视野中从"新生事物"到"常规事物"的转变，这是同等时间内实体经济难以达到的。电子商务业态使人们的消费模式、消费理念等发生了巨大的变化，而这仅仅是变化进程中的一种形式，随着电子商务经济渗透度的不断提高，经济社会对其提出了"质"的要求，这是量增发展阶段的常态方式所不能满足的，从重量到重质的转变，使电子商务发展以新的方式步入新常态。"一带一路"战略区

电子商务的发展极不平衡，有些国家或地区的电子商务甚至尚未起步，但在互联网普及的当下，作为市场经济的产物，电子商务或早或晚都会进入各经济社会体，无论在怎样的环境下，都应以符合电子商务发展规律要求的方式适时推进。就我国来看，必须明确电子商务短期的快速发展是消费者出于好奇或追求方便和时尚等的结果，而并非是因为电子商务提供了实体经济无法供给的商品，正因为如此使进入正常视阈的电子商务弊端频现，提高"质"的经济压力迫使电子商务必须探索新常态模式。首先，必须清晰界定电子商务与实体经济的关系，这是我国电子商务发展方式选择的根基。目前，我国经济发展从高速阶段进入中高速阶段，旨在推动宏观经济从数量型向质量型转变。在这样的情况下，电子商务与实体经济应以竞合关系或互补关系来培育新的消费增长点，从根本上丰富市场需求的可选择性，适应消费理性化进程。其次，"一带一路"战略区的电子商务定位应当源于"一带一路"战略的国际化视野，这是新时期电子商务发展的方向。战略区各地区无论自身电子商务发展水平高低，都应以国际视角审视电子商务的发展，必须明确电子商务与实体经济均为商务平台，为在网络平台赢得市场，需要以经济特色为支撑。因此，各地区应借助电子商务平台向国内外消费者充分展示区域经济特色。对落后地区而言，这是低成本快速缩小区域差距的商业契机。因此，战略区应通过制度等手段引导各经济要素参与以国际化标准展示区域特色的电子商务平台建设。最后，"市场主导、政府参与"，创建和完善战略区电子商务新常态。战略区各地区必须明确，电子商务是市场经济演进的结果，市场在其发展中必须而且只能处于主导地位，而市场自身无法规避的失灵需要政府的参与，宏观调控必须以政策引导等方式借助金融手段达到目的。在实践中，我国目前尚无"一带一路"战略视野的跨境电子商务平台，因此"一带一路"战略区电子商务新常态模式不是对原有境内电子商务的简单修缮，而是新模板的创建。一方面，政府应通过政令等措施引导各地摸清各自存在竞争梯度的经济特色；另一方面，政府要拥有国际视野，借助金融手段有重点分次序地引导经济要素创建适宜的电子商务模板，向国内外消费者展示特色产品及资源等。以市场潜力为标准，在金融引导发挥作用后，由市场来主导具体模板的设置，在市场充分作为的环境中，云物流必然会进入电子商务系统，为国内外消费者提供高品质的物流服务。针对跨境电子商务运行中出现的市场失灵现象，政府应以法制进行约束，从而摆脱因电子商务"怎样立法""什么环节立法"不明确而复制实体经济立法的窘境，明晰政府参与的方向。

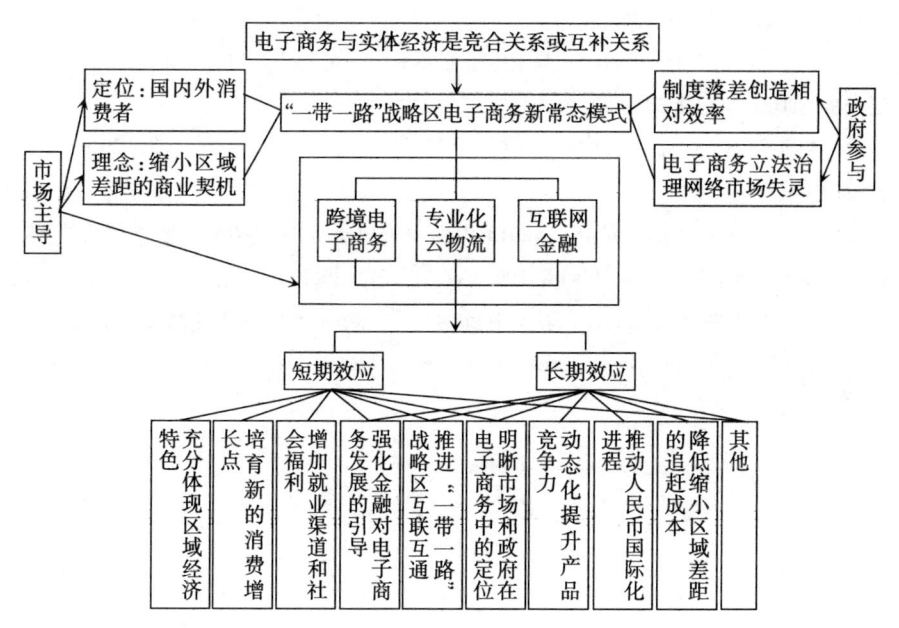

2. "一带一路"战略区电子商务新常态模式效应

在明确电子商务与实体经济关系的基础上，立足"一带一路"战略区，打造"市场主导、政府参与"，由跨境电子商务平台、专业化云物流系统、互联网金融等构件组成的电子商务新常态模式，其效应将在短期和长期内先后展现出来（见图1）。从短期看，这一模式有助于充分体现战略区经济特色，培育新的消费增长点，增加就业渠道和社会福利等；从长期看，有助于落后地区降低缩小区域差距的追赶成本，有助于综合消费建议及时顺应需求以动态化提升产品竞争力，有助于推动人民币国际化进程等。无论是从短期看还是从长期看，这一模式均有利于强化金融对电子商务发展的引导，推进"一带一路"战略区互联互通，明晰市场和政府在电子商务中的定位等。随着新常态模式的演进，电子商务必将对"一带一路"战略区产生更加深远的影响。

图1 "一带一路"战略区电子商务新常态模式效应

参考文献：

[1]邢广程．海陆两个丝路：通向世界的战略之梯［J］．学术前沿，2014（4）：90-95.

[2]丁晓星．丝绸之路经济带的战略性与可行性分析——兼谈推动中国与中亚国家的全面合作［J］．学术前沿，2014（2）：71-78.

[3]、[4]吴磊．构建"新丝绸之路"：中国与中东关系发展的新内涵［J］．西亚非洲，2014（3）：4-16.

[5]高新才．丝绸之路经济带与通道经济发展［J］．中国流通经济，2014（4）：92-96.

[6]郭爱君，毛锦凰．丝绸之路经济带：优势产业空间差异与产业空间布局战略研究［J］．兰州大学学报，2014（1）：40-49.

[7]黄卫平．丝绸之路经济带与中欧经贸格局新发展［J］．中国流通经济，2015（1）：84-90.

[8]刘铁，李桂华，卢宏亮．线上线下整合营销策略对在线零售品牌体验影响机理［J］．中国流通经济，2014（11）：51-57.

[9]张滨，刘小军，陶章．我国跨境电子商务物流现状及运作模式［J］．中国流通经济，2015（1）：51-56.

[10]、[14]、[15]王娟娟．基于电子商务平台的农产品云物流发展［J］．中国流通经济，2014（11）：37-42.

[11]王娟娟．电子商务时代的物流发展分析［J］．中国流通经济，2014（3）：54-59.

[12]中国电子商务研究中心．2013年度中国电子商务市场数据监测报告［EB/OL］．［2014-03-01］．http：//www.100ec.cn/zt/2013ndbg/.

[13]中国互联网信息中心．第34次中国互联网络发展状况统计报告［EB/OL］．（2014-07-21）．http：//www.cnnic.net.cn/hlwfzyj/hlwxzbg/hlwtjbg/201407/t20140721_47437.htm.

OTO 电子商务商业模式探析

林小兰[1]

摘　要：O2O 是将线下商务机会与线上互联网结合在一起，让互联网成为线下交易的前台的一种电子商务商业模式。企业采用 O2O 模式，要精准定位，实施成本领先战略或差异化战略；设计可持续的赢利模式，扩大赢利源；平衡筹资能力、资源整合能力和技术能力，发展核心竞争力，提高自身竞争优势；注意成本和费用控制，避免一味"烧钱"，防止资金链断裂；提升企业价值，吸引多方投资，使企业发展进入良性循环。

关键词：线上线下结合；电子商务；商业模式；企业价值

一、前言

OTO（O2O），即 Online to Offline，是将线下商务机会与线上互联网结合在一起，让互联网成为线下交易前台的一种电子商务商业模式，简单来说就是"线上拉客，线下消费"。其核心理念是通过电子商务网站，把线上用户引导到现实的实体商铺中，顾客可以在线挑选商品并完成在线支付，到线下实体店享受优质服务。也有一种解释是 Offline to Online，即线下到线上，跟前者的流程相反。消费者是先在线下实体店选购或体验后，再通过线上的方式支付。这两种模式在我国企业实践中均可找到。

目前，即使是在电子商务最发达的美国，线下消费规模依然庞大。TrialPay 公司的统计结果表明，美国线下消费的比例高达 92%，[1]在我国，

---

[1] 作者简介：林小兰（1973—），女，上海市人，北京信息职业技术学院财经管理系副教授，主要研究方向为企业管理、教育教学等。

这一比例则更高达97%。由于商品（含服务）本身的特点，许多消费必须到现场去享用，如餐饮、娱乐、打车、旅游等，无法或不适合（如体积大的商品、生鲜类商品等）通过快递方式让消费者体验；同时，线下提供服务的企业能够在现场提供给消费者的商品或服务项目有限，消费者不能在众多的商品或服务中进行挑选，或者会耗费较多的时间和精力。而O2O电子商务商业模式正好可以解决这一矛盾。通过打折、提供信息、服务预订等方式，把线下商店的消息公布于互联网，从而将其转换为自己的线下客户，让消费者的消费需求得到更好的满足，如消费更便利、商品价格更优惠。因此，这一模式具有较好的发展前景。中国电子商务研究中心监测数据显示，2012年我国O2O电子商务市场规模为986.8亿元，预计到2015年将攀升到4188.5亿元，O2O电子商务市场也被普遍认为是下一个万亿元规模的市场，其广阔的前景为各方所看好，并受到风险投资的青睐。[2] O2O电子商务商业模式在我国正处在积极探索和不断创新中。本文力图结合企业案例，通过对O2O电子商务商业模式的深入分析，为该类企业的发展提供一些建议和思路。

二、商业模式的概念及构成要素

关于商业模式的定义，学术界与实业界都尚未达成共识。傅世昌、王惠芬[3]经过整理相关文献资料认为，商业模式定义发展轨迹包括五个阶段，即现象类、经济类、运营类、战略类和整合类。目前国内外商业模式的定义总体上是从经济向运营、战略与整合递进的。比较典型的整合类定义中，奥斯特瓦德等人（Osterwalder et al）[4]认为：商业模式是一种概念性的工具，它被用来表述特定企业的商业逻辑，包括一系列的要素以及它们之间的关系，它描述了一个公司提供给另外一个或多个客户的价值，描述了公司的结构和它的合作伙伴网络，这些结构和网络是用于创造、进行市场营销以及传递这些价值和关系资本以产生利润和可持续收入的。翁君奕把商业模式界定为由价值主张、价值支撑、价值保持构成的分析体系。[5]李振勇认为，商业模式是为实现客户价值最大化，把能使企业运行的内外要素整合起来，形成一个完整的、内部化的、或利益相关的、高效率的、具有独特核心竞争力的运行系统，并通过最优实现形式满足客户需求、实现客户价值，同时使系统达成持续赢利目的的整体解决方案。[6]魏炜和朱武祥[7]认为,商业模式本质上就是利益相关者的交易结构。

尽管国内外的不同研究者对商业模式概念理解有所不同,但目前已经形成了基本共识:商业模式的研究对象是企业;客户价值是商业模式的核心,企业的所有活动、所有目标的实现都以为客户创造价值展开;商业模式是一套体系,它能够给企业带来很好的生存和发展途径,能够使企业保持持续赢利能力。[8]

对商业模式研究的角度和定位不同,研究框架也有很大差异。奥斯特瓦德等人[9]根据他们给出的商业模式定义,提出了一个包含九个组成部分的四要素参考模型,即产品要素,包含价值观;客户要素,包含目标顾客、分销渠道及客户关系;基础管理要素,包含价值配置、核心竞争力、合作伙伴网络;财务要素,包含成本结构和收入模型。魏炜和朱武祥[10]提出了商业模式六要素模型,即商业模式由业务系统、定位、赢利模式、关键资源能力、现金流结构和企业价值六要素构成,每一个要素都反映了交易结构的一个侧面,也都有交易价值、交易成本和交易风险的考量。李振勇提出了商业模式的四大构成要素说。其他一些专业研究机构如IBM全球企业咨询服务部和SAP公司基于其公司的经验也提出了各自的商业模式构成要素。本文将采用魏炜和朱武祥的理论对O2O电子商务商业模式进行分析。

三、O2O电子商务商业模式探析

1. O2O电子商务商业模式的业务系统

商业模式的业务系统强调整个交易的构型、角色和关系。构型指利益相关者及其联结方式所形成的网络拓扑结构;角色指拥有资源能力,即拥有具体实力的利益相关者;关系指利益相关者之间的治理关系,主要描述控制权和剩余收益索取权等权利束在利益相关者之间如何配置。[11]O2O电子商务商业模式的业务系统如图1所示。

O2O的利益相关者主要包括四类,分别是O2O电子商务网站企业、终端消费者、线下实体店、支付厂商。其中,O2O电子商务网站企业可以是拥有实体店的商业企业,如苏宁云商、大型建材家居卖场建设的O2O电子商务网站;可以是制造类企业,如一些家纺类企业自建的O2O电子商务网

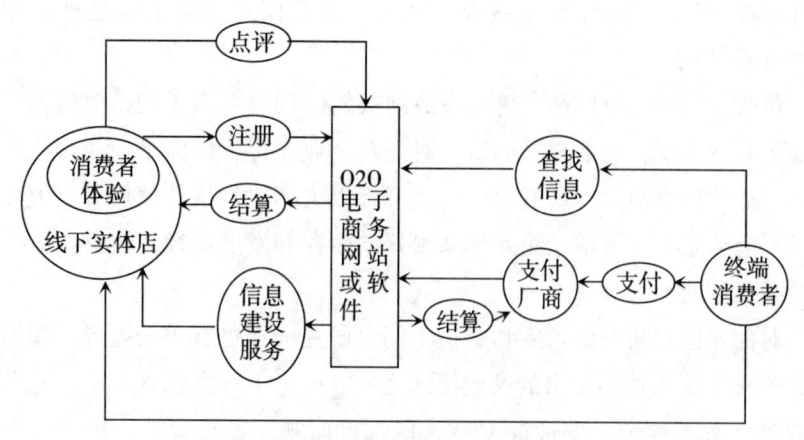

图1　O2O电子商务商业模式的业务系统

站；也可以是独立的企业，与线下实体店只是合作关系，如各类团购网站、携程旅行网等。要实现O2O，线下企业均需在电子商务网站注册。消费者通过电子商务网站或软件搜寻各类所需信息，然后通过网站下单、在线支付，再到线下实体店体验消费。体验完成后可能会在O2O电子商务网站进行评论、反馈。这其中，要实现在线支付（这是O2O模式的最重要特点），必须引入利益相关者即支付厂商，O2O电子商务企业会因此而向支付厂商支付费用。而实体店因O2O电子商务网站（或软件）为其带来了更多客户，增加了收益，需向网站支付费用。在这样一个系统中，O2O电子商务企业的线下实体店越多，越能给消费者提供更多的选择，同时，企业向合作实体店谈判的能力也会越强，有利于降低商品或服务的价格。消费者在实体店体验后如果满意，则可能在网站上进行评论，吸引更多的消费者加入。

2. O2O电子商务商业模式的定位

定位是指企业满足利益相关者需求的方式。[12]企业选择什么方式与利益相关者交易，影响因素是交易价值与交易成本。

不管哪个企业，其生存的根本都是要为顾客创造价值，使顾客满意。顾客作出购买决策的过程就是在搜寻成本、有限的知识、流动性和收入的约束下追求价值最大化。他们会估计哪种产品或服务能够传递最大的感知价值并采取行动，如图2[13]所示。

O2O 电子商务商业模式探析

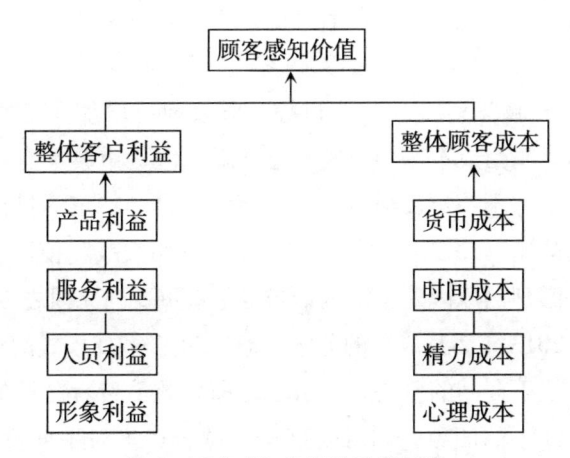

图 2　顾客感知价值的决定因素

菲利普·科特勒[14]指出："顾客感知价值是指潜在顾客对一个产品或服务以及其他选择方案能提供的所有利益和所有相关成本的评价之间的差异。整体顾客利益是顾客从某一特定的产品或服务中，由于产品、服务、人员和形象等原因，在经济性、功能性和心理上所期望获得的一组利益的感知货币价值。整体顾客成本是顾客在评估、获得、使用和处理该产品或服务时发生的一组认知成本，包括货币成本、时间成本、精力成本和心理成本。因此，顾客感知价值是基于顾客对从不同备选项上获得的整体利益与所支付的整体成本之间的差异。顾客得到利益，也要有所付出"。定位就是要通过提高产品或服务的经济性、功能性或情感性的利益，减少一种或多种成本组合来提高顾客获得的产品或服务的价值。好的定位能够降低其中的某一项或几项交易成本。

对于 O2O 模式，有的企业定位于低价满足普通消费者的需求，如餐饮业中以美团网为代表的团购网站。这类定位是降低了整体顾客成本中的货币成本、时间成本、精力成本和心理成本，采用的是成本领先战略，但网站企业对于整体顾客利益则不能够把握或控制。通过这种定位，网站企业由于规模经济效应以及所经营商品的边际成本较低，可以较好地生存；顾客由于降低了整体成本，因而也获得了利益；商家由于增加了客户，也会有所收获。但随着商家接待人数的增加，其本身的服务质量就成为能否让三方都赢利的关键。有的企业定位于品牌，以利润为主，强化品牌、广告和体验，满足细分市场的需求，如餐饮业中以大众点评网为代表的点评类网站，它以营造口碑为重点，在信息质量上有足够的优势。这一定位使得整体顾客利益增加，比如通过翻看顾客点评资料，可以锁定中意的餐馆，使得产品利益、服务利益、人员利益、形象利益增加，其整体顾客成本中，时间成本、精力成本、心理成本会下降，但货币成本有可能增加。所以顾客感知价值并不一定都会增加，因而它有自己特定的目标顾客，实行的是差异化的战略。2012年国内团购企业"千团大战"使许多团购网站倒闭，除了竞争激烈的原因外，定位不当也是最重要的原因之一。

再比如，2013年2月成立的苏宁云商，为了O2O模式的顺利运营，需要统一其线上线下商品的价格，但由于之前多数消费者已经形成了线上商品价格要低于线下的印象，同时受京东商城等竞争对手低价策略的影响，其定位到底选择哪种则是两难。要么培育消费者对品牌的信任，突出其品牌、便利与服务，使消费者获得更多的整体顾客利益，这需要时间，同时还有较大的风险；要么采用低价策略，降低消费者的整体顾客成本，但这是否能支撑企业持续发展（含实体店）也是有疑问的。

因此，在采用O2O模式前应结合企业实际情况进行精准定位，这决定了企业的发展战略，是采用成本领先战略还是差异化战略，也因而决定了企业的长远发展。

3. O2O电子商务的赢利模式

赢利模式是以利益相关者划分的收支来源以及相应的收支（或计价）方式。[15]简单来说，就是企业相对稳定而系统的赢利途径和方式，[16]是企业实现价值和利润最大化的有效手段。赢利模式由利润点、利润对象、利润源、利润杠杆和利润屏障五个要素组成。[17]利润点即企业的产品或服务，企业利用这些产品或服务获得利润，比如生活服务类O2O网站的利润点是餐饮、电影、娱乐等服务；利润对象即企业商品或服务的使用群体或购买者；利润源是指企业从哪些渠道获取利润，是企业的收入来源，比如有的企业是通过从商家收入中提成的方式取得利润，有的是通过收取会员费的方式取得利润，有的是通过广告取得利润；利润杠杆是指一系列相关活动，这些活动的目的是吸引客户购买和使用企业产品或服务，这些活动必须与企业的价值结构相关；[18]利润屏障是企业采取的一系列方法措施，用以防止竞争者掠夺本企业的利润，它与利润杠杆同样表现为企业投入活动，能够保证企业获得持久的赢利能力。[19]这五个组成要素相互结合，形成良性循环，形成企业的核心竞争力。

国外O2O电子商务企业的赢利模式比较典型的是团购网站Groupond。它采用每日一团、超低折扣方式，吸引一定数量购买者后收取供货商的交易佣金，其赢利的核心在于向供货商收取高额的交易佣金，比例高达30%~50%，回款周期为两个月。[20]Groupond初期面向的是小商家或服务提供商，后来也通过与知名商户合作，不仅使商户满载而归，自身的品牌知名度也进一步提升。它还通过团购人数下限门槛、推荐购买返还一定金额等方式，使用户通过网络进行有效的互动，自发组织达到商家的参与团购人数下限，形成二次传播。在行业淡季（尤其是服务业），很多商家愿意通过高折扣来笼络客人，Groupond的这种赢利模式才得以成功，它们能够挖掘本地化的消费信息，充分调动当地消费者的需求，同时也满足了商户的需要。在这样的赢利模式下，对商户而言可能会有损失，但可以通过回头客和线上促销得到一定的弥补，该赢利模式具有稳定性。

我国团购类O2O企业，目前已实现赢利的很少。糯米网最主要的利润来源是收取10%~20%的交易佣金，大众点评网的主要利润来源是收取10%左右的佣金。糯米网依托人人网的庞大用户资源，靠口碑传播的营销方式取得了很好的品牌效果，其合作伙伴均为北京当地口碑和信誉度良好的商家。糯米网采用多单团购或者一单团购持续很多天的方式，团购项目包括餐饮美食、娱乐休闲、电影票、摄影写真等多个方面。这种团购模式最大限度地满足了商家和客户的不同需要，但是，在特定区域内的优质商家毕竟有限，这种赢利模式的稳定性还有待观察。当然，对商家市场来说，存在一个巨大的"长尾"市场，"长尾"商家同样需要合适的方式来扩展自己的用户群和品牌知名度，所以可以充分挖掘市场中不经常参加团购的优质"长尾商家"，创造出新的利润点，以增强赢利模式的稳定性。

在我国，相对比较成熟的O2O模式包括订票类网站和旅行类网站。以携程旅行网为例，其赢利模式可以概括为：以商务客户为主要利润源，以市场营销为主要利润杠杆，以掌握客源为主要利润屏障，专注于提供以酒店预订、机票预订和"酒店+机票"为主要利润点的旅游与度假服务。[21]其利润源包括酒店预订代理费、机票预订代理费、自助游中的酒店、机票预订费以及保险代理费、在线广告费。截至2011年，其机票业务约占整体营业收入的40%，[22]2011年的净利润率为30.76%，低于2010年的

36.38%，而其营运费用达到净收入的46.51%；2012年其净利润率为17.17%，比2011年下降了10个百分点，营运费用达到净收入的59.29%，创历史新高；2013年其净利润率为18.53%，比2012年增长了1.4个百分点，营运费用达到净收入的58.69%。[23]其主要的利润点为高佣金比例，目前也面临着激烈的竞争，比如艺龙的低佣金比例模式等。随着酒店、机票代理佣金模式的逐渐式微，携程也在向全流程、智能化的服务商转型，通过提供相关服务向旅客收费的方式赢利。

O2O企业的赢利模式还包括广告模式、会员制度模式、分站加盟模式、移动增值模式等。对于本身建有实体店的O2O企业而言，其赢利主要是来源于商品进销的价差。

除了一些成熟的行业如订票、旅行之外，目前我国O2O企业的赢利模式还不是很清晰，真正实现稳定赢利的不多，整体还处在摸索阶段。

4. O2O电子商务商业模式的关键资源能力

关键资源能力指让商业模式运转所需要的相对重要的资源和能力。[24]不同的商业模式要求企业具备不同的关键资源能力，同类商业模式其业绩的差异主要源于关键资源能力的不同。[25]

O2O企业连接着线上和线下，一方面，需要整合线下的资源信息，及时提供给消费者；另一方面，也要尽可能多地吸引更多的消费者参与线上活动。消费者在线下体验后是否满意，决定着会不会有回头客，关系着商户的前途和O2O企业的命运。所以O2O企业的关键资源能力主要体现在资源的整合能力及对商户的管理能力上，如能否挖掘到高质量的商户或自有的线下实体店能否为线上支付提供满意的服务；同时还体现在营销能力以及对消费者的吸引能力，如能否及时提供消费者感兴趣的信息，能否通过点评等社区化的功能提高要传达信息的可信度等。

O2O电子商务企业多数在创业之初是不赚钱的，其首要目的是吸引一方的用户到平台上来，对于消费者可能是免费的，对于商户也只能收取较少的佣金，这种收费方法可能会低于企业的边际成本。这就需要企业在相当长时间内具备足够的资金，等聚集到足够数量的用户后，才能进一步实现赢利。因此企业的资金筹措能力也是其关键能力之一。

另外，作为电子商务企业，核心的技术开发和运营能力是平台企业所必须具备的。

5. O2O 电子商务商业模式的现金流结构

O2O 电子商务企业需要建立网站，接入商户的各种信息，之前需要寻找商户，与商户沟通、谈判和签约；要设计网站内容以吸引消费者，因此前期需要一定的投入。网站建设成功后能否实现赢利，关键在于参与的消费者和商户的数量，在网站两边必须至少有一边的数量足够多，网站才可能开始运转并逐渐赢利。因此其现金流结构表现为一开始就比较大的现金流出，然后是持续的现金流出及较慢的现金流入。如果企业要持续赢利，不断寻找商户、与客户深入沟通就是必修课，支付成功后线下体验及线下服务质量的维护、投诉的处理等也需持续开展，所以仍然会有较多的现金流出。但不管哪一边的数量（商户或消费者）达到一定的程度，就可能引爆消费，形成大量的现金流入，实现赢利。

我国有许多 O2O 电子商务网站，一开始采取了粗放式增长方式，为追求企业规模，快速占领市场，不断增加企业人员，使得网站管理和维护、人力资源管理、广告设计、售后服务等业务活动过于饱满，成本大大提高，时间一长，面临着巨大的资金压力，许多线下产品的质量和服务难以得到应有的保障，使消费者对企业的信任度迅速下降，加之竞争加剧，濒临倒闭。因此，对 O2O 电子商务企业而言，关注现金流结构，使现金流入和流出相对平衡，注意控制成本费用，防止企业资金链断裂是非常重要的。

6. O2O 电子商务商业模式的企业价值

虽然电子商务 O2O 企业的赢利模式还不清晰，但其广阔的市场前景被多数投资者看好。风险投资（VC）和私募股权投资（PE）对电子商务的投资仍处于活跃期，2012 年我国电子商务融资额高达 65.1 亿美元，创最高水平。根据中国电子商务研究中心的统计数据，2013 年上半年，我国电子商务完成融资额 14.27 亿美元，同比增长 56.4%，从发生的融资事件数量来看，2013 年上半年有 25 件，增长近一倍。统计结果还发现，相对于电子商务、O2O 电子商务、电子商务服务等新兴电子商务模式更易获得融资。[26] 这些企业获得了投资，正在大步向前迈进。

四、结论

从以上探析可以看出，O2O 电子商务网站，在既定的业务系统内，应确定自己的定位，即是走低成本的道路还是差异化的道路；在赢利模式方面，应在实践中不断清晰，以使客户让渡价值最大化为原则，设计可持续的赢利模式，为了赢利的可持续性，应帮助线下实体企业搞好网络化和信息化建设，为其培训相关技术人员，实现与网上平台的有效对接，及时获取消费者的反馈数据，与消费者进行沟通和交流，并根据反馈信息迅速作出相应的调整；在关键资源能力方面，O2O电子商务网站应尽可能争取到各方的投资，然后通过合作、开发等方式使平台两边的商户数量和顾客数量尽快增加，以形成双向加强的效果；在实施过程中要注意成本和费用的控制，防止资金链断裂。今后，与移动互联网结合将成为O2O未来发展的方向，同时，垂直化发展也是本地生活服务线上线下结合的一种发展趋势，社会化营销将为本地生活服务线上线下结合提供更为有效的途径。

参考文献：

［1］高嘉勇，乐春霞．电子商务模式从O2O到F2F的蜕变［J］．商业时代，2012，19（27）：35-36.

［2］胡桂珍.O2O模式在我国餐饮企业中的应用研究［J］．电子商务，2013，19（3）：128-129.

［3］、［5］、［6］傅世昌，王惠芬．商业模式定义与概念本质的理论体系与研究趋势［J］．中国科技论坛，2011，26（2）：70-75.

［4］、［9］OSTERWALDER A，PIGNEURY，TUCCIC. L. Clarifying Business Models：Origines，Present and Future of The Concept［J］.Communication of the Information Systems，2005，15（5）：17-18.

［7］、［10］、［11］、［12］、［15］、［25］魏炜，朱武祥．商业模式经济解释——深度解构商业模式密码［M］．北京：机械工业出版社，2013：2、4、21、12、24、24.

［8］周辉，李慧，李光辉．商业模式构成要素及价值分析［J］．学术交流，2012，18（7）：65-68.

［13］、［14］菲利普·科特勒，凯文·莱恩．营销管理（第14版）［M］．王永贵，等，译．北京：中国人民大学出版社，2012：143-144.

［16］刘威．电子商务企业盈利模式研究［D］．成都：西华大学，2007.

［17］、［18］、［19］龙丽丽．双边市场的网络构建、盈利模式及竞争优势研究［D］．北京：北京交通大学，2011.

［20］宣文佳．我国网络团购盈利模式的研究［D］．北京：北京交通大学，2011.

［21］郭雅琴．网上旅游代理商的形成机理研究——以携程为例［D］．北京：北京

交通大学，2009．

[22]余骈．2013年后步及"中年危机"携程推出国际机票变身服务商［J］．IT时代周刊，2012，4（20）：49-50．

[23]View Filing Data- CTRIP COM INTERNATIONAL LTD（Filer）CIK：0001269238：Financial Statement［EB/OL］（2014-01-15）［2014-04-24］．http：//www.sec.gov/cgi-bin/view-er? action = view&cik = 1269238 & accession_ number = 0001104659 - 14 - 023913&xbrl_ type = v#．

[24]魏炜，朱武祥．发现商业模式［M］．北京：机械工业出版社，2013：61．

[26]李春伟，帅百华．中国电子企业发展报告（2013）［M］．北京：中国发展出版社，2013．

从阿里平台看农产品电子商务发展趋势

陈亮[1]

摘 要：当前，电子商务发展呈现无线化、全球化、娱乐化、线上线下一体化、农村发力、大数据作用凸显等趋势。农产品电子商务发展也出现如下几个新特点：一是通过互联网用心做农业的"新农人"崛起；二是原产地农产品直销成为热点；三是越来越多的海外农产品涌进中国；四是生鲜农产品电子商务快速发展；五是非标准化农产品探索新标准；六是农产品成为县域电子商务的关键抓手，一些特点明显的县域电子商务模式不断涌现。

关键词：阿里巴巴；农产品电子商务；新农人；农产品直销

一、从"双11"看电子商务发展趋势

"双11"现在已经发展成为全球的消费者购物狂欢节。2014年"双11"一天，阿里巴巴的交易额是571亿元，大致上相当于同期中国社会消费品零售总额日均值的74%。2014年10月，国家统计局网站上公布的零售总额平均值是773亿元。所以这一天，电商的交易额达到了一个很高的值。当然，如果从年均值来看，2014年大约会在10%。从2009年到2014年，阿里巴巴共做了6次"双11"。2009年第一次"双11"只有5000万元的交易额，到2014年这个数字已经被提高到了571亿元，增长速度非常快（见图1），背后其实有几大发展趋势：

---

[1] 作者简介：陈亮（1978—），男，河北省保定市人，阿里巴巴研究院高级专家，主要研究方向为农产品、农村电子商务、区域电子商务等。

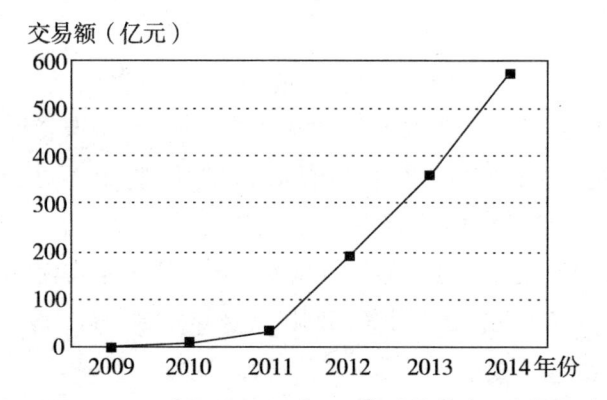

图1 2009—2014年阿里巴巴"双11"购物节当天交易额对比

1. 无线化

无线化是指交易的平台从个人计算机（PC）端向手机和平板电脑端迅速迁移的过程。无线端的成交占比2013年"双11"的时候是15%，到了2014年这个数字提升到42.6%，也就是说，有200多亿元的成交额是通过手机和平板电脑来完成的。

2. 全球化

以前"双11"是一个在中国境内的游戏，2014年开始阿里巴巴把它扩展到了全球，有217个国家和地区的消费者参与了"双11"活动，其中国内消费者分布情况如图2所示。最北端的国家到格陵兰岛，最南端的国家到智利，印度洋和太平洋的很多小国的消费者都参加了活动。所以说，电子商务是一种没有国界、超越了时空的模式，它表明如果商家产品质量好，营销做得好，完全有可能被全球任何一个消费者搜索到并且成交。

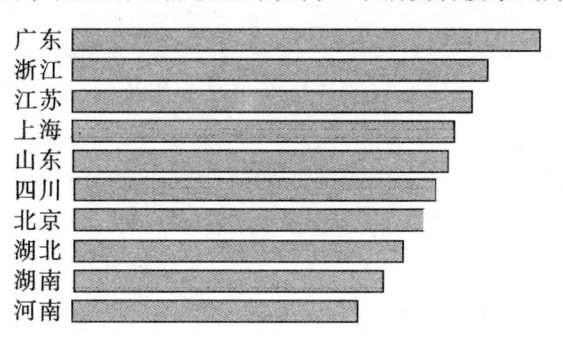

图2 2014年阿里巴巴"双11"购物节消费者分布情况

3. 娱乐化

在我国，说到消费者的节日，一般来讲会提到两个：一个是中国的"3·15"；另外一个就是"双11"。"3·15"是一个消费者维权、商家感觉比较紧张的日子；但是"双11"消费者和商家都会想尽办法去制造一些娱乐化的元素，使得整个节日都是比较欢娱的。比如，南京六朝博物馆在2014年"双11"之后，通过其官方微博发出一张无手陶俑的图片，送给全国在"双11"中花钱止不住手的网民（被戏称为"剁手族"）。

4. 线上线下一体化

很多人觉得电子商务和传统商业是一对矛盾，电子商务抢了传统商业的生意。但事实上，"双11"线上线下融合（O2O）专场的实践表明，如果传统的企业能够很好地利用电子商务，对O2O模式有一个很好的设计的话，其实能够实现线上线下双丰收。2014年"双11"，共有33个城市的28家百货集团、317个门店、1111个餐厅参与了活动。例如银泰百货，它是国内一家比较大的传统百货公司，"双11"当天，不仅线上交易额同比增长206%（其中移动端增长702%），线下的客流量和成交额同比增长也都超过了300%。当天门店客流量达到90万人次，比上年同比增长360%；销售额超过2亿元，比上年同比增长328%，这是一个非常好的信号，给很多线下的传统企业做O2O以更多的信心。

5. 农村发力

很多人觉得农村居民的收入和文化素质比较低，不是电子商务的主力军。但是在过去几年里，淘宝的交易份额中农村居民的消费比重在不断上升，从两年前的7%提高到了2014年的将近10%。如果从"双11"来看，571亿元里面有将近10%是由农村消费者来完成的，就是说有50多亿元是农村消费者下的单。这里所说的农村消费者不包含县城，只是指乡镇村里的农村居民。

这里有两个数字。第一个数字是5987万元，有一个淘宝村在江苏省徐州市沙集镇，主要是做家具的，把组装家具放上网，然后通过电子商务方式来销售。在2014年的"双11"当天，这个镇的线上交易额达到了5987万元，超过了2009年阿里巴巴"双11"全网的交易额，也充分表明农村居民如果跟电子商务能够结合起来的话，未来的潜力是非常巨大的。第二个数字是 1.1 万元,指的是阿里巴巴 2014 年做的"千家万村"的农家计划,帮助农民从网上购买商品,第一站是在浙江省桐庐县,首批的 19 个网点、19 个村,在"双 11"这一天,下单完成了 21 万元的交易额,平均每个村是 1.1 万元。这个数字在"双 12"的时候,达到了 2 万多元。由此可以看到农民对电子商务的这种需求,如果被调动起来之后,也会有很高的增幅。

6. 大数据

从阿里巴巴的角度来看,大数据一方面是电子商务成交的一个基础设施,保证了"双 11"如此大数量的成交额;另一方面,它也是一个营销的工具。举例说,每年"双 11"到来之前,很多商家都会提前做这方面的策划。2014 年 7 月的时候,TCL 公司找到阿里巴巴一起策划"双 11"的营销方案,阿里巴巴给出的建议是"把 4K 彩电作为'双 11'的主打商品",TCL 起初不同意,因为 4K 彩电价格比较高,担心消费者不能接受。阿里巴巴给出了两个数据,一个是其后台 4K 彩电搜索量的变化,一个是其成交量的变化。这两个数据表明,4K 彩电正在成为网民消费的热点。看到这个数据之后,TCL 同意了阿里巴巴的建议。"双 11"当天,4K 彩电的交易比重由 8%提到了 60%。这表明大数据对于营销有帮助。表 1 是大数据提供的 2014 年淘宝网"双 11"城乡 TOP10 品类对比。

表 1 2014 年"双 11"城乡 TOP10 品类对比

排名	农村	城市
1	手机	手机
2	平板电视	靴子
3	靴子	毛呢外套
4	毛呢外套	羽绒服(女)
5	羽绒服(女)	平板电视
6	羽绒服(男)	羽绒服(男)
7	低帮鞋	低帮鞋
8	床品套件	毛衣
9	面部护理套装	床品套件
10	洗衣机	连衣裙

二、淘宝网农产品电子商务交易情况分析

阿里巴巴研究院从 2012 年开始出农产品电子商务白皮书，连续出了 2 年，这也是业内第一份关于农产品电子商务的研究成果。这几年，农产品电子商务在国内发展非常快。2010 年，阿里巴巴平台上的农产品零售额（不含批发）是 37 亿元人民币，到了 2011 年，这个数字提升到 117 亿元，2012 年是 198 亿元，2013 年则超过 400 亿元，2014 年在 1000 亿元左右。在阿里巴巴平台上的农产品卖家 2013 年年底已经达到 39 万个，相当于淘宝网每 20 个卖家里面就有一个是做农产品销售的。

如果从交易品类来看，按照淘宝的规则来分，交易量最大的品类是零食特产坚果，占了 1/3 的品类，第二是茶叶类，第三是滋补营养品类，如枸杞、蜂蜜等产品。这 3 个品类加在一起的成交额，超过了全球总交易额的 2/3。从交易额的增速来看，生鲜产品在 2013 年的时候，增长率达到了 195% 左右，是所有品类里最高的。还有两个品类超过了 100%，分别是茶叶和粮油米面类，这 3 个品类是增速最快的（见表 2）。

表 2 2013 年淘宝网销售农产品种类及增长率

产品类目	占比（%）	增长率（%）
茶/咖啡/冲饮	22.69	130.15
传统滋补营养品	16.34	78.29
粮油米面/南北干货/调味品	6.58	113.14
零食/坚果/特产	35.19	92.66
水产品类/新鲜蔬果/熟食	13.84	194.58
其他	5.35	98.95

从单品来看，大枣是淘宝网上成交额最高的，2013 年销售额为 13 亿元，消费者分布参见表 3。前 10 位农产品里面，大概有 5 种是茶叶品类，如乌龙茶、普洱茶等等，也都进入了前 5 名（见图 3）。如果按照增速来看，生鲜类的产品增速则是最快的。排名靠前的农产品，其增速甚至超过了百位数，像莲藕、龙眼和橙子，其增长率排在前 3 位，排在前 10 位的几乎全是生鲜产品（见图 4）。

表 3 2013 年淘宝网农产品单品销额排行

广东	山西	北京	陕西	上海	浙江	湖北	江苏	新疆	河南	其他地区
3%	3%	4%	5%	6%	7%	7%	9%	18%	26%	12%

根据每个省（市、区）的农产品交易情况，整理出一张淘宝土特产地区分布表（见表4）。从中可以看出，每个省份什么农产品卖得最好。举个例子，新疆卖得最好的是大枣、核桃、葡萄干，宁夏是枸杞和生羊肉，北京则是蜂蜜和枣类。从某种角度来讲，表4也告诉消费者买什么商品应该选择哪个地方的卖家，以保证买到的商品品质是最好的。

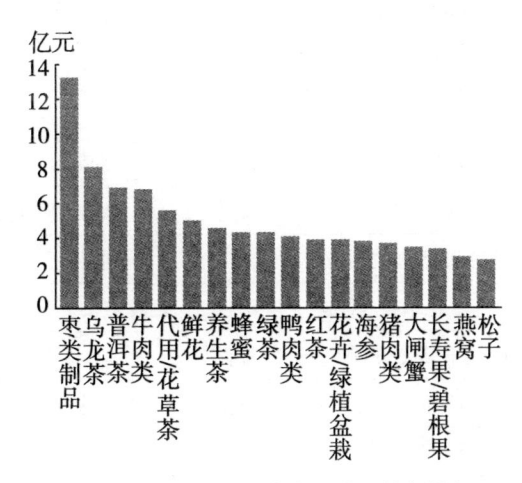

图 3 2013 年淘宝网农产品单品销额排行

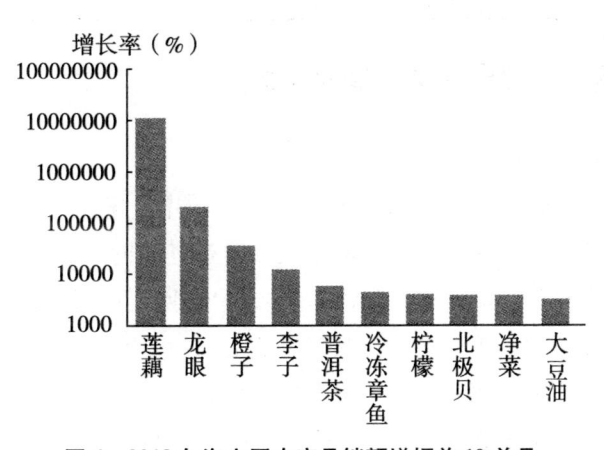

图 4 2013 年淘宝网农产品销额增幅前 10 单品

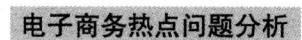

表 4　淘宝土特产销售地区分布情况

省份	土特产	省份	土特产
新疆	枣类、核桃、葡萄干	宁夏	枸杞、生羊肉
西藏	冬虫夏草、藏红花	陕西	枣类、核桃、瓜子
青海	冬虫夏草、枸杞	内蒙古	牛肉类、奶酪
四川	牛肉类、花草茶、香肠/腊肠	黑龙江	大米、猪肉类、蓝莓
云南	普洱茶、三七、七子饼茶	吉林	灵芝、人参、鹿茸
重庆	牛肉类、普洱茶、鸡肉类	辽宁	海参、鱿鱼、枣类
贵州	绿茶、牛肉类、辣椒	北京	蜂蜜、枣类
广西	养生茶、芒果、罗汉果	天津	梅类
海南	芒果、生鸡肉、椰子片	河北	枣类、栗子
澳门	花粉	山东	海参、樱桃、蜂蜜
香港	燕窝	江苏	大闸蟹、花卉、猪肉类
广东	普洱茶、燕窝、乌龙茶	上海	纯牛奶、鸡蛋、牛肉类
福建	乌龙茶、红茶、花草茶、桂圆干	浙江	碧根果、绿茶、山核桃、夏威夷果
台湾	乌龙茶、普洱茶、咖啡豆	江西	山茶油、橙子
湖南	槟榔、鱼类、黑茶	安徽	碧根果、绿茶、花草茶
湖北	枣类、鸭肉	山西	枣类、小米
河南	枣类、山药	海外	蜂蜜、蜂胶、高丽参
甘肃	百合、当归		

三、农产品电子商务发展新趋势

1. 新农人崛起

"新农人"是一个这两年刚刚冒出来的新词汇，很多人试图去定义它。阿里巴巴研究院也做了一个初步的定义：通过互联网用心做农业的人。所以它有三个关键词：第一是互联网；第二是农业，互联网和农业融合在一起，就会产生很大的聚变能量；第三是用心，就是必须有责任感。其中责任感包括两个方面：第一是对消费者的责任感，指的是它必须注重食品安全；第二是对环境的责任感，作为生产者必须高度重视生态环境保护。

"新农人"规模大概在 100 万元，其结构处于农民和网民之间（见图

5)。首先,"新农人"肯定是网民的一员;其次,绝大部分的"新农人"是农村居民,当然也有一部分"新农人"是在城市里面经营农产品电子商务。

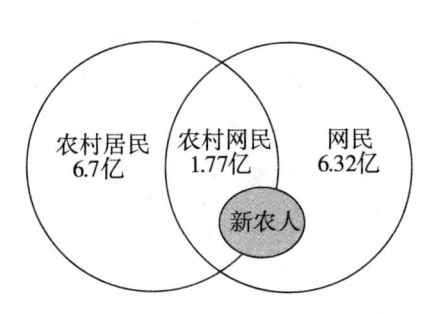

图5 新农人、农村居民、网民结构示意

2. 原产地农产品直销成热点

农产品跟工业消费品最大的不同,是它特别依赖于水土和自然条件,也就是对原产地的依赖性比较强。为什么新疆的葡萄干那么甜,那就是由新疆的自然条件决定的。所以,它不能像富士康一样,能够把手机既放在深圳生产,同时也放在河南生产,这是农产品最大的一个特征。怎样买到最正宗的农产品呢?阿里巴巴做了一个淘宝特色中国地方馆,是"地方政府+淘宝+地方运营商"三方运作的一个平台,在淘宝的首页上有一个入口,将每一个省(市、区)分为省级馆、地级馆和县级馆三个级别,每个地方政府通过地方馆,集合本地的优秀卖家,向全国销售其优质农产品,现在这个地方馆共开设了50多个,每个地方馆都成为当地做农产品电子商务销售的主力平台。

比如,山西馆在开启的时候,在3天时间里卖了70多吨老陈醋。贵州馆开启的时候,3天时间茅台酒卖了上万瓶,茶叶卖了2万份,以前贵州茶叶在网上知名度不是很高,但是通过这个地方馆上线之后,贵州茶叶的知名度大大提升,日成交额也稳定在一个相对比较高的值上。

3. 越来越多的海外农产品涌进中国

无论是在淘宝还是在天猫、一号店这些平台上面,越来越多的海外农产品开始介入,像澳洲和南美洲的牛肉、东南亚的水果、北美洲的水产品等等,开始大量进入我国。究其原因,一方面,海外农产品的质量高、品质好，可以带来比较高的溢价，电商可以获得更高的利润；另一方面，过去10年里，我国农产品发生了多次食品安全事件，导致国内消费者对于国产农产品的信心下降。同时，网络消费者也在分化，淘宝上的消费者不仅是那些买便宜货的消费者，开始出现越来越多的育儿阶层和白领阶层，对于农产品的要求比较高，对价格不是特别敏感，对海外农产品的需求量特别大。

2013年年底，阿里巴巴跟美国政府做了一次团购美国车厘子（樱桃）的活动，在13天时间里卖了168吨，相当于国内一座中等超市9年的销量。由此可以看出，国内消费者对于优质的海外农产品有着巨大的需求。2014年"双11"当天，消费者网上购买美国坚果90吨，让美国人感觉很震惊。

4. 生鲜农产品电子商务快速发展

前文提到生鲜农产品网购增速是最高的，其同比增长率达到了195%。这里举几个例子。第一个案例，是淘宝运作把云南的鲜花通过冷链物流的方式，从农民合作社直接送到全国100多个城市的消费者手里。第二个案例，是淘宝运作新疆新鲜葡萄团购，就是在葡萄还没有采摘的时候进行预售，等订单形成之后农民再去采摘，然后通过冷链的方式发到全国各地。第三个案例，是2013年浙江省遂昌县跟淘宝网合作做土猪肉团购。其背景是上海黄浦江生猪事件发生后，整个生猪产业受到很大打击，猪肉价格一落千丈。在这种情况下，地方政府跟淘宝联合做这次活动是有社会意义的。具体做法是把在农户家里饲养的土猪放到聚划算上进行销售，消费者在选购的时候，可以选择不同的部位，比如说猪头肉5斤、猪腿肉10斤等等，然后点击下单就可以了。商家把这些订单收集完之后，一共是1万公斤（三天卖了2万斤），最后组合一下，是200多头土猪。然后把200头猪统一运到县里的屠宰场，按照国家政策统一屠宰（这时顺丰的冷链车已经在屠宰场等候了），屠宰之后按照每一个订单的要求放在包装箱里。包装箱里有冰质的冷媒作为保鲜物，在24小时之内将这些新鲜的土猪肉送到长三角的消费者手中。好评率非常高，达到了98%~99%。这也是互联网上第一次卖生猪肉。

5. 非标准化农产品探索新标准

很多人说农产品电子商务难做，为什么？因为难以标准化。这要分两方面来看，农产品也分为两类：一类是容易实现标准化的农产品，像大米、玉米等这些传统五谷杂粮，相对来讲比较容易实现标准化。但是那些生鲜产品尤其是像肉类和水果就非常难以标准化。我们的建议是，地方政府跟地方协会应该根据产品特点及市场需求自建标准。只要这个标准被消费者认可，被市场认可，那么它就是一个值得推荐的好标准。

前文提到的做土猪肉团购的浙江省遂昌县，也做过红提的团购，红提是当地的知名产品。当时做团购的时候，行业内并没有标准，他们就自建了一个标准（见表5），对每个果穗的重量、单粒果重、颗粒大小，以及果实的着色度、糖度都进行了规定。尤其是里面的糖度规定是14度（14度是比较甜的数值）。按照这个标准，第一批团购之后，好评率达到了99%。但第二批团购就出现了问题，因为第二批团购的农场红提距离成熟还有3~4天时，发货时间到了，要按照规则进行发货，这个时候甜度只有13度。发货还是不发货？他们有过很长时间的纠结，为了避免被淘宝扣分，最后选择了发货。因为如果延迟发货的话，按照淘宝规则对店铺要进行严格扣分。结果，他们发完货之后，收到一大批差评，差评的内容都很统一，说这次的红提不如上次的甜，所以要果断地给差评。这个让他们感觉很委屈，也很震动。电子商务做农产品跟做工业品是完全不一样的，因为农产品是有生命的产品，有它自己的生长规律，吸取了这次教训之后，他们在以后的每次活动中都严格按照农产品自身的规律来设计营销活动，后来取得了很好的效果。

表5 遂昌县自建的红提标准

项目	指标
果穗	穗重不低于0.75kg
单粒果重	单粒果重大于等于14g
颗粒大小	果粒横径大于23mm，竖径大于等于26mm，占果穗95%
着色	红色占到85%
果品	颜色呈自然红熟色，无病果、伤果、腐烂果、青果、小果、干果、软果
口感	果皮薄厚适中，果肉脆硬，味甜，无涩口感
甜度	甜度需达到14度（用甜度计测试）
农药	监测无农药残留
其他	其他标准按特级产品需要采购，允许有5%的果穗品质和果穗大小不符合特级品要求，但符合一级品要求

6. 农产品成为县域电子商务的关键抓手

近两年除了农产品电子商务火爆之外，还有一个比较火的词是"县域电子商务"，指的是县长作为发展电子商务的一把手。

2014年7月，阿里巴巴举办了首届中国县域电子商务大会。在阿里巴巴的杭州总部，来了176位县长，能够靠市场的力量把这么多县长吸引过来，这在历史上是绝无仅有的。县域经济是中国经济的一个基础单元，如果能够把它撬动起来的话，对于我国电子商务整体发展将会是一个很大的推动力。很多地方的县长都高度重视电子商务，都在探索自己的独特模式。

（1）遂昌模式

遂昌模式的核心，我们称为分销服务型模式（见图6）。遂昌县政府成立了网店协会，一套班子两个牌子，既是一家协会也是一家公司（遂网电子商务有限公司），建立了农产品分销平台，对接两个群体：上游是本地200多个农产品生产企业，包括农户、合作社和企业；下游对接1600个淘宝卖家，通过这种方式，让1600个卖家帮助这200个农产品企业来销售本地的农产品。2013年，销售农产品的总值达到1.8亿元。这种模式在国内很多地方被复制，如浙江省龙游县等一些县城、淳安县的千岛湖等，还有安徽省宁国市等等。它们的成功也证明这种模式是可以复制的。

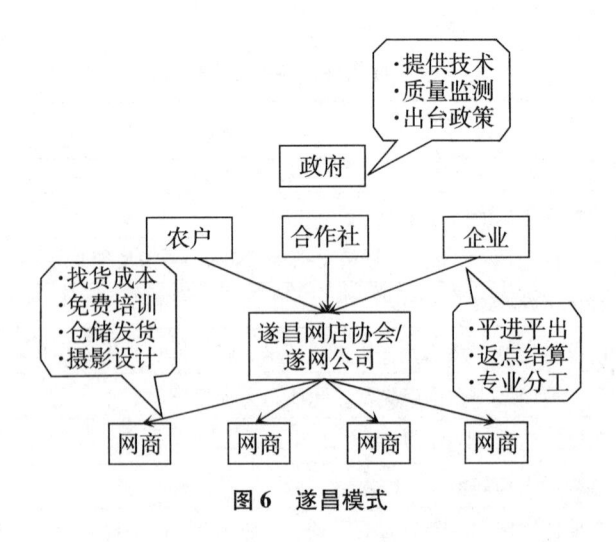

图6 遂昌模式

（2）武功模式

武功是陕西省的一个县，在西安市西边大约90公里处。武功县发展电子商务面临着一个很大的难题，就是本地没有网络卖家和网商，所以不能做"遂昌模式"，因而形成了招商引资的模式（见图7）。就是把西安市的20多个大卖家，通过招商的形式吸引到武功县，效果立竿见影。在短短的半年之内，使得全县的包裹发单量从一天几十单提升到了一万多单。同时也使本地的很多农产品企业找到了很好的分销伙伴，让这些大卖家成为本地农产品的销售商。

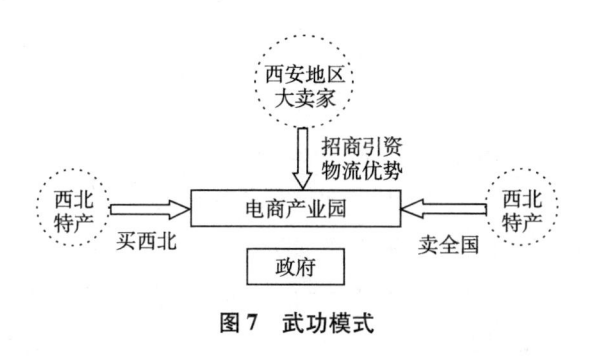

图7　武功模式

（3）成县模式

成县是甘肃省的一个县，比较贫困，其特产是核桃。成县模式（见图8）的核心是协会主导加"微营销"。但是成县的这个协会跟遂昌的协会不一样，遂昌的协会主要做分销，成县的协会则成为销售主体。协会跟合作社签订供销协议，然后由协会在各个电商平台上开店进行销售。2014年一年就卖了上千吨的核桃，销售业绩很是不错。还有一点，就是做电子商务的"微营销"。网络的流量很贵，尤其是在淘宝上，如果买直通车的话，新卖家是买不起的。通过微博、微信的方式来进行"微营销"的话，就可以起到小投入大产出的作用。成县的县委书记亲自开微博，粉丝达到30多万人，几乎是西部地区粉丝量最高的一个。他通过微博大量地去推销县里的核桃，所以在网上被戏称为"核桃书记"。他要求全县从村到镇到县的干部，都要开通实名认证的微博和微信。县里面一旦有新品推出，比如说有一个卖家要推新品，要做活动，那么全县的微博一起来转发，这样低成本投入，却取得非常好的传播效果。现在成县的微博圈在网上很有名。

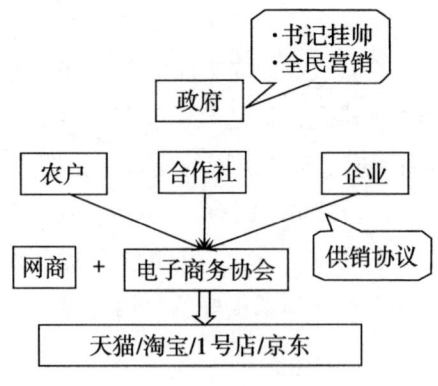

图8　成县模式

(4) 通榆模式

吉林省西部的通榆县本地有产品，但是没有网商的基础，于是选择的是单店模式和品牌化（见图9）。通榆县从杭州找了一家服务商，通过服务商在天猫开了一个通榆特产专卖店。通榆的特产是五谷杂粮和向日葵，通榆是全国最大的向日葵种植基地之一，向日葵的总种植面积达几十万亩，秋天满山遍野全是向日葵。通榆特产专卖店跟本地的合作社签订供销协议，每周从县里通过大众物流的方式把商品发到杭州，在杭州进行分检、包装、摄影、描述、品牌化，使原始的农产品变成了网络上的品牌化的商品。上线的时候做了一个营销活动，就是卖整个的向日葵花盘。当时的价格是38块钱一个，全国包邮，价格比较高，打的广告语是"38元可以买到全国最好的向日葵花盘"，很多人抱着好奇的心理就去购买，两天卖了3000个。当地的平均价格是2元一个，但服务商的收购价格是5元一个。

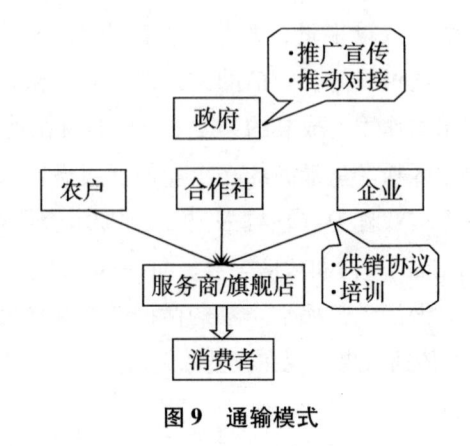

图9　通输模式

在这一模式里经历了两个变化：第一个变化就是农产品从2元到5元，正是因为电商压缩了中间环节，使得生产端的农民可以获得更高的收购价格，对于农民增收是有效果的；第二个变化是从5元到38元，从非常原始的没有品牌的农产品变成了品牌化的、看起来非常漂亮、让人有下单欲望的互联网商品，这是一个质变。这个质变完成了价格的飞跃，从5元飞跃到了38元。全国的很多农产品都缺少这种质变。这个案例，非常典型地说明了农产品电子商务的一个本质，就是让好的农产品卖出好的价格。

电子商务与物流

电子商务时代的物流发展分析[1]

王娟娟[2]

摘　要：电子商务时代，物流是买卖双方的重要纽带，其与电子商务部分与总体的关系，使二者成为紧密的关系体，但目前也是我国电子商务体系的短板。电子商务平台的快速拓展急需构建并完善相应的物流系统。因此，要以动态开放的理念构建匹配于电子商务发展的物流系统，加强基础管理，创新管理模式；加快制定法律法规，以政策法规进行引导和约束；提高管理信息化、技术信息化和基础设施信息化水平；加大人力资本存量，提升从业人员职业素质，提高物流服务质量和配送效率。

关键词：电子商务；物流系统；耦合

一、引言

21世纪，信息化的全面发展将世界推进电子商务时代。中国的电子商务发展起步较晚，但互联网的强势普及和消费理念的创新使电子商务在中国短期内高歌猛进，以B2B、B2C、C2C等形式将更多的经济主体引入电商平台，通过物联网、云技术等手段，不断创新网络经营模式。近年来，

---

[1] 本文系国家社科基金项目"青藏高原区生态补偿成本计量及分摊研究"（项目编号：12XJY006）、甘肃省教育厅项目"甘肃牧民定居点文化承载力与定居牧民文化适应力协同研究"（项目编号：2013A075）、甘肃省科技厅项目"兰州新区建设与人口数量耦合发展研究"（项目编号：1305ZCRA171）的阶段性成果。

[2] 作者简介：王娟娟（1981—），女，甘肃省兰州市人，兰州商学院副教授，经济学博士，硕士生导师，主要研究方向为区域经济学、生态经济学。

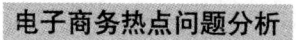

电商平台上的商务活动盛况空前,与之形成鲜明对比的是滞后的物流发展,后者已经严重妨碍了电子商务安全、便捷、高效发展宗旨的贯彻,这引起学界对物流问题的关注。起初,对物流问题的研究仅局限于仓储、分配、转移等狭小范畴,之后,学者们对其开始纵深化研究。周启蕾等[1]认为应当创建中国的物流理论,张圣忠等[2]提出应从宏观、中观、微观层面研究中国的物流理论;李怀政主张摆脱物流的后勤管理性质,向商业物流、一体化物流、供应链式物流等转变,很多学者将逆向物流理论引入研究,认为依据商品属性差异应当选择不同的物流方式。[3-5]在实践中,我国物流业发展较为滞后且不均衡。2011年,河北、广东、山东等地物流业增加值超过1100亿元,而西藏、新疆、宁夏、青海等地不足200亿元。[6]一方面,这是由于我国企业对物流认识尚浅,很多企业将物流视作货物储存、装卸、转运的简单劳动集合;另一方面,这也是我国各地区对物流发展重视程度不一的表现,从而阻碍了物流优化投资环境、促进经济发展等作用的发挥,尤其在电子商务时代,这种阻滞作用更为突出,并加剧了中国区域发展差距。截至2010年,我国电子商务企业主要分布在长三角、珠三角及北京等地区,占全国的比重分别为33.52%、32.04%和8.86%,呈现出显著的东高西低状态,这与我国当前的区域差距状况相符。同时,物流现状已经严重限制了电子商务平台的拓展,这是当前学界研究忽略的方面。本文突破现有研究中将物流作为孤立系统的研究范式,而是立足物流与电子商务的关系,以子系统的视角研究电子商务大系统中的物流问题。全文分为五部分,第一部分引出本研究的重要意义,第二部分系统梳理电子商务与物流服务的关系,第三部分在综合分析电子商务发展的基础上明晰物流已成为我国电子商务系统的短板,第四部分指出构建与电子商务发展相适宜的物流系统是推进前者的要件,第五部分以系统化理念对电子商务时代的物流发展进行战略化思考。

二、电子商务与物流的关系

1. 物流是电子商务的重要构件

随着信息化的深入,电子商务的组成部分日益明晰,包括信息流、商流、物流、资金流等。以商品性质为区分依据,商品可分为有形商品和无形商品,在电子商务平台上,可以完成信息流、商流和资金流的交换,甚至可以完成无形商品的所有权变更,但是对有形商品的运移乏力,必须借助物流系统。因此,物流是电子商务系统的重要构件,承担着商家与消费者之间的实物配送服务,直接影响着电子商务优势的发挥。[7]纵观当前消费模式,消费者倾向于以电子商务方式购买商品,不仅由于科技创新引导消费模式的转变,还由于电子商务平台上的商品种类繁多、价格合理,能够方便快捷地满足消费者日益增多的个性化需求,然而,所有这些变化最终都要落实到消费者得到的商品上。若物流服务不到位,就会直接影响消费者对商家的信用评价,削弱企业竞争力。所以,必须将物流纳入电子商务发展系统,明确企业的核心竞争力不应只局限于商品本身,应将物流发展水平当作评估电商系统和电商企业市场竞争力的重要指标。

2. 电子商务引领物流发展方向

传统商务向电子商务转变是经济发展、技术变革、信息膨胀、经济一体化的综合体现与要求。电子商务是商业贸易的电子化形式,对物流发展影响巨大,其发展水平直接决定着物流的发展理念、管理组织、运作模式等的演进方向,左右着物流服务的内部组织形式、具体工作流程等的改革力度,从而决定着物流在电子商务系统中的经济地位。[8]随着科技与信息检索结合程度的深化,电子商务与时俱进,交易媒介不断多样化,交易实现日益便捷化,这必然要求与之配套的物流服务必须通过采用新技术、拓展新思路、构思新方式等途径不断自我完善,以适应电子商务的发展需求。

3. 物流质量决定电子商务水平

电子商务是一个系统工程,有众多组成部分,物流服务是其中之一。高品质的物流服务能够加速信息流、商流、资金流,提高资本使用效率。宏观视角下,有形商品仍占电子商务的绝对比重,随着电子商务规模的扩大,物流在电子商务体系中的重要性日益凸显,可以说,物流服务质量已经成为电子商务推进的基本保障,尤其在"以顾客为中心"的现代商务活动中更是如此。同时,优质的物流服务也使其更好地辅助于信息流、商流、资金流的直接表现。微观视角下,信息技术渗透于经济社会的方方面面,技术创新成为经济社会进步的重要动力,先进技术对现代物流发展至关重要。高品质的物流服务可以减少商业纠纷,为商家赢得良好声誉,有利于与消费者建立长期合作关系；可以加速资金周转，提高资本利用率，提升利润率；可以提高消费者满意度，催生消费需求，从而推动电子商务发展。然而，劣质的物流服务对电子商务会形成严重的制约。若物流服务采用的技术和管理方式超前于电子商务发展现状，必然造成物流资源浪费，加大企业生产运营成本，妨碍电子商务推进。若物流服务采用的技术和管理滞后于电子商务发展水平，必然因短板效应阻碍电子商务发展，甚至使经济社会陷入供求紊乱的窘境。可见，物流服务质量决定电子商务的发展高度，而且只有与电子商务发展相匹配的物流才是高品质的物流。

三、物流是我国电子商务体系的短板

1. 物流发展落后于电子商务发展

较之其他国家，我国电子商务起步于20世纪90年代，后随着信息化进程的加快和互联网的普及迅猛发展。目前，我国电子商务平台已形成以淘宝、京东、凡客、天猫等为代表的群雄竞争的格局，其中，淘宝网在2011年的交易额达6000亿元，占当年GDP比重的1.3%，2012年交易额超过8000亿元，占当年GDP比重的1.5%，两年内交易绝对值及比重都出现持续增长，尤其是2011—2013年的"双11"节，单日销售额从52亿元剧增至350亿元。物流发展水平则与之形成强烈反差。面对电子商务的迅猛发展，我国物流服务水平明显滞后，在物流量骤增时，"爆仓"问题严重，支付渠道拥堵，甚至引发物流系统瘫痪。同时，由于物流服务人员平均素质较低，暴力分拣、货物丢损、物流对象混乱、货物检查不严等事件频发，致使物流与电子商务衔接中断，造成电子商务平台需求旺盛、供给不足的假象。此外，由于当前诸多因素的制约，商家掌握的产品、企业、消费者等相关信息十分有限，物流滞后问题加速恶化，导致节庆优惠时，消费者因不能从商家获得可靠的商品物流信息或恐惧物流乏力而提前交易，不能真正享受类似"双11"的优惠，或以实体购买替代，从而使电商卖家仓储积压等。显然，物流已成为电子商务活动中的关注焦点。

2. 物流服务制约电子商务平台的拓展

拓展电子商务平台应具备两个要素：一是拥有完善的商品补给系统，即商品输入系统；二是构建高效率的商品运移系统，即商品输出系统。受益于经济全球化，我国的商品生产与补给较为充分，然而，由于地域范围、时间差异、消费者差异等微观因素影响，物流已成为制约我国电子商务平台拓展的一大障碍。例如，由于区域跨度大、基础设施落后，西部地区的消费者往往要加付物流费用，这削减了电子商务市场份额。实践中，消费者与电商企业都有开拓电子商务平台的愿望，因此，提升物流服务质量、加高电子商务系统短板成为当务之急。解析物流发展要素，基础设施水平决定着商品运移速度与安全，先进技术应用状况影响着企业综合竞争力，从业者素质直接决定着消费者对商家的信任度。反观我国物流构成要素，基础设施落后，部分地区道路毁损严重，物流集散点少；先进技术利用率低，分拣商品自动化程度低，易损易腐商品储存空间漏洞多；从业人员素质偏低，随意处理货物的现象时有发生，等等。这些都成为物流发展的软肋，也使物流成为电子商务链条上的薄弱环节。同期，国际社会都在竭力推进现代物流，以新型集成式管理理念替代传统物流下简单劳动叠加的管理模式，以整体商品销售链为分析依据，降低运营成本，以利润的可持续获得为原则提供优质的人本服务。我国物流发展与国际趋势要求差距明显。实践证明，物流理念的转化会不断强化其与电子商务的关系，创新物流运营模式，有助于减少物流对电子商务的束缚，因此，大力发展现代物流是电子商务发展的必经之路。

3. **物流现状阻碍电子商务活动的顺畅推进**

物流是商务活动的纽带，不仅是本次交易商品配送的承担者，也是下次商务活动改进的信息提供者。在我国，电子商务的快速发展向物流系统提出了严峻挑战。面对骤增的商品量，现阶段我国的物流只是疲于分流配送压力，仅以完成商品配送为目标，缺乏信息搜集意识，对物流是电子商务实体支柱的认识肤浅，错失诸多以商品配送为跳板搜集消费者偏好等相关信息的机会，这严重阻碍了电子商务活动的推进。与传统商务活动不同，电子商务活动更注重与消费者沟通，每次交易的起点和终点均是沟通，以获得消费者对意向商品的评价信息，便于交易活动的完善，可见物流在电子商务活动的两次沟通中均举足轻重。然而，我国的物流发展现状尚不能保证其在电子商务活动的两次沟通中很好地发挥纽带作用，常因物流滞后或配送货物与订单不符，或消费者不能在商家承诺期内收到商品，致使电子商务活动中的长期合作关系难以持续维系。

4. 物流干扰消费者对商家进行客观评价

从本质上讲，电子商务为买卖双方提供了一个近乎双赢的平台。网购形式下，商家能够提高商品流转率，实现高利润，消费者则可以以一种全新的消费方式享受不受时空限制的、更为人性化的便利。与传统商务不同的是，电商企业的发展更依赖消费者的评价，而这种评价涉及一次电子商务活动的方方面面，其中物流服务至关重要。商品在仓储、保管、运输、签收等一系列环节中的任一失误都会使消费者降低对商家的满意度，而不关乎商品质量本身。客观审视我国电子商务发展，电商企业与消费者的关系并不融洽，这大多源于物流服务的滞后。相对落后的物流难以承担电子商务快速推进引发的商品流量和存量压力，致使商品运移速度缓慢，各次购销活动的连续性受阻，导致消费者忽略我国电商企业与物流大多各自独立存在，而因物流因素影响不能客观评价商家，从而妨碍我国电子商务规模经济的充分实现。因此，必须重新科学评估物流在电子商务系统中的作用，打造匹配于电子商务发展需求的物流服务，使电商企业赢得消费者客观评价的机会。

四、基于电子商务平台构建物流系统的必要性

1. 电子商务倒逼物流系统的完善

电子商务在国民经济发展中日益重要，对经济社会发展的影响不断深化，正在稳步推进我国经济发展，且倒逼产业结构调整、优化与升级，对物流发展的影响尤甚。物流既是电子商务平台上的子系统，也是自成一体的商务系统，电子商务对其存在连续的影响。电子商务是社会技术进步的结果，推动物流服务必须主动进行技术、管理、制度等方面的创新。正如电子商务依赖物流服务，后者也必须依靠前者优化升级。电子商务的迅猛发展对物流服务必然产生一定的压力，且发展方向就是与电子商务相匹配，这可以视作电子商务对物流发展的一种拉动作用。作为电子商务的子系统，物流服务必须与电子商务的发展水平相匹配，才能互促并进。

2. 系统化运作物流能够提升电子商务的竞争力

物流是电子商务系统中的关键环节，若将前者仅仅视为独立的系统，而忽略其作为子系统的重要性，物流服务可能陷入效率与成本不能兼顾的

窘境，从而难以真正缩小电子商务发展的供求缺口。为缓解矛盾，基于电子商务平台，系统化运作物流是有效途径。先进技术的引进会导致物流运行成本增加，但只要服务效率提升幅度高于成本增加（且系统化运行本身具有转移成本的优势），就会因物流水平的提升而增强电子商务的竞争力。然而，我国传统物流服务多以自身利益为考量依据，权衡预期利润与投入成本，如果前者低于后者时会致使物流服务投入不足，商品交换不能维持，难以保障电子商务顺利进行。而将物流服务作为电子商务平台中的子系统，将物流服务的收益与成本纳入电子商务的投入产出体系，以电子商务大系统整体利润为目标，将物流服务部门化，有助于宏观视角下物流服务系统的发展与完善。另外，缺乏系统性保障的物流发展，各服务部门相互独立、机构冗余、功能交织，使本应开展的合作让渡于内部竞争，各服务部分衔接受阻，成本增幅高于收益增幅，加之系统化理念下的先进技术成本转化率低下，导致物流职能无法体现在电商企业核心竞争力的内容体系中。从规模经济层面看，系统化运作物流易于形成规模效应，促使电子商务系统长期平均成本呈现递减态势。诸多现代化因素催生了电子商务，经济全球化对其提出更多的要求和挑战，系统化运作物流有助于宏观视角下电子商务与物流服务的有机整合，提升电子商务竞争力。

3. 构建物流系统有助于降低投入产出比

较之发达国家，我国物流存货持有成本、运输成本、管理成本等过高。[9] 2011年，我国物流总成本占 GDP 比重为 17.8%，而发达国家不到 10%；仅管理成本而言，美国、日本和德国只占 GDP 的 0.4%，我国则超过 2%。就流通信息投入资金占销售总额的比重看，我国是 0.1%~0.3%，发达国家平均为 1.2%~2%，其中，投入信息化的软硬件比例，我国为 1:5，发达国家为 1:1 到 2:1，差距显著。这是我国物流长期独立于电子商务发展的结果。一方面，割裂了物流与电子商务的天然联系；另一方面，物流各组成部分因目标差异而导致摩擦率高，最终使资金不能及时回流至商家。应该基于电子商务平台构建物流系统，通过强化基础设施、提高人员素质、优化付款流程等，提高资本流通速度，降低电子商务投入产出比。

4. 打造物流系统符合国家宏观政策要求

物流系统是国民经济发展的重要支柱，为夯实这一基础，国家着力进行多层面的政策引导和支持。十八大指出:"要实施创新驱动发展战略","着力增强创新驱动发展新动力","要适应国内外经济形势新变化,加快形成新的发展方式";十八届三中全会强调"深化经济体制改革,优化产业结构调整,推进经济结构战略性调整",要求重新审视政府和市场的关系,明确市场在资源配置中起决定性作用,经济系统必须以开放的姿态迎接现代化市场的挑战。加之国家放宽商贸流通与电子商务领域准入标准,我国物流发展挑战与机遇并存。在这一宏观背景下,只有以系统化理念处理物流与信息流、商流、资金流等的关系,才能实现我国电子商务平台"质"的飞跃,而这与新时期国家发展要求极为契合。

五、电子商务时代物流系统化的战略思考

1. 现行物流模式比较

电子商务的不同发展阶段需要与之相宜的物流系统作保障。现行物流模式主要有自建物流、物流联盟、第三方物流及物流一体化等四种,其各有利弊。自建物流由单一组织管理,内部易于协调,便于统一指挥,兼具灵活性和稳定性,但投入要求高,成本压力大。物流联盟通过利益共享联盟有效分担物流成本,对单一个体投入要求较低,但由于是多头管理,易产生分歧,组织脆弱性显著。第三方物流以专业化分工运作,生产效率较高,但依靠高投入维系的专业化必然超出小企业的承受能力,且独立于电子商务的运作会延缓信息传递。物流一体化是围绕物流系统将生产、销售、物流、消费者等打造为一个链条,这种大系统模式是物流发展的高级阶段,但需要协调诸多层面和环节的利益,且现阶段以物流为中心建立一体化体系的科学性尚待论证,未全面进入实践阶段。可见,我国的物流模式必须立足电子商务发展现状进行选择。

2. 以动态开放理念构建物流系统

市场经济是一个开放的系统,其任一构成要素的变化都会引起系统的变化,且不存在一个在任何时空皆适宜的市场经济范式,特定地域内,它在主导经济社会发展的同时,也在不断地健全完善自身。电子商务就是其发展进程中的产物,也必然是动态、开放、发展的系统,这意味着信息流、商流、物流、资金流等构成要素尚处于发展状态,就现状而言,物流

发展相对滞后，未能与其他构件耦合，制约着电子商务系统的发展。因此，分析电子商务发展趋势，以动态开放的理念构建匹配的物流系统，这是当前电子商务平台拓展的需要，也是市场经济的基本要求。为此，至少应从两方面着手：一是采用先进技术，如条码技术、电子数据交换（EDI）技术、射频技术、地理信息系统（GIS）技术和全球卫星定位（GPS）技术等，拓宽物流发展视野；二是更新基础设施，提升设备技术含量，推进物流系统自动化，减少人为意外，提高运作效率。

3. 构建与电子商务发展相匹配的物流系统

电子商务体系中的物流系统如图1所示。

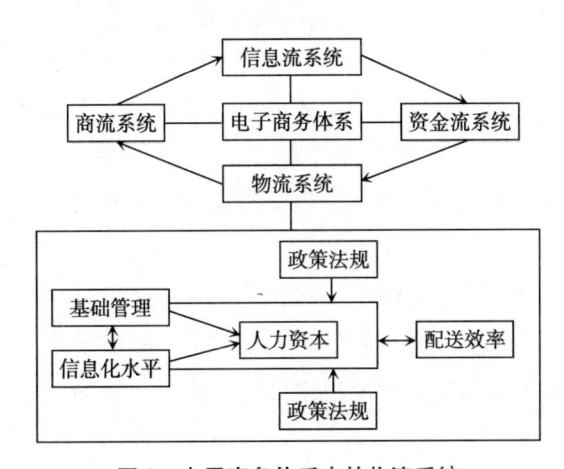

图1 电子商务体系中的物流系统

（1）基础管理是前提。基础管理是指管理企业日常基础事务，如信息搜集、工作安排、制度设置等。具体到物流发展实践，就是实施统一计划安排，提高同类商品集散密集程度；扩大信息技术覆盖范围，缩减数据传递环节，提高信息利用率；优化仓储条件，依据商品性质差异分类仓储；加大投入，使制度安排专业化、实践操作规范化，增强物流系统软实力。日常基础工作是物流系统存在的基石，只有建立健全内部工作制度、完善组织结构、创新管理模式等，才能夯实物流系统的发展基础。

（2）政策法规是保障。目前，我国涉及物流服务的法律法规包括《中华人民共和国邮政法》《中华人民共和国海商法》等综合法，《铁路集装箱运输规则》《汽车货物运输规则》《快递市场管理办法》等专业法，以及

《国际道路货物运输合同》《国际道路交通公约》等国际公约。和其他经济方式一样，物流业必然面对利益与道德的矛盾，唯有政策法规的引导和约束，才能保障物流系统在市场经济体制内健康发展。在电子商务时代，制定以电子商务为基础特征的物流政策法规十分必要，依靠正式制度安排的强制性，统一规划物流系统，借助其指导性减少经济纠纷，维护买卖双方权益，保障物流系统良性循环。

（3）信息化水平是基石。信息技术是完善物流系统及优化其运行模式的重要因素，信息化可以具体为管理信息化、技术信息化和基础设施信息化等。其中，管理信息化有助于缩减行政环节，节省管理成本，提高物流系统内部运行效率；技术信息化能够降低物流过程中的商品耗损率，提升消费者满意度；基础设施信息化有利于加快信息交互频率，剔除重复环节，提高物流部门信息利用率。客观审视我国物流信息化水平，以经济综合信息化指数来衡量，2009年我国为30%，还不及美国（75%）的一半，因此，加大物流信息化的投资，是建设物流系统从而推动电子商务发展的重要介质。

（4）人力资本存量是引擎。人是经济社会发展过程中最活跃的因素，人力资本存量是关系经济增长质量的关键因素，物流系统品质的高低决定于人力资本，加大人力资本存量是建设完善物流系统的引擎。通过提高准入门槛，有效过滤从业人员，解决物流过程中发生的货品丢损、暴力分拣、配送混乱等问题，通过定期培训等方式，确保从业人员不断更新物流知识，动态化提升人员职业素质，增加产业人力资本存量，提高物流服务质量，使物流服务与电子商务的发展需求协同一致。

（5）配送效率是关键。有别于实体销售，电子商务从属于虚拟经济，具有方便快捷、价格合理、商品丰富等传统商务不具备的绝对优势，然而，无论何种消费方式，消费者均以获得商品为依据评价商家。在电子商务时代，物流是买卖双方的纽带，高效、优质的配送会提升消费者满意度，加强买卖双方合作，但是若配送效率低，消费者未能在约定时间收到商品，就可能在不考虑商品质量的情况下，将对物流的不满直接转化为对商家的差评，并转向与其他商家合作，甚至转换消费方式。因此，优化基础设施、丰富配送方式、细分商品类别等，不仅是提升配送效率的重要举措，也是构建匹配于电子商务发展的物流系统的关键。

参考文献：

[1]周启蕾，朱国宝，萧汉梁．我国物流理论研究的现状与未来［J］．中国流通经济，2000（2）：4-7.

[2]张圣忠，吴群琪．我国物流理论研究的误区［J］．经济物流，2004（4）：36-38.

[3]夏伟依，杨明华．逆向物流理论研究综述［J］．物流研究，2006（3）：14-17.

[4]倪明，查玉莹．电子商务环境下退化逆向物流系统性能评价指标及实证研究［J］．图书情报工作，2011（4）：135-139.

[5]贺超，庄玉良．基于物联网的逆向物流管理信息系统构建［J］．中国流通经济，2012（6）：30-34.

[6]彭云．我国电子商务发展现状［J］．合作经济与科技，2011（3）：87-88.

[7]白晓光．物流对电子商务的影响［J］．天津职业院校联合学报，2012（4）：73-75.

[8]、[9]阮辉阳．论电子商务对物流业发展的影响［J］．商业流通，2012（11）：45-46.

电子商务背景下物流信息化的新趋势

——基于信息化物流的研究框架

王昕天　汪向东[①]

摘　要：物流信息化指相关主体在已有的物流资源框架下，通过应用信息化手段来提高并改善物流绩效。当信息化应用达到一定程度时，信息流对原有物流资源配置、物流组织方式及运营方式的革命性影响会逐步显现，进而提出突破原有物流资源架构、以信息流转变原有物流方式的要求，于是由物流信息化转型为信息化物流。信息化物流是一个开放的社会化物流系统，该系统中的各主体能够自主获得与资源配置、运营作业等相关的物流信息，以支持其作出最优决策，该物流系统能够引导物流行业中的不同参与主体走向有序、协调、共生、高效的竞争格局。信息化物流具有开放性、社会性（公共性）、生态性特征，由运营主体、支撑体系、信息平台、政策变量等要素组成。信息化物流作为一个社会物流系统，其主要输入和输出分别是物流运作信息和物流基础设施服务。信息化物流在实践领域的发展表明，电子商务背景下，当信息化遇到传统物流业时，必将推动传统物流运作朝着信息化物流方向转型，信息化物流将成为物流业特别是快递服务业发展的趋势，并深刻影响我国商业流通模式的发展。信息化物流作为一种全新的物流运作业态，将通过物流信息共享来实现对社会物流资源的整合，从而深刻影响甚至再造我国物流业，其对整个流通业运作模式的冲击在所难免。

[①] 作者简介：王昕天（1986—），男，安徽省蚌埠市人，中国社会科学院研究生院博士研究生，主要研究方向为信息化物流。汪向东（1954—），男，江苏省徐州市人，中国社会科学院数量经济与技术经济研究所研究员，主要研究方向为信息化。

电子商务背景下物流信息化的新趋势

关键词：信息化；物流信息；菜鸟网络；流通业

一、引言

物流信息化是我国物流理论与实践长期关注的重要问题。早在20世纪末，就有学者指出，物流信息化是国际物流业发展的长期趋势之一。[1]进入21世纪以来，针对我国物流信息化现状和问题的研究越来越多。例如，戴定一[2]通过划分不同物流信息化层次，总结出了我国物流信息化的现状，即信息化程度低，物流信息系统少，系统互联性低，专业人才匮乏。之所以会造成这种状况，既有物流信息化发展客观规律的原因，又有我国体制方面的制度原因。[3-4]客观上讲，我国物流信息化起步晚，底子薄，目前仍然处在物流信息化的初级阶段，加之条块分割的管理体制严重阻碍了我国物流市场的发育，导致物流信息平台及统一物流（信息）标准的建立进展缓慢。

物流信息化的根本目标在于，提高企业绩效。国外研究者主要从物流整合与信息共享两个方面入手阐述了物流信息化与企业绩效的关系。20世末，费舍尔（Fisher）[5]认为，在供应链管理中，信息流的整合与物料流的整合同样重要。弗勒利希和维斯布鲁克（Frohlich & Westbrook）[6]认为，为提高物流绩效，需要整合信息流对其进行支持。斯托克等（Stock et al）[7]认为，物流整合是在从供给方到消费方的价值流动过程中，供应链中的各主体在物流操作与运行上的协同。这一整合的主要目的在于，通过提高供应链的整体效率，进而实现单个企业绩效的提升。同样，普莱吉拉和欧诺（Prajogoa & Olhagerb）[8]更是认为，物流整合的意义在于供应链中各企业之间关键战略信息的共享，而这一共享实现的基础是现代信息技术。此外，还有不少国外学者认为，战略信息的共享比单纯的信息系统互联要重要得多。例如，陈等（Chae et al）、[9]菲亚拉（Fiala）、[10]福塞特等（Fawcett et al）[11]认为，只有信息系统的互联互通，而没有具有实际意义的信息共享，是不可能使物流系统得到有效整合的。可见，物流整合的本质是，供应链中的各企业基于生产与服务的安全性考虑，在物流方面的协同决策。

国内外学者在研究物流信息化的过程中都注意到，物流信息共享（整合）是提高企业绩效的关键，但从国内外实践来看，能够真正做到企业内部与供应链之间物流信息共享的案例少之又少。这说明，传统的物流信息化理论需要进一步的发展。本文基于近年来我国电子商务快速发展的背景，阐述信息化物流这一全新的理论框架，并结合菜鸟网络的案例进行分析。本文的主要结论是，作为我国新兴的物流运作业态，信息化物流将成为物流业特别是快递服务业发展的趋势，并将深刻影响我国商业流通模式的发展。

本文的主要创新点，一是结合最新实践归纳出了信息化物流理论的基本逻辑框架；二是提出了实现信息共享问题的信息化物流解决方案；三是深化了对物流信息化理论的认识，填补了我国最新电子商务物流实践研究的空白。

二、信息化物流的基本理论框架

1. 信息化物流的定义

信息化物流是一个开放的社会化物流系统，在其理想状态下，这个系统中的各个主体（包括企业内部的不同主体以及行业中的不同主体）能够自主获得与资源配置、运营作业等相关的物流信息，以支持其作出最优决策。同时，在社会宏观层面上，该物流系统能够引导物流行业中不同的参与主体走向有序、协调、共生、高效的竞争格局。信息化物流与物流信息化的区别在于，物流信息化是相关主体在已有物流资源框架下，旨在通过应用信息化手段提高并改善物流绩效，但当信息化应用达到一定程度之后，信息流对原有物流资源配置、物流组织方式及运营方式的革命性影响便会逐步显现出来，并进而提出突破原有物流资源架构，以信息流转变原有物流方式的要求，即由物流信息化转型为信息化物流。

2. 信息化物流的特征

信息化物流具有以下三个方面的特征：

首先是开放性。开放性是指，任何参与物流分工协作的主体都可以自动加入或退出这一系统。在信息化物流系统中，各主体根据自身资源禀赋与技术专长自主选择所从事的物流活动类型。不同于传统的行政审批制，信息化物流系统的监管模式更多体现为事后的法律追责。

其次是社会性,也可称为公共性。信息化物流系统是物流信息及其相关服务共享的基础设施,任何物流参与者均可自由选择加入或退出。信息化物流系统不仅能够为系统内的参与者提供物流信息以帮助其决策,而且能够向参与者提供更多的技术、工具及配套服务,这使得多数物流参与者尤其是中小型物流企业,可以获得以较低成本参与更深层次社会物流运行分工协作的机会,即在信息化物流系统中,以往整合社会物流资源的技术门槛显著降低,信息化物流系统可为广大参与者尤其是中小参与者"赋能"。

最后是生态性。在信息化物流系统中,各物流运作主体通过利用、处理、分享物流运作信息,彼此形成互助互利、协作共生的物流运作共同体。

信息化物流以上三个特征使得其中的各物流运作主体形成了互助互利、协作共生的竞争关系。互助互利指的是,在整个系统中,各参与主体是物流信息的生产者、分享者和使用者。每个物流运作主体在参与信息化物流的过程中都会产生自身的运营数据,这些信息中具有市场价值的那部分可以通过统一的物流信息系统共享给需要这些信息的参与者,每个参与信息化物流运作的主体在日常运作过程中都会使用整个系统提供的,同时也是其他主体共享的物流信息,以方便各主体作出最优决策。协作共生指的是,各物流参与主体根据信息化物流系统中提供的物流运作信息,形成互相配合协作、互相依存的物流运行状态。此外,由于信息化物流系统具有开放性特征,如果系统内各运作主体之间存在效率差异,由开放性导致的资源快速流动将使这一差异得到快速消除,因此这一系统的参与者之间还存在竞争的关系。

信息化物流对物流运作主体的另外一个明显作用是"赋能"。信息化物流系统本质上是一种社会基础设施,它由于广大的覆盖范围以及低廉的信息和技术成本,使得参与其中的物流运作主体所面对的技术门槛下降,从而获得了比以往更加强大的资源整合能力,获得了深入参与社会物流运作分工的机会。

3. 信息化物流的要素

信息化物流的组成要素包括运营主体、支撑体系、信息平台和政策变量。具体参见图1。

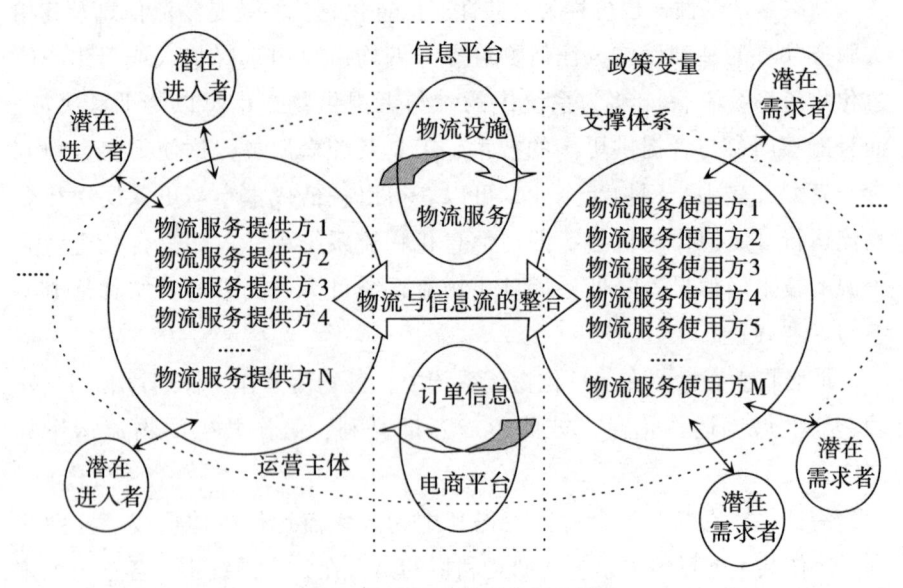

图 1　信息化物流的基本理论框架

首先，运营主体包括物流供给方和物流需求方，这两类群体是信息化物流的主体和骨干。其中，物流供给方主要指与物流活动相关的仓储、分拣、配送等服务的提供方。物流供给方是物流运营的主体，同时也是信息化物流系统主要的参与者。而物流需求方是物流需求的来源方，它们的物流需求信息是物流供给方制定产品规划与发展战略的重要依据。

其次，支撑体系指由信息化物流重要利益相关者组成，支撑信息化物流发展的各类物流标准、配套服务等所有内外部资源的总和。支撑体系与物流运营主体、信息平台构成了信息化物流的价值网络。物流业是一个复合性行业，其价值来源于不同运作环节的有效组合，这些环节需要大量的配套服务进行支持。例如，物流设备的维修、信息系统的升级、库房的物业管理、人力资源的配备等。

再次，信息平台是信息化物流系统的神经中枢，它是信息化物流系统中各主体进行信息交流与共享的载体。信息平台主要包括物流信息平台、电子商务平台两部分，信息平台的主要功能是收集、处理以及向系统内的参与主体发布物流运作信息。物流信息平台主要提供物流服务供给方面的信息，而电子商务平台则主要提供物流服务需求方面的信息。

最后，政策变量主要指影响信息化物流系统运行的各种外部行政法规的总和。

4. 信息化物流的输入与输出

信息化物流是一个社会物流系统。作为一个系统，笔者认为，其主要输入和输出分别是物流运作信息和物流基础设施服务。

信息化物流理论要求将物流运作信息分为物流需求信息、物流供给信息、物流中间信息三类。其中，物流需求信息主要指物流需求的空间、时间等一系列物流服务需求方提出的有关物流服务要求的信息，这类信息包括物流过程中的各个地域节点、物流服务的时效性要求、货物的包装和运输要求、愿意支付的价格等；物流供给信息主要指物流服务提供者提出的涉及物流服务能力的相关信息，这类信息包括运输能力、仓储容量、服务水平、运费报价等；物流中间信息主要包括天气信息、路况信息、物流政策信息以及相关市场信息等。以上三类信息的具体情况见表1。这些信息经过信息化物流系统处理，可以转换为供物流需求方和供给方利用的具有商业价值的信息。

表1 信息化物流系统中的主要物流运作信息

物流需求信息	物流中间信息	物流供给信息
物流服务需求方产生	社会机构提供	物流服务供给方产生
1. 空间信息	1. 天气信息	1. 运力信息
物流起点信息	温度信息	日处理订单量
物流终点信息	风力信息	各类物流载具数量
物流路径信息	湿度信息	业务覆盖范围
…	…	…
2. 时间信息	2. 路况信息	2. 仓储容量
物流时效信息	交通信息	各级物流中心数量
物流起始时间信息	费率信息	仓库面积
…	…	…
3. 货物信息	3. 政策信息	3. 服务水平
重量	国家宏观物流政策	单位时间末端配送平均次数
体积	…	单位距离平均在途时间
存储信息	4. 市场信息	…

续表

物流需求信息	物流中间信息	物流供给信息
运输信息	行业研究	4. 价格信息
…	经济环境	自身定价依据
4. 价格信息	…	竞争者参考定价
需求价格		…
…		

注：本表仅列出了部分可能在信息化物流系统中具有商业价值的信息，实践中物流商业信息并不局限于此。

本文中作为信息化物流输入的物流运作信息与其他学者提出的概念存在明显差异。其他学者对物流信息的概括重点关注物流运作的技术层面，即以物流环节或管理环节作为分类和区别的标准，而本文则将物流信息区分为供给信息和需求信息，侧重于突出这类信息的来源差异。之所以对物流信息进行如此划分，其主要原因在于，在电子商务时代，有效的信息生产者不再仅仅局限于物流服务供给方❶，物流服务需求方所产生的数据也可借助电子商务平台得到记录、处理和利用，因此以往基于物流运作技术层面和物流企业管理层面对物流信息进行的划分不能完全反映信息化物流系统中物流运作信息的全貌。而在信息化物流系统中，作为物流需求方产生的信息，特别是电子商务交易产生的物流需求信息，对物流服务供给方乃至整个物流行业运作绩效的提高具有十分重要的价值。

信息化物流系统的输出不仅包括物流决策信息以及相应的信息处理能力，还包括线下物流渠道的选择推荐。具体来说，对物流服务供给方而言，信息化物流系统可提供综合性的物流商业情报以及数据处理服务，推荐物流渠道合作伙伴，甚至提供物流中介服务。其一，物流服务供给方可根据物流商业情报对自身公司战略进行调整，对现有业务范围进行规划，对物流网络进行优化等；其二，物流服务提供方可借助信息化物流系统提供大数据、云计算等信息处理工具，有针对性地对社会物流信息进行挖

---

❶ 所谓有效的信息生产者是指那些在现实中可有效存储、处理、利用信息的生产主体。事实上，由于我国多数企业物流信息化程度较低，所以即便是物流服务供给方，在我国很大程度上也不能称之为有效的物流信息生产者。

掘，提炼出适合自身经营决策的决策信息；其三，物流服务供给方可通过信息化物流系统合理选择合作伙伴，专注于自身具有核心竞争力的物流领域；其四，信息化物流系统还能实现物流服务供给方与需求方的直接对接，这使物流服务供给方具备了提供个性化、定制化特殊物流服务的能力。对物流服务需求方而言，信息化物流系统的主要功能是推荐物流渠道，即需求方提出物流需求信息之后，信息化物流系统按照其要求，借助一系列算法来为之推荐系统内最合适的物流服务供给方与物流解决方案。因此，可以概括地讲，信息化物流系统的主要输出是物流基础设施服务。

三、信息共享问题的解决

物流信息在传统物流运作中扮演着重要角色，但目前信息流对物流绩效提升作用有限，其主要原因是：物流运作信息作为企业的核心资源之一，深刻影响着企业物流运作的决策与实施，企业不能也没有动力分享自身所掌握的物流信息，因此分散的社会物流信息难以实现有效整合，自然也就不可能得到充分利用。信息流的不完全性与分散性导致企业物流绩效与社会物流绩效难以得到大幅度提升。可见，由于物流信息共享缺乏，导致信息流对物流的引导与优化作用并不明显，物流绩效提高水平有限。

导致物流信息利用不充分的原因可归纳为两个方面：一方面是技术基础问题。物流信息化水平不足导致物流企业、物流行业对信息的收集、处理与利用能力不足。相较于物流供给信息，物流需求信息具有零散性、多变性、实时性等特征，对收集、处理、利用的技术要求更高。另一方面是利益机制问题。物流信息是企业最重要的核心资源，单个企业缺乏与其他企业分享并向社会公开这一核心资源的动力，即缺乏一种有效的机制来协调各物流企业之间因开放物流信息而导致的利益得失。

1. 技术基础

信息化物流系统在技术基础方面改变了现状。首先，大数据、云计算等新兴技术为物流信息收集、处理与利用扫除了技术障碍；其次，如前面所述，信息化物流系统提供基础设施化的信息服务，使得广大中小型物流企业对这些技术的利用变得经济可行；最后，最为重要的是，信息化物流系统所具有的开放性和社会性为单个企业对接广阔市场提供了机会，其中的参与主体可有效突破实体市场的时空限制，获得近乎无限的成长可能性。这种机会以往几乎是不可能的，或者至少对中小型物流企业而言成本是非常巨大的。

2. 利益机制

信息化物流理论同样为物流信息共享提供了一种现实的机制。信息化物流系统除了能够为企业提供各种物流基础设施服务外，更为重要的是，信息化物流系统中的电子商务平台掌握并积聚了海量的物流需求信息，这打破了以往物流需求信息为各企业分割垄断的局面，使得物流需求信息不再仅仅是单个企业所独有的核心资源。因此，以往能够为企业获取竞争优势的物流需求信息，在信息化物流系统存在的背景下将会"贬值"。如果企业加入信息化物流系统，那么企业在开放自身物流运作信息的同时，可以获取社会物流需求信息及其他企业运作信息，并且能够借助信息化物流系统提供的基础设施对其进行挖掘和利用，从而获得新的竞争优势。相反，如果企业没有加入信息化物流系统，那么它将被排除在社会物流信息共享的"大饼"之外，无缘分享物流大数据所带来的绩效提升。这种由信息化物流所带来的信息资源价值的变化，将促使物流企业加入信息化物流系统，在共享物流需求信息的同时，开放自身的物流运作信息。

此外，企业物流信息资源观念的变化更为重要。在信息化物流建立之前，多数物流企业受自身条件所限，收集、处理、利用信息资源的成本巨大，加之在宏观层面缺乏一个有效的信息共享机制，导致大部分物流企业更多地把信息资源视为独占性的核心竞争资源，并对同行及社会实施严格保密。在这种情况下，对物流企业而言，信息的收集更多是一种被动接受，而不是主动吸收，这时的物流企业是等待物流需求上门、采取被动服务方式的"坐商"；对物流系统而言，信息资源更多处于静止状态，无法在整个系统内充分流动；对整个社会的物流运作而言，物流信息被人为分割在各个企业中，这种物流信息是僵化的、缺乏生命力的。在这样的物流运作环境下，物流企业必然奉行独占式的信息资源观。信息化物流系统出现后，单个物流企业将获得与更广阔市场对接的能力，因此它们将不再拘泥于自身所拥有的物流信息，而是在市场中主动而自由地搜寻并获取与自身能力相匹配的物流需求，于是原先的"坐商"转变成了高度灵活、主动寻求服务机会的"动商"。在整个物流系统中，信息资源将获得充分流动，因此信息资源不再是静止的，而是实时的、快速变化的。而在社会层面上，物流信息高度共享，并对系统内所有成员开放，同时能获得系统内所有成员的即时补充，这种物流信息是具有高度"活性"的。那么，在这种情况下，独占性的信息资源观念就无法适应信息化物流企业的发展了。信息化物流中的信息资源观必然是开放的、共享的、互利的。

四、菜鸟网络

2013 年 5 月，阿里巴巴集团、银泰集团联合复星集团、富春控股、中国邮政、邮政特快专递（EMS）、顺丰速运、天天快递、"三通一达"（申通、圆通、中通、韵达）、宅急送、汇通以及相关金融机构共同宣布，中国智能物流骨干网（CSN）项目正式启动，合作各方共同组建的菜鸟网络科技有限公司在深圳正式成立。

菜鸟网络正在使信息化物流理论成为现实。菜鸟网络的特征可以概括为：平台开放+服务集成。所谓平台开放是指，阿里巴巴希望在 5~8 年的时间内建成一个遍布全国的开放式、社会化物流基础设施系统，这些基础设施主要包括两个部分：一部分是在全国几百个城市，通过"自建+合作"的方式建设物理层面的仓储设施；另一部分是利用物联网、云计算等技术，建立基于这些仓储设施的数据应用平台，并共享给商家、物流公司、仓储企业、第三方物流服务商以及供应链服务商，用以支撑 24 小时送达、日均 300 亿元（年度约 10 万亿元）的网络零售额。如图 2 所示。[12]

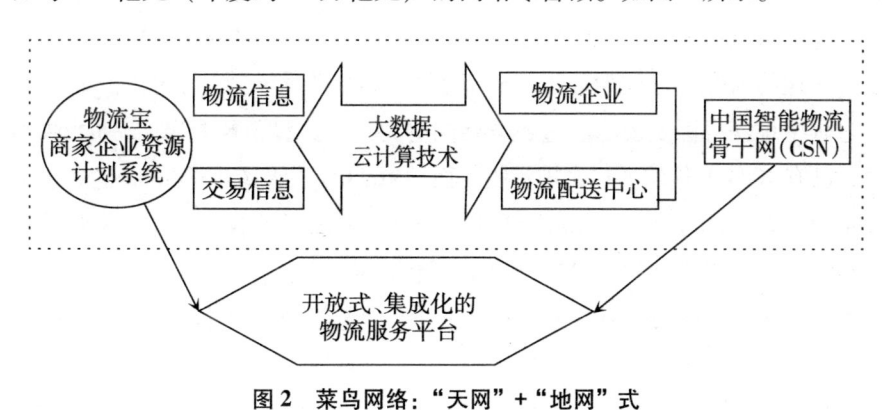

图 2 菜鸟网络："天网"+"地网"式

资料来源：王昕天，汪向东. 海尔、京东和阿里巴巴的物流实践［EB/OL］.（2014-09-01）[2014-11-24].http://www.aliresearch.com/? m-cms-q-view-id-76929.html.

菜鸟网络建立的思路已经完全脱离了传统的工业和商业运作模式，是

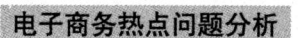

一种全新的、基于电子商务海量交易数据而建立的社会化物流基础设施[1]。其设计构想是，在这一社会物流巨平台上，利用信息流对参与各方（商家、快递配送企业和客户）之间的物流进行优化、引导和再造。这些特征与信息化物流理论十分契合。

早在2013年"双11"期间，新成立的菜鸟网络就通过信息流的传递来实现对物流运作的影响，其中信息流的载体主要是菜鸟物流雷达。菜鸟物流雷达由原天猫雷达、无名良品、物流宝等阿里系供应链管理产品合并而成，其实质就是一种集物流需求信息、物流供给信息、物流中间信息为一体的物流大数据产品。这三类物流信息的结合实现了社会物流资源的高度协同与联动。首先，在物流需求信息方面，菜鸟网络对"双11"期间的商家、备货量乃至客户购物车及收藏夹里的商品数量等数据进行处理，并结合历史数据加以预测。其次，在物流供给信息方面，菜鸟物流雷达对商家的仓储容量、各快递公司的运力（如"双11"期间各快递公司通过各种方式获得的高铁、航空、配送车辆等方面的运输资源）、分拣配送站点等信息进行综合分析，并将之作为指导物流运作主体进行资源配置的重要依据。最后，在物流中间信息方面，菜鸟物流雷达与中国气象局公共气象服务中心合作，收集高速公路路况信息，为合作企业提供全国高速公路的天气预报与道路实况服务，帮助其规避路途风险。以上三类信息的打包处理和共享使2013年"双11"期间没有出现往年大范围的"爆仓"等现象。

2013年11月，面对预计的2~3亿件包裹，菜鸟网络在电商平台、商家、快递物流企业之间架起了一座信息共享的"桥梁"，我国物流业在这一过程中也获得了发展。经过各方共同努力，"双11"购物节之后的64小时，已有1024万件快递包裹被签收，而"双11"当天产生的1.52亿件包裹在不到一周的时间内，就有超过1.3亿个顺利完成了签收。根据国家邮政局公布的信息，2013年"双11"期间，国内物流快递企业成长迅速，申通、圆通、韵达、中通四家国内快递公司的日处理量已经超过千万件，超过或接

---

[1] 菜鸟网络是以电子商务平台为代表建立信息化物流系统的典型。当然，物流企业本身从理论上讲也可通过组建集团的方式汇聚物流信息，建立信息化物流系统。在这方面的尝试中，2013年12月由"三通一达"（申通、圆通、中通、韵达）共同出资成立的蜂网投资有限公司最为典型，该公司的目标是对物流资源进行"集合、整合、融合、竞合"，进而促进社会物流运作整体绩效的提升。

近国际快递巨头联合包裹（UPS）、联邦快递的日处理量。与 2013 年相比，2014 年"双 11"期间的交易金额与包裹数量又有了显著增加，但诸如"爆仓"、收货延迟等现象已经不再常见。菜鸟网络通过信息流打通各个物流环节，基本实现了信息共享，提升了物流服务的信息化水平，使国内物流快递行业获得了较强的竞争力，这是信息化物流系统的根本要求和体现。近几年天猫"双 11"产生的交易金额和包裹数量如图 3 所示。

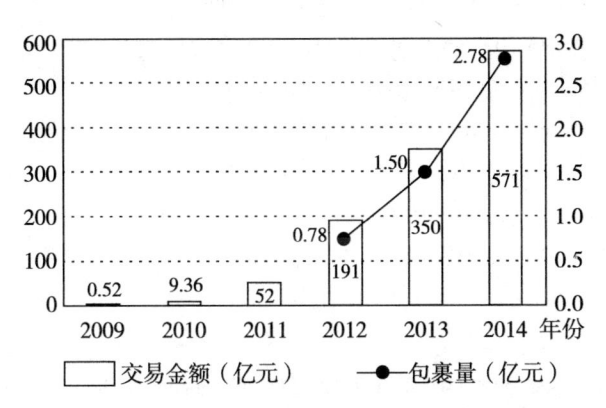

图 3　历年天猫"双十一"产生的交易金额和包裹数量

数据来源：根据网络公开资料整理而得。

五、结论

信息化物流作为我国新兴的物流运作业态，通过物流信息共享实现对社会物流资源的整合，同时也开始逐渐发挥引导甚至再造我国物流业的作用。从最新实践可以看出，信息化物流将成为物流业尤其是快递服务业发展的趋势，并将深刻影响我国商业流通模式的发展。同时，在电子商务背景下，当信息化遇到传统物流业，会引导传统物流运作朝着信息化物流方向转型，这一过程无论在理论上还是在实践上都需要更多的研究与尝试。随着研究与实践的不断深入，必将出现一系列新的问题和挑战，但信息化物流作为一种全新的物流运作业态，对我国传统流通模式的冲击必然在所难免。

参考文献：

[1]晓可. 国际物流发展趋势 [J]. 科技智囊, 1998（4）：40-41.

[2]戴定一. 物流信息化：需求分三层 [J]. 信息系统工程, 2003（3）：12-13.

[3]戴定一. 我国物流信息化建设情况分析与建议［J］. 中国物流与采购，2007（5）：44-47.

[4]姜大立，冯杰峰. 物流信息化发展研究［J］. 商品储运与养护，2003（2）：3-6.

[5] L., FISHER. M.. What is the Right Supply Chain for Your Product?［J］. Harvard Business Review, 2007（5）：105-117.

[6] T., FROHLICH. M. AND R, W.. Arcs of Integration：an In？ternational Study of Supply Chain Strategies［J］. Journal of Oper？ations Management, 2001（19）：185-200.

[7] STOCK, G. N., GREIS, N. P., KASARDA, J. D.. Enterprise lo？gistics and supply chain structure：the role of fit［J］. Journal of Operations Management, 2000, 18（5）：531-547.

[8] PRAJOGOA, D., OLHAGERB, J.. Supply Chain Integration and Performance：The Effects of Long-Term Relationships, Information Technology and Sharing, and Logistics Integration［J］. International Journal of Production Economics, 2012, 135（1）：514-522.

[9] CHAE, B., YEN, H. R., SHEU, C.. Information technology and supply chain collaboration：moderating effects of existing relationships between partners［J］. IEEE Transaction on Engi？neering Management, 2005, 52（4）：440-448.

[10] FIALA, P.. Information Sharing in Supply Chains［J］. Omega, 2005, 33（5）：419-423.

[11] Fawcett, S. E., Osterhaus, P., Magnan, G. M., Brau, J. C., McCarter, M. W.. Information sharing and supply chain per？formance：the role of connectivity and willingness［J］. Supply Chain Management：An International Journal, 2007, 12（5）：358-368.

[12] 王昕天，汪向东. 海尔、京东和阿里巴巴的物流实践［EB/ OL］.（2014-09-01）［2014-11-24］. http：//www. alire？search. com/？m-cms-q-view-id-76929. html.

日本电子商务物流的发展经验及对中国的启示

杨洋　李晓晖[1]

摘　要：中国是在电子商务发展的基础上完善和发展了物流业，而日本则在先发展了物流业和零售业后发展的电子商务。近年来随着电子商务市场规模不断扩大，日本传统物流业以及零售业的物流体制均面临着挑战。本文针对日本电子商务的特点阐述了电子商务发展对物流业的影响，对日本电子商务专用物流设施的供需情况及物流量进行了预测。为满足电子商务高速发展的需要，中国应加快建设电子商务专用物流设施，依据电子商务物流的特点规划和建设物流设施，加强电子商务物流需求量预测，使其与实际的物流供给量相匹配。

关键词：电子商务物流；物流设施；影响因素；物流需求

一、引言

据国家邮政局监测，2013年"双11"购物节当天，以天猫为代表的主要电商全天共产生订单快递物流量约1.8亿件，较2012年同期增长85%。全天各快递企业共处理6000多万件快件，是2012年"双11"最高峰3500万件的1.7倍。"双11"狂欢购物节经历了5年的发展历程，期间

---

[1] 作者简介：杨洋（1981—），女，北京市人，中国矿业大学（北京）管理学院教师，主要研究方向为供应链与物流管理、日本物流管理、电子商务。李晓晖（1969—），女，河南省新乡市人，北京物资学院劳动科学与法律学院副教授，主要研究方向为经济政策。

有过多次物流集中爆发的经历,从当初的众声抱怨到现在"有了心理准备",虽然消费者的心态在成熟,但交易额的增加与物流体系成熟之间的矛盾仍没有缓解。经济增长、消费结构的变化以及电子商务的快速发展,都对物流行业提出了很高的要求,但是中国的物流系统滞后于电子商务的发展需求,能力限制和发展的不平衡性比较明显,迎接机遇的同时也面临必然的挑战,目前中国的电子商务物流已经成为一个制约电商行业急速发展的重要因素。

日本电子商务物流与中国的发展情况不同,日本是先发展物流业和零售业,后发展电子商务。近年来随着电子商务市场规模的扩大,日本传统物流业产生了很大的变化,零售业的物流体制进行着一系列的变革。总结日本电子商务物流的改革经验,可以为中国电子商务物流发展提供宝贵的借鉴经验。

二、日本电子商务物流的发展现状

日本电子商务市场随着智能手机和平板电脑的普及呈现着较高的增长趋势,2012年,B2C的电子商务市场规模是9兆5130亿日元,与2011年的8兆4590亿日元相比增长了12.5%❶,2010年至2011年的年平均增长率为8.6%,可以看出日本B2C电子商务市场规模高速增长的态势。2012年,B2B的电子市场规模是262兆540亿日元,比2011年增长了1.7%,境外电子商务市场规模是3780亿日元。一些以百货店、综合超市为主的传统日本零售业电子商务化的比率越来越高,2012年电子商务化比率是25.7%,比2011年增长了1.4个百分点。与之相比,传统的零售业市场规模出现了一定程度萎缩,按照此种发展态势,日本电子商务市场规模将超过传统零售业市场规模。

因此,可以说能否适应日本电子商务市场规模的不断扩大,是日本传统物流业发展面临的挑战,同时,在互联网时代日本传统零售业的流通体制也将会面临变革。本文把日本电子商务物流的发展现状归纳为以下

---

❶ 参见平成24年日本国信息经济社会基础—电子商务市场调研报告 [EB/OL]. http://www.meti.go.jp/press/2013/09/20130927007/20130927007-4.pdf。

四点。

1. 软件技术和物流服务的高度融合

日本的物流行业充分利用电子信息化手段来实现物流全过程的协调、管理和控制，实现从网络前端到最终客户端的所有中间服务的过程管理，通过实现企业之间、管理信息系统之间以及资金流、物流和信息流之间的无缝连接，为供应链的上下游企业提供一种透明的可视性功能，帮助企业最大限度地控制和管理物流的全过程，实现物流低成本高效率的目标。在物流不断信息化的过程中，也促进了日本电子商务高速发展，电子商务市场规模的不断扩大又使得日本的电子商务物流更加专业化，各种软件技术和物流服务之间实现了高度的融合。

2. 面向电子商务物流的大规模物流设施不断发展

近年来日本首都圈等地区周边由于交通设施发展得比较完善，交通网络比较发达，对起到物流网络结点功能的大规模物流设施❶的需求越来越高。同时，由于近年来日本电子商务的高速发展也促使这些大规模物流设施依据电子商务物流的特点和需求不断发展。2010年之后，日本首都圈大规模物流设施的增长幅度已经远远大于全国平均增长速度。❷ 日本传统的物流设施主要功能是保管，而这些大规模物流设施与其不同，具备了高效率的分拣功能，能够实现快速配送，较好地满足电子商务行业的需求。目前，租用大规模物流设施的企业中40%是电子商务企业，其次是制造业、零售业和批发业。

3. 日本电商物流可配送的商品种类不断扩大

20世纪90年代后期到2000年年初，零售业通过网上销售这种商业模式开始参与到电子商务中，标志着日本电子商务的开端。表1所示的是2000年日本亚马逊进入日本电子商务市场后销售商品种类的增加情况。从表1中我们可以看出，几乎每年都会有至少1种新增的商品品种，最多的

---

❶ 在日本，大规模物流设施是指占地面积大于1万 m² 的物流设施。

❷ 代永博，[EB/OL]. http://www.dbj.jp/pdf/investigate/mo_report/0000012544_file4.pdf..

电子商务热点问题分析

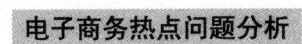

一年新增商品品种扩大到了4个。因此，可以说电子商务销售商品品种的增加直接促进了电子商务市场规模的扩大。

表1　日本亚马逊销售品类的变化❶

时间	新增销售品类
2000年	图书、CD
2003年	家电、家具、园艺
2004年	玩具
2005年	体育用品和户外用品
2006年	保健用品
2007年	母婴用品、服装、珠宝首饰、钟表、鞋
2008年	化妆品等美容用品
2009年	自行车、办公用品
2010年	数字媒体

4. 优质的配送服务

根据统计数字显示，日本宅配市场的规模持续扩大，2006年宅配市场总体规模不到200亿日元，而到2011年已达到700亿日元左右。依据日本国土交通省的数据显示，2012年的宅配包裹数是35亿2600万个，比2011年增长了3.7%。为了向消费者提供更加便利的服务，电子商务配送服务的发展趋势逐渐转向缩短配送时间以及提供免费配送服务。表2是日本主要电子商务网站配送服务发展变化情况。

---

❶ 数据来源：日本亚马逊网站（http://www.amazon.co.jp/）。

表 2 日本电子商务配送的服务变化❶

时间	网站	服务名	服务内容
2006 年 10 月	亚马逊日本	明日送达	当日或者翌日送达
2007 年 6 月		Amazon+	明日送达服务和一般配送免费 年会费 3900 日元
2009 年 10 月		当日送达	在规定时段内下单·可当日送达
2010 年 11 月		免费配送	全品类免费配送
2008 年 10 月	乐天市场	明日乐	中午之前下单·翌日送达
2009 年 10 月		翌日配送担保	如果翌日无法送达将奖励订单金额的 5% 的积分
2009 年 11 月	雅虎日本	明日达	下午 1 点之前下单可翌日送达
2012 年 11 月		今日达	规定时间内下单可当日送达
2009 年 10 月	Yodobashi（淀桥相机）	快配	关东圈可翌日送达·全国可明后日送达
2011 年 6 月		免费配送	全品类免费配送
2011 年 8 月		当天送	中午之前下单·翌日送达

三、日本电子商务市场规模扩大的影响因素分析

上文所述日本电商物流可配送的商品种类的不断增加和优质的配送服务是日本电子商务市场规模不断扩大的主要影响因素，因此可以说日本电子商务和电商物流的发展是相互作用的。除去电商物流的因素，影响日本电子商务市场规模扩大的其他因素可以归纳为以下三点。

1. 互联网与移动终端的普及

互联网与移动终端❷的普及为电子商务市场规模的扩大提供了网络通信的基础。日本 15~29 岁消费者的互联网普及率已接近 100%；50~70 岁的消费者的互联网普及率在 70%~80%（见表 3），与其他的年龄段相比此年龄层消费者的互联网普及率虽然偏低，但在 2005—2011 年期间出现了显

❶ 数据来源：日本亚马逊网站（http://www.amazon.co.jp/）、乐天市场网站（http://www.rakuten.co.jp/）、雅虎日本（http://www.yahoo.co.jp/）、Yodobashi 官网（http://www.yodo？bashi.com/）。

❷ 移动终端目前主要包括智能手机、平板电脑等。

著提高,可以说 50 岁以上消费者互联网普及率的提高将会对今后日本电子商务市场规模的扩大程度产生较大影响。另外,智能手机和平板电脑移动终端出货量以及使用率在 2010 年以后呈现出较高的持续增长趋势,这也将会对电子商务市场规模的扩大产生影响。

表 3　互联网普及率[1]

时间	15~19 岁	20~29 岁	30~39 岁	40~49 岁	50~59 岁	60~69 岁	70~79 岁	80 岁以上
2005 年	97%	96.50%	94%	92%	78%	50%	20%	8%
2011 年	98%	97.50%	96%	90%	85%	70%	42%	14%

2. 社会结构的变化

从统计结果来看,单身人士通过网上购物的消费金额和次数远远高于正常家庭,因此单身群体的扩大势必会带来电子商务市场规模的扩大。而在日本家庭中,单身家庭、双职工家庭以及单亲家庭所占比例持续上升,这些特殊性家庭在日常生活中购物的时间和次数较少,因此他们逐渐成了电子商务的潜在消费者。另外,高龄人士对网上购物也有很强的需求,据统计显示,50 岁以上的人在网上购物次数的增幅较高,同时每次消费的金额也较大(见表 4、表 5)。

表 4　不同年龄的人使用电子商务的情况

	15~19 岁	20~29 岁	30~39 岁	40~49 岁	50~59 岁	60~69 岁	70~79 岁	80 岁以上
2005 年	38%	47%	51%	46%	30%	24%	22%	18%
2011 年	40%	57%	62%	58%	50%	46%	26%	20%
平均购入金额(电脑)(万日元)	1.8	5	9	9.5	9	10	11	5.5
平均购入金额(移动设备)(万日元)	2.2	5	4	5	3.5	5.8	5	1

---

[1] 参见总务省通信使用情况调查 [EB/OL]. http://www.stat.go.jp/(表 4、表 5 同上)。

表5　不同家庭结构使用电子商务的情况

	单身	2人	3人	4人	5人	6人	7人及以上
平均购入金额（电脑）（万日元）	12	9	8.5	7.8	7	6	7.8
平均购入金额（移动设备）（万日元）	3.8	4	4.8	4	3	4.5	3.1
使用率	83%	64%	65%	62%	57%	56%	58%

3. 消费者意识的转变

电子商务市场规模扩大与消费者意识的转变呈现相互作用的效果。根据日本经济产业省电子商务市场调研报告统计数据显示（见表6），在众多不使用网络购物的理由中，"没有兴趣网购"和"必须看见商品实物后才购买"这两个理由的占比较高，2007年和2011年的调查结果相比较变化不大。而认为"网购付款方式不安全""担心商家泄露个人信息"和"担心收不到商品"这三大理由2011年的调查数据和2007年的数据相比较呈现出了下降趋势，可以说消费者对于电子商务的不信任感和抵抗感在逐渐减少，而这种消费者意识的转变也会促使电子商务市场的进一步发展。

表6　不网购的理由[1]

	2007年	2011年
没有兴趣网购	51%	49.7%
必须要看见实物才能购买	40.3%	40.8%
网购付款方式不安全	26.2%	22.5%
担心商家泄露个人信息	18.1%	12.4%
担心收不到商品	17.5%	11.8%
听说有网购纠纷	5.4%	7.7%
不了解网购的流程	5.4%	13.6%
遭遇过网购纠纷	2.7%	1.8%

四、电子商务发展对日本电商物流的影响

---

[1] 参见经济产业省电子商务市场调研报告［EB/OL］. http://www.meti.go.jp/

电子商务热点问题分析

1. 大规模的电子商务专用物流设施的不断出现

由于日本物流业发展早于电子商务的发展,所以对电子商务专用物流设施的需求量不断增加,因此,很多传统物流设施也逐渐为电子商务企业提供物流服务,一部分传统物流设施逐步实现了电子商务化,另外新建的物流设施中大部分已经具备了为电子商务企业提供专门物流服务的能力,物流设施规模逐渐实现自动化和大型化,可以说目前在日本1万m^2以上的大规模物流设施都可以为电子商务企业提供专门的物流服务。

电子商务的高速发展对物流业产生了巨大的影响,特别是拥有大量销售实体店的零售业。电子商务的发展初期,网络订单主要通过从实体店向消费者配送来实现物流,然而随着电子商务的发展,这样的物流体制已经不能满足快速增长的订单需求。因此很多零售企业为了应付大量增长的需求,纷纷建立了网络虚拟店铺,网上订单的处理可以直接通过电子商务专用虚拟店铺来实现。与从以往的实体店配送相比,这种方式大大提高了配送效率,但也给管理带来了一定的困难。

随着电子商务发展的深入,对于大规模物流设施的需求越来越大。以亚马逊为例,全球范围内每年新建超过5万m^2的大规模物流设施平均为20处左右,其中在北美建设的规模最大,占地面积平均为7.4万m^2左右。

2. 大规模物流设施必须适应电子商务物流的配送特点

第一,大规模物流设施需要大量员工,因此物流设施在设计时就要考虑到员工的需求,如在设施内配备空调等,而且物流设施建立的地点尽可能方便员工通勤或者配置一定规模的员工停车场等。

第二,为了能够实现多频率小批次的配送需求,需要配置充足的运力。另外,在应急能力方面,还需要考虑充足的电力供应能力等。

第三,物流设施分拣要求迅速、高效。其一,尽量采用平面化的操作空间设计,不要设置多楼层操作空间;其二,操作空间要尽量开阔,易于设置大型机械化设备,从而能实现自动化作业;另外,在外部环境方面,尽可能设置在陆海空等公共运输设施的结点处。

第四,在占地面积上需要留有再扩张的空间。随着电子商务的快速发展，电子商务专用设施要求具有一定可扩张空间来应对消费者需求的快速增长。

3. 大规模物流设施的开发不会对环境造成较大影响

目前日本综合式大规模物流设施的空置率很低，在5%左右（见表7）。面对巨大的电子商务需求，对于大规模物流设施的需求依然高涨。然而如图1所示，1万 m² 以上的大型物流设施在日本全国物流设施中所占的比例不高，约占2%，在电子商务物流需求较高的首都圈也只有6%左右，所以今后还有较大的开发潜力。在过去的5年中，每年新增的大规模物流设施的面积在160万 m² 左右，其中首都圈在30万 m² 的水平。

表7 大规模物流设施的空置率[1]

时间	首都圈	关西圈	时间	首都圈	关西圈
2007年第1季度	8	16	2010年第1季度	15	16
2007年第2季度	9	9	2010年第2季度	14	15
2007年第3季度	7	25	2010年第3季度	13	14
2007年第4季度	5	26	2010年第4季度	11	9
2008年第1季度	18	31	2011年第1季度	8	8
2008年第2季度	19	25	2011年第2季度	9	9
2008年第3季度	14	21	2011年第3季度	7	7
2008年第4季度	15	16	2011年第4季度	6	5
2009年第1季度	13	18	2012年第1季度	3	0
2009年第2季度	16	19	2012年第2季度	2	9
2009年第3季度	19	20	2012年第3季度	3	1
2009年第4季度	14	19	2012年第4季度	2	1

---

[1] 参见 CBRE. Japan Industrial & Logistics Market View ［EB/OL］. http：//www.cbre.co.jp/EN/Pages/Home.aspx.

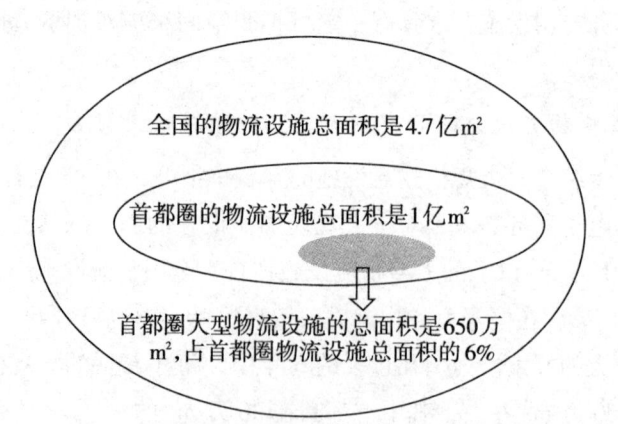

全国的物流设施总面积是4.7亿m²

首都圈的物流设施总面积是1亿m²

首都圈大型物流设施的总面积是650万m²，占首都圈物流设施总面积的6%

图1　大规模物流设施在全国物流设施中的占比[1]

4. 大规模物流设施的预测需求量和实际供给量基本匹配

对于未来面向电子商务大规模物流设施的需求量进行预测，2014—2017年4年间新建物流设施的需求是每年平均60万m²，考虑到2005年至2009年的平均供给量在每年平均145万m²，供应量充足，基本可以满足电子商务物流增长需求。因此，可以说日本电子商务的快速发展引起了对物流设施需求的增加。

五、日本电子商务物流发展对我国的借鉴

在全球经济一体化进程不断加快、我国经济结构转型以及高新技术迅猛发展的今天，以电子商务为代表的城市服务业逐步被消费者接受并发展成一种崭新的运作方式和商务模式。"双11"狂欢购物节网络营销的运作，可以极大促进网上订单的生成，但也给物流配送行业提出了很高的要求，物流配送业将迎来新的商机与挑战。为此，必须制定可行的措施和有力对策，从而缩小与物流发达国家之间的差距，满足我国电子商务物流发展的需要。

1. 为满足电子商务高速发展的需要，加快建设大规模物流设施，为电子商务企业实现专业的物流服务

"双11"狂欢购物节的网络营销的运作，并不仅仅只是针对活动当天

---

[1] 参见日本总务省（http://www.stat.go.jp/）和日本国土交通省（https://www.mlit.go.jp/）发布的资料。

的营销活动,而是通过这种营销活动促进电商企业全年销售的增加,因此,我国的电子商务的市场规模预计将持续扩大。电子商务专用物流设施能提高电商物流企业管理水平,从而达到降低电商物流成本以及提高服务质量的目的。电子商务专用物流设施建设进程的加快可以很好地促进社会化物流、专业化物流发展,有利于提高电子商务企业核心竞争力。因此,需要加快建设电子商务专用物流设施,来满足未来旺盛的电子商务物流需求。

同时,部分传统物流设施也将面临向专业化电子商务物流设施改造的发展趋势,这也将进一步促进物流企业信息化的发展。随着跨境电子商务活动展开以及物流市场开放,物流在跨境电子商务活动中扮演重要的角色。因此,可以说电子商务专用物流设施建设可以促进我国物流业与国际电子商务市场接轨。

2. 依据电子商务物流的特点规划并建设物流设施

无论是电子商务企业的自建物流体系,还是第三方物流体系的建设,都要依据电子商务物流以及城市配送的特点来规划和设计物流设施,尽可能满足电子商务物流多频率、小批次的配送特点;重新规划和设计仓储、分拣作业中的员工工作场所,使之更加人性化、减轻人员的劳动负担,增强对物流从业人员作业过程的安全保障;满足订单量激增情况下的分拣与运输作业,有足够的车辆保有量以及充沛的电力供应能力。

3. 加强电子商务物流需求量预测,使其与实际的物流供给量相匹配

由于我国电子商务在短时间内的迅猛发展,对电子商务物流需求量的预测问题也亟待解决,物流需求量预测可以使电子商务物流企业更好地应对订单量的剧增带来的配送过程中的问题。同时从长远来看可以为物业设施的规划、设计和建设提供一定的参考。基于电子商务物流需求量预测的物流设施建设,对于我国实现绿色物流、减少物流设施建设对环境的影响都将起到积极的作用。

中国电商与快递协同发展的影响因素及未来趋势[1]

孙学琴 王宝义[2]

摘 要：电商与快递协同发展是保障两者又好又快发展的重要基础。当前我国电商与快递协同发展趋势明显，但总体上前者还受制于后者发展；网购节日化特征、双方服务水平相对不足、行业竞争无序及利益分配机制不健全等因素制约两者协同发展；两者协同发展天然属性及两者快速发展前景为协同发展提供基础动力，政策助推、产业演化及环境助推为两者协同发展提供现实动力，前者注定两者协同发展将呈现更加紧密趋势，后者会加快这一趋势的进程。

关键词：网络购物；协同发展；动力体系；产业演化

一、引言

近年来，随着社会的发展，网络购物异军突起，成为购物新时尚，它以便利性和低成本性不断冲击传统商业零售模式，为社会消费品零售贡献了重要力量，成为中国经济发展的"新引擎"。[1]据艾瑞咨询统计，2014年中国网购规模实现28 145.1亿元，占社会消费品零售总额的10.73%。

---

[1] 本文系山东交通学院科研基金项目"电商与快递的协同发展研究——基于竞合关系的视角"（项目编号：Z201407）的阶段性成果。

[2] 作者简介：孙学琴（1966—）女，山东省章丘市人，山东交通学院交通与物流工程学院副教授，硕士生导师，主要研究方向为物流系统规划设计、供应链管理。王宝义（1981—），男，山东省高密市人，山东交通学院交通与物流工程学院教师，山东农业大学经济管理学院博士生，主要研究方向为物流与供应链管理。

在电商飞速发展的同时，快递业也迅速发展起来。据国家邮政局统计，2014年中国快递业务量达到139.6亿件，首次超过美国跃居世界第一位。电商与快递构成了供应链销售端，其中电商位于上游环节，快递处于下游环节，网购派生出快递业务需求，快递为网购实现提供支持，两者具有难以割裂的互动性，注定了两者协同发展❶的本质特征。❷据国家邮政局统计，2013年快递业务超过60%源自网购；而据北京宅急送快运股份有限公司专家估计，2014年约80%快递业务源自网购。近年来，随着电商的快速发展，制约两者协同发展的问题日益显现，引起国家层面的重视，也激发了众多专家学者的研究热情。目前，对于两者协同发展的学术研究多集中于微观技术层面，尤以模型构建、行为解构为重点。李莎[2]应用供应链协同理论，构建了电子商务与快递行业的协同模型，提出了构建基于电子商务环境下一体化快递服务平台；韩瑞玲、佟连军、宋亚楠[3]运用灰色关联分析，构建了网购与快递交互作用的关联度和耦合度模型，实证分析了两者的耦合关联关系；罗琼[4]基于电商与快递的协同现状，从战略层、战术层和操作层三个层面构建相关模型；王宝义[5]基于监督视角，构建了两者的混合策略博弈模型，解构了两者行为并提出优化策略；刘丹、卢伟伟[6]基于协同学视角，构建了两者复合系统协同度测度模型及评价指标体系，并利用数据进行了实证检验；韩军涛[7]基于价格形成机制、分散决策下的产业链协调机制、共生下的竞合关系视角剖析了两者协同发展问题。

本文拟围绕中国电商与快递协同发展现实，探究影响两者协同发展的制约因素和发展动力，从而对协同发展趋势进行展望。

---

❶ 按照百度百科的解释：协同发展主要指协调两个以上对象，相互协作完成某一目标，共同发展，实现双赢。本文所指的协同发展主要指在宏观和微观层面上，电商与快递的关联性、协调性发展。

❷ 网络购物是消费者与电子商务企业通过在线方式达成交易的一种购物行为，这种行为涉及电商与消费者交易谈判、快递送货等诸多环节，在服务端展现的是电商与快递企业的关系。文中所涉及的网购与快递的关系，实质上指网购行为下电商与快递的关系。同时需注意的是，电商业务范围远超过网购，部分网购业务也不需要快递，而快递的部分业务也不对应网购。但文中所述核心概念的关系和指向为：电商特指网购且具有快递需求部分，快递对应网购派生出的业务部分，但限于数据分离的难度，文中的网购规模和快递业宏观数据均为整体数据。

二、中国电商与快递协同发展的总体趋势

中国电子商务起端于 20 世纪末，发展于 21 世纪初，十几年的发展历程使网购逐渐变成便利、时尚的购物方式，规模获得"爆炸式增长"，具体数据如表 1 所示。

表 1　中国网络购物与社会消费品销售总额统计

年份	网购规模（亿元）	增长率（%）	社会消费品零售总额（亿元）	增长率（%）	网购占比（%）
2001	6		43055.4		0.01
2002	17.8	196.67	48135.9	11.8	0.04
2003	39.1	119.66	52516.3	9.1	0.07
2004	80.9	106.91	59501	13.3	0.14
2005	193.1	138.69	68352.6	14.88	0.28
2006	312	61.57	79145.2	15.79	0.39
2007	561	79.81	93571.6	18.23	0.6
2008	1281.8	128.48	114830.1	22.72	1.12
2009	2630	105.18	132678.4	15.54	1.98
2010	4610	75.29	156998.4	18.33	2.94
2011	7845.3	70.18	183918.6	17.15	4.27
2012	13203.3	68.3	210307	14.35	6.28
2013	18409.5	39.43	237809.9	13.08	7.74
2014	28145.1	52.88	262394	10.34	10.73

注：网购规模数据来自艾瑞咨询公开数据（艾瑞咨询不同年份研究报告发布的网购规模数据有所不同，本表数据以最近年份报告所载数据为基准），社会消费品零售总额来自《中国统计年鉴》及国家统计局公报；限于数据收集，样本始于 2001 年。

从总体来看，2001 年中国社会消费品零售总额为 43 055.4 亿元，网购规模为 6 亿元，前者为后者的 7175.9 倍，后者占前者的比例为 0.01%；2008 年中国社会消费品零售总额突破 10 万亿元达到 114 830.1 亿元，网购规模突破 1000 亿元达到 1281.8 亿元，后者占比 1.12%；2014 年中国社会消费品零售总额增至 262 394 亿元，网购规模达到 28 145.1 亿元，网购规

模占社会消费品零售总额比重首次超过10%，达到10.73%。从两者的增长趋势来看，2001—2014年样本期，社会消费品零售总额平均增长率为14.97%，以2008年为界，前期大致为递增趋势，后期则为递减趋势；网购规模增长速度远远超过社会消费品零售总额增长速度，反映在数据上就是网购占社会消费品零售总额比重持续升高，样本期内，网购规模平均增长率为95.62%，最高增长率为2002年的196.67%，最低为2013年的39.43%，其中2002—2005年一直处于高速增长，平均增长率达到140.48%，2006年和2007年增长速度趋缓，2008—2014年增长速度下降趋势明显，平均增长率为77.11%。随着社会消费品零售总额的增长、智能设备及网络普及等因素的作用，网购还将保持较快速度的增长，但社会消费品零售总额增长的趋缓加之网购规模基数的扩大，使得网购增长速度将进一步趋缓。

在网购快速增长的同时，中国快递业也迅速发展起来，具体数据如表2所示。

表2 中国快递业务增长情况统计

年份	业务量（万件）	增长率（%）	年份	业务量（万件）	增长率（%）	业务收入（亿元）	增长率（%）
2001	12652.7		2008	151329.3	25.91	408.4	19.21
2002	14036.2	10.93	2009	185785.8	22.77	479	17.29
2003	17237.8	22.81	2010	233892	25.89	574.6	19.96
2004	19771.9	14.7	2011	367311.1	57.04	758	31.92
2005	22880.3	15.72	2012	568548	54.79	1055.3	39.22
2006	26988	17.95	2013	918674.9	61.58	1441.7	36.62
2007	120189.6	345.34	2014	1396000	51.96	2045.4	41.87

注：数据来自《中国统计年鉴》及国家统计局公报；2001—2007年的业务收入未全部获得，故未列出。

从总体来看，2001年中国快递全年业务量不足1.3亿件；2007年超过10亿件，达到12亿件，实现业务收入342.6亿元；2014年则超过百亿件，达到139.6亿件，跃居世界第一位，同时实现业务收入2045.4亿元。据国家邮政局预计，2015年中国快递业务量将达到196亿件，业务收入2650亿元。从快递业务增长率来看，快递业务增长总体呈现递增趋势，2001—2014年样本期内，最高增长率为2007年345.34%，最低为2002年10.93%，平均增长率达到55.95%；2006年之前增长率总体较低，平均为16.42%，2007年为特殊点，2008—2010年基本维持在25%左右的增长率，2011年之后增长速度加快，平均增长速度达到56.34%。从快递业务收入来看，2007—2014年样本期，总体呈现递增趋势，最高增长率为2014年的41.87%，最低为2009年的17.29%，平均为29.44%；虽然快递业务收入总体也呈现较高的增长，但较之于快递业务增长速度较慢，2008—2014年前者平均增长率为42.85%，后者为29.44%。

通过以上分析可以发现，电商与快递两者增长具有基本一致的趋势。为进一步明晰两者关系，我们借助灰色关联分析方法进行定量分析，选取2001—2014年样本，以网购规模为参考序列，以快递业务量为比较序列，对原始数据进行初值化以消除量纲，继而对两者进行灰色关联度分析，利用灰色系统理论建模软件GSTA7.0选择邓氏关联度进行运算，在分辨系数取0.5的情况下，得关联度为0.812，两者具有关联显著性❶。[8]因此，从宏观层面而言，中国电商与快递业呈现出协同发展的一致性特征。但不得不提的是，快递业作为电商的下游环节，因其"派生需求"的特有属性，在中国电子商务飞速发展的现实背景下，其步伐总体滞后，且受限于一些制约因素，两者协同发展面临许多问题。

三、电商与快递协同发展的制约因素

结合中国电商与快递发展现实，两者协同发展还面临以下几方面因素的制约。

1. 快递服务电商的整体能力存在一定滞后性，主要反映在总体矛盾和结构矛盾两个方面

（1）快递业发展总体上滞后于电商发展，一定程度上制约了电商的

---

❶ 根据众多文献，依据经验，一般而言，当分辨系数取0.5时，关联度大于0.6就认为关联具有显著性。限于篇幅，灰色关联分析的基本原理在此不再赘述，具体参见刘思峰等著《灰色系统理论及其应用》（第7版）。

业务扩展，这也是近年众多电商跨界做快递的重要原因。我们通过宏观数据进行考察，如表1、表2所示，2001—2014年样本期内，从网购与快递的平均增长率考察，前者平均增长率为95.62%，后者为55.95%，快递的增长速度总体慢于网购增长速度，因快递业务平均单价不断降低的趋势，若就快递业务收入平均增长率进行比较，这种差距会更大；从两者增长趋势考察，网购规模增长总体上呈现递减趋势，而快递业务增长总体呈现递增趋势，这说明快递服务电商的总体能力在不断增强，但在电商业务依然具有巨大增长潜力的背景下，消除两者的差距还需要相当长的时间。

（2）节日期间快递服务电商的能力还需增强。电商较之快递，其业务弹性约束力较小，只要创造了消费者的需求点，在短时期内可以实现业务的大幅提升，而快递受限于车辆运输、人力配送等实体环节，其服务能力弹性约束相对较大。中国网购具有明显的节日化特征，使得电商与快递服务弹性约束力差异矛盾不断凸显，这种矛盾频繁以"快递爆仓""快递延误"等服务能力不足和质量下降形式表现出来。

2009年淘宝以"光棍节"为契机开始打造"中国网络购物节"，如今只用6年时间，"双11"已被中国网民认可为"网购节"，成为名副其实的中国网民网络购物盛会，具体数据如表3所示。[9~10]不但如此，每逢春节、元旦等中国传统节日，感恩节、圣诞节、情人节等西方节日，也都成为电商促销的良机，近年来淘宝又开始打造"双12"购物节。节日期间网购规模的"暴增"，派生出快递业务的巨大需求，如2014年"双11"期间各大电商拉开促销激战的大幕，淘宝销售额实现571亿元，较之2013年增长63.1%，包裹数量达到2.78亿件，京东集团各平台订单量超过1400万单；据国家邮政局监测，当天邮政、快递企业揽收快递业务量达到8860万件，预计全行业快递业务量将达到5.86亿件，日最高处理量接近1亿件，为2013年的3倍。[11]追求企业利润最大化的快递企业并不会单纯以如"双11"般的业务量去构建服务能力，而会以平均业务量加之一定的业务弹性来平衡成本与收益的关系。如此，快递业的"短板效应"不断凸显。

表3 2009—2014年"双11"淘宝销售数据统计

年份	业务量（亿元）	增长率（%）	年份	业务量（亿元）	增长率（%）	年份	业务量（亿元）	增长率（%）
2009	1	NA	2011	52	455.6	2013	350.19	83.3
2010	9.36	836	2012	191	267.3	2014	571	63.1

注：限于统计口径的差异，各大报刊报道的2009年淘宝"双11"数据有所出入，据河南商报2013年11月12日报道数据为1亿元，据东方早报2014年11月11日报道数据为5200万元；本表只列出了当前中国最大电商淘宝平台的交易数据，若一并考虑其他电商，数值更大。

2. 电商与快递服务质量相对不高，不但影响顾客购物体验，还直接影响两者网购交易环节的协同关系

（1）网购的先天缺陷与电商平台监督乏力造成电商服务缺陷。一是网购的性质决定了非商家因素也可能导致顾客体验失败。网购模式下，消费者凭照片、产品参数、消费者评价等进行信息筛选选购产品，这种纯粹依赖线上信息选购产品的模式势必造成部分消费者期望与现实的脱节，从而不可避免地带来体验失败，线上线下融合（O2O）模式便是为了弱化这种缺陷而派生出来的新模式，但这种互补模式虽然一定程度上能够弱化网购的先天不足，但同时也会带来电商成本的增加，进而弱化电商竞争力。二是电商平台尤其是第三方平台模式在监管难度大、机制不健全的背景下，也会造成大量顾客体验失败问题。2014年，国家工商总局、中国消费者协会两次对电商平台销售产品进行抽样检测，共抽查9个电商平台，其中7个存在销售假冒或质量不合格商品情况，商品问题率约为77.8%。[12]中国最大电商企业阿里巴巴集团，2013—2014年11月在消费者保障及打假方面持续投入超过10亿元人民币，但据相关组织抽样调查，其平台的假货问题依然十分严重。腾讯旗下企鹅智酷2015年2月发布的网购调查数据显示，在所调查的38 026份有效样本中，74.4%的人经常网购，而网购群体中从未遇到不满意商品的用户占比仅为3%，偶尔不满意的占20.4%，整体不满意率超过3/4，其中49.3%的用户将"商品质量差，为仿制品"作为首位因素。[13]假货问题犹如"插在中国电商心脏的一把刺刀"，极大地影响着电商的发展。

（2）快递服务质量备受诟病，成为制约电商及快递自身发展的重要因

素。服务质量与服务成本之间存在"二律背反",追求高的服务质量必定提升服务成本,侵占服务利润,然而过低的服务质量却会降低服务声誉最终影响服务利润,因此在一般情况下,企业应该平衡服务成本与服务质量的关系,保持良好的服务质量。中国快递业伴随电商发展起来,且速度很快,经历时间相对较短,竞争制度不健全,管理制度不完善,在此情况下,以利润最大化为企业目标势必忽略服务质量,突出表现在暴力分拣、索赔困难等方面。近年来,尽管社会对这些问题给予了极大关注,交通运输部、国家邮政局等主管部门也陆续发布《快递市场管理办法》《邮政行业快递服务标准》等一系列政策法规规范快递业,然而有关问题的报道仍然频繁见诸媒体。我们通过国家邮政局统计的关于快递业务有效申诉数据来进一步分析这一问题,具体如表4所示。近五年,中国快递业务有效申诉量快速增长,2011—2014年增长率分别为343.6%、177.7%、42.7%、19.7%,平均为145.9%,因快递业务量的急剧上升,快递业务有效申诉量也急剧上升。综合历年数据,投递服务、快递延误、丢失缺少、快件损毁四大问题遥遥领先,其中投递服务和快件延误问题最为突出,前者暴露出快递终端即快递员服务意识和水平相对较差,后者则表明快递企业服务能力相对不足;快件的丢失短少和损毁问题则暴露出快递企业内部管理的缺失,而据各类报道,在出现快件丢失短少损毁等问题的情况下,消费者维权的难度相当大。

表4 中国快递业务有效申诉问题统计

年份	投递服务	延误	丢失短少	损毁	收寄服务	违规收费	代收货款	其他	合计
2010	1082	5515	2605	1382	0	156	314	97	11151
2011	9829	25704	8753	3779	0	638	684	78	49465
2012	37455	63138	21993	8273	3392	1213	1535	352	137351
2013	57412	85164	30921	12562	5800	1691	2046	450	196046
2014	82188	82988	40679	15551	7969	1781	2075	1466	234697

注:数据根据国家邮政局2010—2014年《关于邮政业消费者申诉情况的通告》整理所得;据国家邮政局公布数据,2011年前投递服务和收寄服务两项指标仅以收投服务一项指标反映出来,2012年始分为两项指标,但在2012年统计对比中,将2011年

的收收服务数据全部归于投递服务，因此收寄服务为0；为便于比较，将2010年数据也做相同处理，这是在数据难以分离的情况下不得已的处理方法，实际并非如此。

3. 电商与快递行业利益获取及分配机制尚不健全，同时双方受制于信息技术等因素，业务集约协同水平有待进一步提高

（1）电商与快递获利水平均相对较低，且不均衡。一方面，中国电商的发展还处于各方激战的市场完善期，现阶段电商热衷于"摊大饼"式的发展战略，主要着眼于市场规模的扩大及相关网络建设，相对无暇顾及"利润率"问题，如位列中国电商第二名的京东集团，其2014年财报披露显示，2014财年净亏损50亿元人民币，在美国通用会计准则下，2014年净利润率仅为0.3%；另一方面，快递业利润率也不断下滑。快递业的利润不但受制于行业竞争，也受制于上游电商的议价能力。总体而言，中国目前快递业竞争程度比较激烈，行业竞争呈现无序状态，总体还停留在"价格战"的层面，导致快递业平均利润率不断下降，在与电商的利益分配中，并不掌握"定价权"。快递专家赵小敏2014年估计，近年来，快递行业平均利润率已由20%左右下降到3%~5%。[14]这一点我们通过逐年下降的快递平均单价也可以看出，2007年快递业务平均单价为28.5元/件，2014年则下降到14.7元/件，下降将近50%，快递业务收入虽不断增长，利润率却不断萎缩。电商通过挤占快递利润赚钱，已成为行业公开的秘密，同时也推加快了"快递跨界电商"的步伐。这种情况，一定程度上还导致了另一类负面事件，即一些快递企业违背国家法律法规、背离职业道德贩卖顾客信息获益。

（2）两者协同发展还面临诸多现实问题。在完成网购交易行为中，电商与快递是利益共同体，两者本质上存在竞合关系。这种竞合关系的大致方向是，双方通力合作完成网购交易"将饼摊大"，竞争进行利益分配"将饼摊开""饼子摊大"整体上两者才能获得更多的利益，因此本质上竞合关系的前提是合作。然而，电商与快递的业务处理涉及信息共享、技术对接等诸多要素，两者的协同发展依赖于相互信任下的深度合作，缺乏这种信任两者的协同便大打折扣。中国电商与快递发展的现实表明，目前两者还不具备这种深度合作的环境，快递之于电商更多显现出雇用（委托代理）关系，而远非实质意义上的合作关系。2015年阿里巴巴集团连续对参与"炒信"的商家及快递企业施以惩罚，甚至直接断绝与一些快递企业的

合作。为了跨越这种尴尬带来的制约，市场上不断出现电商跨界快递、快递跨界电商的跨界混合经营行为。由此可见，两者的竞合关系在现实背景下，其竞争更大于合作，要跨越电商与第三方快递深度合作、协同发展的鸿沟还存在诸多困难。

四、电商与快递协同发展的动力分析

中国电商与快递协同发展受到诸多因素的制约，但现实中又存在很多促进两者协同发展的积极因素，决定着两者协同发展的未来趋势。我们将这些积极因素称之为动力因素，总体可以归结为两大基础动力和三大现实动力。两大基础动力包括行业快速发展前景动力和协同发展天然属性动力；三大现实动力包括政策助推力、产业演化助推力以及环境助推力。

1. 两大基础动力

中国电商与快递业面临良好的机遇，发展前景广阔，这将为两者协同发展带来长足动力。

（1）经济增长带来社会消费品零售总额基数的扩大及网购渗透率的不断提升，均会扩大网购规模。据央行统计，2014年上半年，中国网购群体规模达到3.5亿人，人均消费超过3000元。随着经济的发展和人均消费水平的提高，网购业还将持续快速发展。据艾瑞咨询预测，2015—2018年网购规模将分别达到39 550亿元、51 600亿元、62 950亿元、73 000亿元。尤其是随着智能手机的推广应用和网络的完善，更加便利的购物条件将进一步助推网购规模扩大，持续提高网购渗透力。2014年中国移动购物交易额占网购市场的33%，较2013年增长近19个百分点，艾瑞咨询预计，移动购物市场份额还将持续上升，在未来几年将保持48%的复合增长率，逐渐成为网购市场发展的主要推动力。2015年3月26日，国家邮政局发布2010—2014年中国快递发展指数，其中2014年达到282.4，样本期指数年均增长29.6%，显示中国快递业保持持续快速发展态势。[15]

（2）电商与快递业务合作具有协同发展的天然属性，这为两者协同发展带来基础动力。网购交易的完成是电商与快递共同努力的结果，两者作为供应链销售端两大关键环节，电商位于供应链上游，派生快递需求，快递处于下游，提供网购保障；网购因电商而起，却以快递为止，消费者与电商发生实质交易关系，线下却直接面对快递服务，消费者对电商和快递的服务评价最终都会指向与电商的交易关系;电商在需求端制约快递,快递却在服务端制约电商,两者的通力协作是顺利完成网购交易的关键。网购较之于传统实体购物方式,在现场体验和取货快捷性上存在明显劣势,尽可能弥补这种劣势,更好满足消费者的需求意愿是其进一步发展的关键,前者派生出O2O模式,后者导致对快递业服务速度和质量的要求,尤其是对快递业服务速度的要求,不但与快递业自身服务水平有关,且与两者的数据对接、信息共享关系密切。由此可见,无论是从服务依赖条件还是从服务结果影响来看,两者均具有协同发展的天然属性及要求。

2. 三大现实动力

(1) 政策是引导行业发展的重要助推力,制度是保障行业健康发展的重要约束力。近年来,随着电子商务和现代物流的高速发展,以及电商与快递发展中不协调因素的暴露,两者协同发展问题日益引起国家层面的重视。国务院总理李克强充分肯定快递业的地位,指出快递业是服务业的关键产业,是刺激消费升级的现代产业,快递业的发展对于搞活流通、发展经济非常重要。同时,两者协同发展不断成为国家产业发展政策设计对象。2012年3月,商务部与国家邮政局联合发布《关于促进快递服务与网络零售协同发展的指导意见》,着力推动两者互利共赢、协同发展;2014年9月,国务院印发《物流业发展中长期规划(2014—2020年)》,将"电子商务物流工程"列为十二大重点工程之一;2014年10月,财政部、商务部及国家邮政局联合下发《关于开展电子商务与物流快递协同发展试点有关问题的通知》,将天津、石家庄、杭州、福州和贵阳五个城市定为两者协同发展试点城市,财政划拨1.7亿元专项资金,助推两者协同发展;2015年5月,商务部等10部门联合下发《全国流通节点城市布局规划(2015—2020年)》,规划国家流通大通道,为两者协同发展带来新的契机。在中央政策的引导下,各地政府及相关部门也纷纷出台政策,大力促进两者协同发展。与此同时,有关两个行业发展的各类行业标准、政策法规也不断完善,为电商与快递业的健康发展提供指引,为两者协同发展创造良好机遇。

(2) 产业演化不断减小电商与快递协同发展的摩擦力。当前,中国电商与快递行业逐渐进入产业调整期,产业不断进行演化,突出表现在产业链渗透、行业整合及业务扩展三个方面。①产业链渗透、跨界混合经营已逐渐成为常态。❶ 电商跨界快递，顺链而下，如京东商城、苏宁易购、国美商城、凡客诚品、1号店、唯品会、聚美优品等纷纷自建物流网络；快递跨界电商，逆链而上，如顺丰、韵达、圆通等纷纷进军电商。跨界经营虽然也备受诟病，但有助于解决第三方模式下难以深度合作的难题，为协同发展创造条件。②行业集中程度很高，整合趋势明显。董依依[16]测算了2011—2013年6月中国网购市场集中度（CR4），数值分别为75.7、81.3、82.2，集中度呈现逐年升高趋势。据艾瑞咨询统计，2014年商对客（B2C）市场，天猫份额占比超过61.4%，京东占比为18.6%，两者合计占比为80%，可见中国目前电商市场属于高集中度的市场。国家邮政局公布的快递服务品牌集中度指数（CR8）显示，2013年、2014年分别为80和77.9，说明快递业也具有相当高的集中度。目前，中国电商和快递业正在经历整合期，行业还将保持高集中度，这有利于电商与快递的协同发展。③网购业务不断扩展，新兴业态迅速崛起。近年来，中国网购业务不断向城镇、农村扩展深化，同时也不断向国外扩展，跨境电商一夜兴起，成为网购业务的新亮点。同时O2O模式已逐渐成为发展潜力巨大的网购新业态。新态势不断对两者协同发展提出新要求，推动两者协同发展的步伐。

（3）行业环境不断改变，为两者协同发展带来良好机遇，主要表现在平台建设、资本渗透、外资进入等方面。①平台建设包括信息平台和自助平台，前者将进一步扫清制约两者协同发展的信息对接问题，后者则会进一步提升顾客体验。一方面，制约电商与快递协同发展的重要因素之一是电商与快递标准不统一导致的数据、信息传递滞后，造成"效率损失"问题，而行业领头羊阿里巴巴集团已开始进行整合，其发起成立的菜鸟网正积极谋划，通过免费为电商提供电子运单服务，准备控制阿里系电商网购平台快递的发货权；另一方面，快递自助平台建设已进入快速发展期。如快递智能柜、便利店代理、社区物业代理等方式不断得到推广，公共配送平台也得到大力发展，自主服务体系的不断完善，将大大提升快递服务效率，提高顾客网购便利性和满意度。②资本渗透电商与快递业的速度不断

---

❶ 跨界经营存在一定争议，有人认为电商自建物流虽然可以摆脱快递制约，一定程度上能更好地提升用户体验，但也容易导致成本增加。快递跨界电商更不被看好，电商对快递利润的挤占迫使其跨界电商扩展利润源，但行业特征使其面临很大风险。

加快,将进一步加快行业洗牌的步伐。当前,电商与快递得到各路资本的青睐,众多企业除引进机构投资外,不断谋划上市。如 2014 年京东、阿里巴巴相继在美国纳斯达克上市,引起国际资本追逐,为企业发展储备雄厚的资本实力;快递企业申通、中通、韵达、圆通、宅急送等也在加快调整资本布局,谋划上市。③快递业务开放、外资进入将为行业发展注入新鲜血液。2014 年 9 月 24 日,国务院常务会议决定进一步放开国内快递市场、鼓励内外资公平竞争,据此国家邮政局表示,2015 年要全面开放国内快递(除信件)市场。在政策利导下,将有更多的国际快递企业从事国内快递业务,这将进一步规范国内快递行业的发展,引导快递业由"价格战"向"差异化"转变,从而为电商与快递协同发展创造健康环境。

总之,电商与快递协同发展的天然属性,注定两者协同发展的未来趋势不可逆转;中国网购持续快速发展的光明前景,又为两者的协同发展带来长足动力,两方面力量奠定电商与快递协同发展的基础。现实中,电商与快递协同发展条件不断完善,从而为两者协同发展带来助推力量。政策助推力将使两者协同发展面临良好的政策机遇,而且这种力量将不断得到强化;产业演化助推力是两者协同发展最重要的现实推力,也是加速两者协同发展的现实基础,这种力量的发展前景非常明确;环境助推力是两者协同发展的重要"催化剂",为保障两业健康发展创造条件。基础动力与现实动力共同构成电商与快递协同发展的动力体系(如图 1 所示),不断推动电商与快递协同发展。

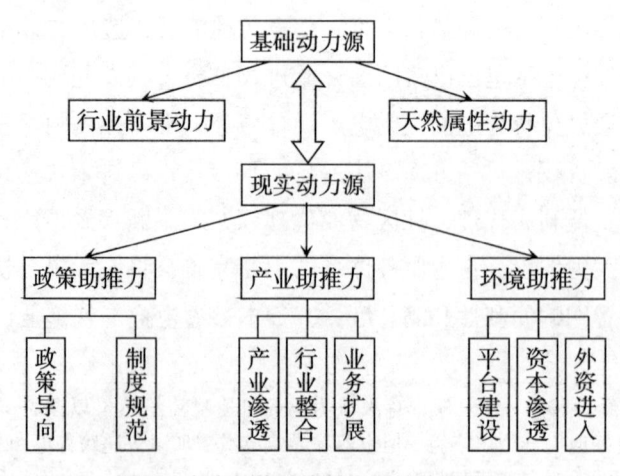

图 1　电商与快递协同发展的动力体系

五、总结与启示

中国网络购物在短时期内经历了快速发展，在此过程中电商与快递业迅速发展起来，然而过快的发展速度也导致两业的"野蛮生长"，影响了两者的协同关系，造成了彼此的制约。从宏观层面来看，十几年的发展历程展现出两者协同发展的一致性趋势，但同时又呈现出快递发展总体滞后于电商发展的现实；从微观层面来看，两者共同完成网购服务保障过程中存在诸多配合缺陷，现实中两者竞合关系中的"竞"远远大于"合"，一定程度上导致整体利益的损失。电商与快递具有协同发展的天然属性，割裂这一属性必然带来电商与快递难以健康发展的现实，协同发展是两者整体利益保障的基础。目前，虽然中国电商与快递协同发展受到诸多因素的制约，但同时两者协同发展的基础动力又注定更加紧密的协同发展是两者发展的未来趋势，而以政策助推、产业演化及环境助推为合力的现实推进力又会加快两者协同发展的步伐。总体来说，在网络购物快速发展过程中，电商与快递协同发展的制约因素会不断弱化，而两者合作动力会不断增强，进而推动两者更好地实现协同发展。为了更好更快地推动这一进程，在政府、中介、企业三个方面需注意以下问题。

1. 政府准确定位，加强规范引导

政府对于电商与快递协同发展的推进作用是非常重要的，但在其过程中必须准确定位，做到引导而不是主导、帮扶而不是干预、规范而不是管制，让市场更好地发挥产业发展的主导作用。因此要重视以下几个方面的工作：建立健全法律法规制度，塑造良好的市场环境，即创设协同发展的好"跑道"；加强市场监管，鼓励公平竞争，管控服务质量，即保障"参赛选手"健康参赛；支持协同发展的基础设施和关键技术的创设创新工作，即财政帮扶"授之以渔"而非"授之以鱼"。

2. 发挥中介作用，整合行业资源

行业资源整合，是有效推动电商与快递协同发展的重要基础。①发挥行业协会的重要作用。其一，依托其专业优势制定科学合理的标准体系，弱化协同发展中标准不一、技术对接困难等问题。其二，搭建良好的沟通平台。一方面，促进电商与快递企业的纵横沟通，创造协同发展的"软环境"；另一方面，做好上级主管部门与企业诉求"上传下达"的桥梁。②鼓励专业资源整合企业发展，创建高效的行业资源整合平台，真正形成电商与快递纵横结合的资源整合体系。

3. 鼓励产业延伸，推动行业演化

电商与快递同处产业链销售端，两者具有延伸的天然属性，跨界经营完善企业供应链，能够消除电商与快递委托代理关系所派生的"外部性"问题。但在两者跨界经营中，不但要鼓励企业通过自建自营方式延伸，更应鼓励企业横向参股或并购、纵向参股或并购等资源联合方式来完成，充分利用社会资源，充分发挥21世纪所倡导的企业"合作"的巨大效力，"将饼摊大，多方受益"。但在鼓励行业演化过程中，必须注意的是防止因企业产业链完善或组团而导致垄断割裂，从而对行业整体协同发展造成危害。

参考文献：

[1]中国社科院财经战略研究院课题组. 电子商务：中国经济发展的新引擎［J］. 求是，2013（11）：15-17.

[2]李莎. 电子商务与快递行业协同发展研究［D］. 北京：北京邮电大学，2010.

[3]韩瑞玲，佟连军，宋亚楠. 中国网络购物与快递物流的耦合关联研究［J］. 华中师范大学学报（自然科学版），2011（2）：308-314.

[4]罗琼. 电子商务与快递行业供应链协同发展研究［D］. 重庆：重庆交通大学，2013.

[5]王宝义. 电商与快递的博弈行为解构及优化策略——基于双重监督的两阶段三方模型的比较分析［J］. 中国流通经济，2014（9）：66-73.

[6]刘丹，卢伟伟. 我国电子商务业与快递业的协同发展路径［J］. 技术经济，2014（2）：45-49.

[7]韩军涛. 电子商务背景下我国快递业发展与协同机制研究［D］. 北京：北京邮电大学，2014.

[8]刘思峰，杨英杰，吴利丰，等. 灰色系统理论及其应用（第7版）［M］. 北京：科学出版社，2014.

[9]孟令强，卢艳艳，王艳艳. "双11"销售额5年增长350倍［N］. 河南商报，2013-11-12（B12）.

[10]邹娟. 质检工商盯牢"双11"重重乱象［N］. 东方早报，2014-11-11（A06）.

［11］赵嘉妮．"双11"快递揽收近9000万件［N］．新京报，2014-11-13（B12）．

［12］尹力行．"三八国际妇女节"大促销，电商联手险企推正品保险［N］．证券日报，2015-3-5（B1）．

［13］王冠．智酷调查：四成用户"忍了"——中国网购假货现象调查［EB/OL］．（2015-02-02）［2015-04-07］．http：//tech.qq.com/a/20150202/008327.htm．

［14］廖丰．去年快递行业收入超1400亿元［N］．京华时报，2014-01-16（B50）．

［15］国家邮政局．中国快递发展指数首次发布发展规模增速6倍于GDP服务质量稳中向好［EB/OL］．（2015-03-26）［2015-04-07］．http：//www.spb.gov.cn/dtxx_15079/201503/t20150326_438849.html．

［16］董依依．关于我国网络购物市场集中度现状的相关分析——基于京东和淘宝的案例研究［J］．中国电子商务，2014（2）：14-16．

云物流环境下的农物商一体化农产品物流模式[1]

丁丽芳[2]

摘　要：云物流环境下，"农、物、商一体化"农产品物流模式是一种新型的物流模式，由农户、物流企业、商户、云平台四大模块构成，其提升物流效率主要从三个方面体现：通过物流公共信息平台接受客户订单，提交物流管理平台调度和指挥各类物流资源，以最快的速度交付货物；各物流企业在云物流平台上整合资源，安全快捷地完成物流配送任务；云物流通过物联网、互联网、社交平台、智能终端抓取、汇集海量物流信息和物流订单、订单全生命周期可视、业务紧密衔接且可追溯，为客户提供个性化的整体物流解决方案。

关键词：云物流；农产品物流；农物商一体化

农产品物流是现代物流体系的重要组成部分，由于农产品存在绝对数量大、信息化程度低和随机性、季节性、离散性等特点，其供给与需求之间契合度较低，再加上农产品物流技术滞后和粗放作业，使农产品物流配送速度慢、物流成本高，物流过程损耗严重，导致部分农产品价格居高不下，如何构建科学的先进的农产品物流模式就显得尤为必要。本文以云物流技术为基础，构建一种新型的"农物商一体化"农产品物流模式，并对

---

[1] 本文系山西省软科学项目"山西加快建设新型农业社会化服务体系研究"（项目编号：2013041057-03）的部分成果。

[2] 作者简介：丁丽芳（1971—），女，山西省长治市人，山西农业大学经济贸易学院教师，天津大学博士研究生，主要研究方向为企业管理、物流管理。

其实施运行过程进行分析。

一、我国农产品物流现状分析

我国农产品具有产量大、品类多、随机性、季节性、离散性等特点。国家统计局发布的《2013年国民经济和社会发展统计公报》显示，2013年粮食种植面积11 195万公顷，棉花种植面积435万公顷，油料种植面积1408万公顷；糖料种植面积199万公顷；茶叶产量193万吨。[1]丰收的农产品在收割、采摘之后就进入运输和储存环节，在给物流业带来市场机会的同时又是对其物流服务能力的考验。由于我国农产品物流设施与设备较落后，物流环节多，致使大量农产品物流成本和货损率较高。我国巨量流通的农产品中，80%的生鲜品是在常温下流通的，常温流通的果蔬类农副产品货损率为20%~30%，粮油和蛋类货损率为15%，每年造成的经济损失上亿元。由此可以看出我国农产品"重生产轻流通"、物流总体效率较低的现状。目前我国农产品物流模式如图1所示。

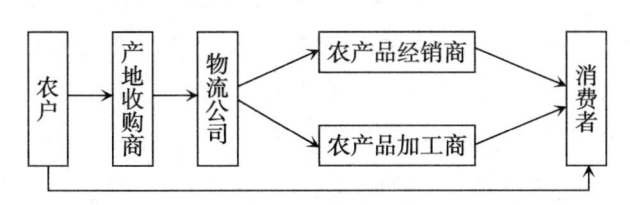

图1 我国农产品物流模式

从农产品物流企业数量来看，我国专业从事农产品物流的公司达3730家，但物流服务标准化和组织化程度低，运输设备落后，集装箱、箱式冷藏车、全球卫星定位系统（GPS）、射频识别技术（RFID）、传感器、车辆运输过程管理（TMS）、车辆运输业务管理（PMS）、车辆综合运营管理（DIMS）、汽车物联网（TUGE）等先进的物流设备尚未广泛应用，不能根据产品的特性合理安排运输工具，不能及时获取物流信息来整合物流资源对产品进行实时跟踪，属于运输半径较小、批量小和多批次运输，物流过程中重复运输、重复装卸现象普遍，从而增加农产品损耗率。农产品产地分散在农村和山区，有些地方路况差、关卡多且收费高，都严重制约着农产品物流的发展。

从物流环节来看，我国农产品物流要经过"农户→产地收购商→农产品加工商→各级批发商→零售商→消费者"等多个环节。流通环节过多，既延长了物流时间也增加了物流成本，导致生鲜类农产品在运输中腐烂变质，货损率较高。据统计，我国每年因丢弃腐烂食品造成的浪费达到700亿元人民币，占食品生产总值的20%之多，仅水果、蔬菜等农产品在采摘、运输、储存等环节的损失率就达25%~30%，每年有总值约92.5亿美元的农产品在运输中损失掉，腐烂损耗的果蔬几乎可满足两亿人口的基本营养需求。[2] 而这种浪费主要是由冷链物流技术落后和物流环节较多导致的。

从流通信息来看，我国农产品交易信息传播速度较慢，农产品市场缺乏系统的信息收集、整理、发布体系，产地、销地和物流公司之间难以共享农产品信息，物流资源不能有效整合。产销之间、区域之间的信息衔接较差。山西省新绛县西行庄立虎有机蔬菜合作社理事长光立虎说："我们的蔬菜是真正的有机蔬菜，北京、上海、广东、澳门的高档超市都抢着要，不愁卖！但是，他们一说要我负责物流我就发愁！普通运输的确不贵，从我们这里到北京每吨菜就收300多元；但我不敢用他们，因为他们把我们辛辛苦苦种的菜胡乱堆放，而且三天都到不了地方，等运到北京菜坏了一半。使用第三方物流拼车帮我们运菜，虽说能保证质量，但运量小不说，而且价格还特别贵，一袋蔬菜就收65~80元运费。政府帮我们联系了航空运输，价格还算合理，但下了飞机再找物流车价格立马又上去了。这些问题摆在面前，你说我们能不发愁吗？"[3] 农产品物流体系建设不完善，好的农产品也难以避免遭遇物流难题。

二、云物流的内涵

"云物流"是以新兴信息技术（IT）为基础的智能化、网络化、可靠性高的新物流服务模式。其通过云计算、物联网等新兴信息技术的融合，将各种异地的物流资源和能力借助第三方的云物流服务平台进行虚拟化的表达，并通过集中管理与经营实现物流资源和物流能力的及时获取、高效协调地为多用户提供服务，达到多方共赢目的。整个供应链可以通过网络随时获取透明的、安全可靠并且质优价廉的服务。云物流在整合物流资源、降低企业物流成本方面具有特色功能。云物流的主要特点如下：

1. 开放性

传统物流服务模式下,对于进入系统的企业规模、地理位置等有较多的约束条件,所以其开放性是有限的。云物流环境下,只要是能够提供物流资源或具有物流能力的企业都可以自由出入,因此云物流的平台具有高度的开放性。由于平台的准入门槛低,使得平台中的企业资源更为丰富,可以更好地为满足不同需求类型的物流服务提供支持。

2. 丰富性

云物流采用的物联网、信息物理系统(Cyber-Physical System)与虚拟化技术等新的资源感知接入技术,丰富了平台中的资源种类与数量。这些资源所构成的资源库可以支撑构建随时动态的物流服务,快速满足客户的个性化需求。

3. 动态性

各类物流企业在云物流平台汇聚,为客户按需提供动态服务,客户在云物流平台中发布物流服务需求信息,云计算进行抓取、收集、整理、分析和归类,快捷地对客户的需求作出及时的响应,提供多类别、全方位、一体化的物流服务和增值服务。

4. 智慧性

云物流的运作模式服务于客户提出的物流需求的全生命周期,通过物联网、云计算、语义 Web、数据挖掘等智能信息技术,实现物流服务链全生命周期的智慧物流服务。[4]

如阿尔梅斯尔花卉物流中心,它地处荷兰的花卉种植基地(世界最大的花卉交易市场),距离阿姆斯特丹斯史基浦机场 6 英里,每年有 50 亿株鲜花从这里销往世界各地,全世界每 4 朵鲜花就有一朵来自这里,建有世界最先进的花卉销售云物流系统,阿尔梅斯尔花卉拍卖中心有 6 个卖花厅,每个厅有 3000 个座位,厅里坐满了来自世界各地的花商,当载满各种鲜花的滑动车在花商面前经过时,显示屏上就马上报告出该花的品种、价格和数量,花商只需轻轻按下桌上的小按钮,就可以拍下自己要购买的鲜花,整个过程都由云物流来完成,仅需 45 分钟就可完成所购鲜花的组装和清关手续,并装上飞机从阿姆斯特丹斯史基浦机场运往世界各地,24 小时内就到达目的地。荷兰用云物流快捷销售鲜花每年收入就达数十亿欧元,这个

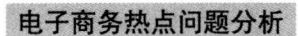

只有 1600 万人口的国家用航线和云物流连接世界，书写了小国成大业的辉煌。

三、构建云物流环境下"农物商一体化"农产品物流模式

1. 云物流环境下"农物商一体化"农产品物流模型

构建云物流环境下"农物商一体化"农产品物流模式的主要目的是：满足日益增长的农产品物流需求、缓解紧张的物流资源，减少物流资源浪费；满足农产品客户高附加值、一体化物流服务需求；通过先进的管理理念和信息技术，创新农产品物流模式，减少农产品物流环节，降低农产品物流损耗，提升农产品市场竞争力。"农物商一体化"农产品物流模型见图2。

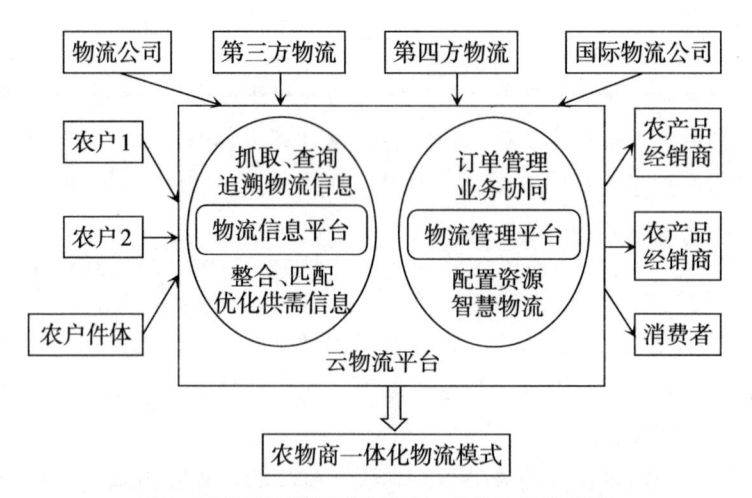

图2 云物流环境下"农物商一体化"物流模型

云物流环境下"农物商一体化"农产品物流模式提升物流效率主要从三个方面体现：通过物流公共信息平台接受客户的订单，提交物流管理平台去调度和指挥各类物流资源，以最快的速度交付货物；各物流企业（物流公司、第三方物流、第四方物流、国际物流等）在云物流平台上整合资源，优势互补、团结协作，建设智慧物流和生态物流环境，安全快捷地完成物流配送任务；云物流通过物联网、互联网、社交平台、智能终端，抓取、汇集海量物流信息和物流订单，订单全生命周期可视、业务紧密衔接

且可追溯，业务活动按实时需求调整，促成多方交易，智能分析企业物流成本及预估订单收入，实现企业精细化管理，为客户提供个性化的整体物流解决方案。

物流公共信息平台是基于云计算技术建设的大数据平台，包括云物流运作过程中所有物流资源数据和物流能力数据，并通过数据接口端向客户市场开放。[5]大数据为客户提供了海量物流服务信息，主要有各类物流装备资源信息、物流人力资源信息、物流方案设计能力和资源信息、物流公共服务信息和政策资源信息、物流保险信息、物流金融信息等，这些信息汇聚成虚拟的物流资源和能力，形成云物流公共信息平台上的虚拟资源云，供客户搜索、查询。

物流管理平台是融物流商信息共享、协同工作、资源整合、流程再造、商业智能和决策分析为一体的综合性物流服务平台。主要任务是通过射频识别技术、全球卫星定位系统、传感器、车辆运输过程管理、车辆运输业务管理、车辆综合运营管理、汽车物联网等技术，准确、快捷地处理客户订单，调度和指挥各类物流资源，规划物流线路和物流方式，提供物流一体化解决方案，缩短物流流程，完成最后一公里配送，以最快捷的方式按客户要求交付货物，实现云物流平台对资源的智能化识别和管控。所有的物流商在这个平台聚集，如仓储公司、运输公司、第三方物流企业、第四方物流企业、货代公司、物流方案咨询商、银行以及保险公司等，向客户提供订单服务、运输服务、仓储服务、信息服务、金融服务、咨询服务、代理"一关三检"、保险服务等全方位的物流服务。

2. 云物流环境下"农物商一体化"农产品物流模式与传统农产品物流模式的差异性和优越性

（1）云物流让农户、物流企业、经销商（加工商）成为利益共同体。农户、物流企业和经销商（加工商）在云物流平台上通过端口发布、搜索、查询信息，大数据和云计算为其汇聚、整合、储存数据信息，农户和农产品经销商（加工商）在云物流平台上共享供需信息，为农户提供准确的产品市场预测，预防谷贱伤农和菜农贱卖、市民贵买现象；同时为农产品经销商（加工商）提供准确的市场供应信息，预防缺货和短供现象发生；物流企业在云物流平台上集聚，提供全方位的物流服务，有利于整合物流资源，减少空载率，完成最后一公里配送。总之，在终端销售的引领下,对农户和农产品经销商(加工商)经营销售环节的物流活动通过云物流平台进行系统化的组织和管理,使农户、物流企业、经销商(加工商)成为一个信息共享、风险共担、利益共享的共同体。

(2)云物流可以优化物流路径,减少农产品流通环节。农户和农产品经销商(加工商)在云物流平台查询和寻求物流服务时可以货比三家,了解物流行情、货运价格。云物流平台还提供实时调度以及咨询服务,规划物流线路和物流方式,提供物流一体化解决方案,缩短物流流程,完成最后一公里配送,为客户提供全国无盲点的"一站式"服务,满足客户不断增加的个性化和多元化需求,以最快捷的方式按客户要求交付货物。这种被优化的物流路径大大减少了农产品的流通环节。如郑州至广州3日到达的专线,某知名第三方物流公司向农户的报价为700元/吨,而实际支付给物流专线企业的价格仅为400元/吨,中间最大的利润被第三方物流公司拿去,物流专线企业的利润不足5%。云物流环境下农物商一体化模式中,农户登录云物流平台后可查询到物流专线企业在云物流平台上的报价为580元/吨,每吨可节省220元。客户选择云物流后,不仅享受高效便捷的物流服务,减少物流环节,还可降低其20%~30%的物流成本。

(3)先进的信息技术、物流技术、管理技术在云物流平台云集,可有效提升农产品的流通效率。云物流平台汇聚了各种物流技术和设施设备,如冷藏、冷冻、保鲜的冷链物流设施设备,冷藏运输率接近100%,鲜花、蔬菜、水果和肉制品冷链流通率可以达到100%。云物流的实时跟踪系统可以让客户随时查询到农产品物流状态,其信息化、智能化有效提升农产品的流通效率,为鲜活农产品及早上市销售赢得时间。如云物流平台上鲜活农产品"超市+基地"的流通模式,农超对接后产销一体,很多地方有好的鲜活农产品生产基地,超市按照市场需求提出品种和数量要求,农民按其品质和安全要求进行生产。其间,商家通过中介或其他适当方式,从技术、知识角度向农民提供服务,农户有了稳定的销售渠道后,将更注重农产品种植过程的品质。农超直接对接可以减少中间环节,降低采购环节费用,将更多利益留给农户和消费者。农超对接后农产品流通成本下降20%~30%,农户收入提高约10%~20%,超市的采购价格下降约10%。农超对接后产销一体化可以彻底改变传统渠道中"地头、一道菜贩、二道菜贩、运输企业、批发市场、零售商贩"这种层层加价、监管困难和农产品价格居高不下的现象。

3. 云物流环境下"农物商一体化"农产品物流模式的运行条件

（1）政府协助和宏观指导是云物流环境下"农物商一体化"农产品物流模式运行的基础。由政府主导、国家投入，通过官方机构或者带有官方背景的机构运营的平台来发展农村电子商务，出台有针对性的政策措施，不断改善政府对农民网商的公共服务。完善农产品绿色通道政策，促进支付、信用、金融、保险、检测、认证、统计和人才培育等服务协同发展。利用互联网打破时空界限、缩短流通环节、沟通供需双方等特点，帮助农户去消除原有的信息弱势，直接对接大市场。让农户在自己家中就可以直接对接全国乃至全球市场。在市场化的电子商务平台上，供需双方无须经由第三方中介便可直接沟通，实时掌握市场供需信息，可以有效减少市场风险并提供市场预测分析，让农户真正掌握农产品的订单权和定价权，享受快捷的物流服务。

（2）加强物流基础设施建设是云物流环境下"农物商一体化"农产品物流模式运行的必要条件。我国要大力建设农产品物流交通网，建设畅通的农村道路，构建高效的公路、铁路、航空、海运农产品交通网。由于农产品物流中有1/4需要冷藏和保鲜，有些奶制品、肉制品和海鲜类产品则需要百分之百冷藏。冷藏物流在延长农产品保鲜时间、降低流通损耗方面起着非常重要的作用，因此要加大引进先进物流设施、设备的力度，广泛采取冷链物流的运输模式，提高农产品分拣、包装、储存技术水平，降低农产品的物流损耗率。目前我国农产品公路冷藏运输量占农产品运输总量的比例只有25%，而生鲜农产品的冷藏运输率只有15%~20%；易腐产品冷藏运输率日本、美国分别达到90%和100%，而我国仅为30%；冷藏运输完好率日本、美国分别为90%和95%，而我国只有70%；2011年我国冷藏库近2万座，冷库总容量为900万吨，同期日本为1660万吨，美国为2200万吨；目前我国有机械冷藏列车1910辆，机械冷藏汽车2万辆，冷藏船吨位10万吨，年集装箱生产能力100万标准箱，[6]这些冷藏设施为实现农产品物流专业化运作创造了一定的物质条件，但按照人均鲜冷食品消费需求来计算，还有较大差距。

(3) 引进和培育物流人才是云物流环境下"农物商一体化"农产品物流模式运行的技术与智力支撑。云物流平台囊括了采购、仓储、运输、包装、国际贸易、计算机等多方面功能,高级物流人才不但要懂得物流专业知识,还要具备所在岗位涉及的其他专业技能。据统计,我国物流产业将会以每年30%的速度迅速增长,而国内物流人才的需求缺口将达到500万人。我国仅高级物流管理人才每年需求量就达到3万~4万人;物流技术操作和营销人才每年需要3万人以上。物流企业对所需的物流人才可以通过两种途径拥有:一是引进;二是自己培育。企业拥有高素质的物流人才,才能确保云物流平台科学高效运行。同时,这些人才也为现代物流业的高速发展提供智力保障。

(4) 云计算和大数据是云物流环境下"农物商一体化"农产品物流模式运行的基础技术。云物流本身是一个基于云计算和大数据的技术虚拟平台,它收集、汇聚、整理、分析数据信息,主要依赖于云计算和大数据技术,大数据以互联网、物联网、云计算、车联网、平板电脑、手机、个人电脑以及遍布世界各地的传感器为数据承载或来源,为客户有目的地搜集、处理、分析、索引数据。例如,农户在生产基地的户外设备上安装传感器,这些传感器就可以快速、实时地把生产基地周围的所有气象信息如风速、温度、湿度、雨雪、霜冻、雾霾、泥石流、地震等信息传递给农户,农户收集了这些信息后进行分析,可以非常有效地将灾害性气候对农作物的影响作出预估,降低灾害对农作物的影响,为农产品按时、保质、保量上市销售提供保障。

四、结语

云物流环境下"农物商一体化"农产品物流模式是一种新型的物流模式,对其功能还需要进行深层次的研究和实践论证。本文结合农产品物流特性和云物流理念与技术,提出了由四大模块(农户、物流企业、商户、云平台)构成的"农物商一体化"云物流模型,论述其提升物流效率的三个方面和两大平台(物流公共信息平台和物流管理平台)的功能,以及云物流环境下"农物商一体化"农产品物流模式的实施条件,充分体现了这一模式在降低物流成本、提升物流效率、提升农产品竞争力方面的强大功能,也彰显了其在建设与发展现代农产品物流体系中的作用,它必将随着研究与实践的不断深化,广泛应用到农产品物流领域。

参考文献:

[1]吴曼琳.统计局:2013年粮食产量60194万吨增产2.1%[EB/OL].(2014-02-24).http://finance.people.com.cn/n/2014/0224/c1004-24446685.html.

[2]中国巨大冷链市场引发投资热情[EB/OL].(2007-08-29).http://www.21food.cn/html/news/35/209688.htm.

[3]刘家良.谁能解除有机蔬菜的"烦恼"?[EB/OL].(2014-03-21).http://www.chinacoop.gov.cn/HTML/2014/03/21/92254.html.

[4]王琦峰,吕红波,江瑜.云物流体系结构与应用模式研究[J].电信科学,2012(3):126-132.

[5]梁红波.云物流环境下创新物流企业的营销战略[J].漯河职业技术学院学报,2014(4):27-29.

[6]陈通,李思聪.中外农产品冷链物流体系比较[J].北京农学院学报,2013(2):21-26.

跨境电子商务

跨境电子商务物流模式创新与发展趋势

冀芳　张夏恒[1]

摘　要：跨境电子商务发展迅速，但跨境物流尚未适应其发展，二者无法实现协同发展。跨境物流网络系统缺乏协同，具体表现在仓储、运输、海关、配送等物流功能缺乏协同，国内物流、国际物流与目的国物流衔接缺乏协同，跨境物流与语言、习俗、技术、政策等物流环境缺乏协同。目前跨境物流的主要模式包括国际邮政小包、国际快递、海外仓、国际物流专线、边境仓、保税区与自贸区物流、集货物流、第三方物流与第四方物流等。未来跨境电子商务物流发展，需要推动跨境电子商务与跨境物流的协同发展和跨境物流网络协同；采用多种跨境物流模式共用的方式，推动以第四方物流为代表的物流外包模式升级，实现跨境物流本地化运作，加强与本土物流公司合作等。

关键词：跨境电子商务；跨境物流；协同；海外仓

跨境电子商务的发展与跨境物流的发展是相辅相成的，跨境物流的发展对跨境电子商务的发展有着极大的推动作用，而跨境电子商务的快速发展也为跨境物流提供更大的发展空间和更多的发展机遇。目前，跨境物流的发展远远落后于跨境电子商务的发展，二者之间无法实现协同发展。在跨境物流模式上，多集中于国际邮政小包、国际快递和海外仓。伴随着跨境电子商务的发展，跨境物流模式已不再拘泥于这几种。

---

[1] 作者简介：冀芳（1982—），女，山东省济宁市人，长安大学文学艺术与传播学院副教授，博士，硕士生导师，主要研究方向为网络与新媒体、传播语言学。张夏恒（1982—），男，山东省济宁市人，长安大学经济与管理学院博士研究生，主要研究方向为物流管理、电子商务。

一、跨境电子商务与跨境物流发展现状

1. 跨境电子商务蓬勃发展

(1) 跨境电子商务的概念

跨境电子商务源于电子商务、经济全球化、国际贸易的发展与融合。在经济全球化、互联网普及、电子商务迅猛发展与普遍应用的背景下，国际贸易不再拘泥于传统交易模式。伴随不同国家对商品的需求与供应，借助互联网及其他电子商务交易平台，分属不同国家的交易双方，可以实现在线商品交易、支付结算、金融服务等，以及线下跨境物流配送实现商品空间位移的电子商务应用模式，[1]即跨境电子商务。跨境电子商务具有鲜明的特点：电子商务突破国家的界限，由同国扩散到不同国家；传统贸易注入现代电子商务元素，由传统线下的接触、交易、支付等方式，转向互联网络线上通道；物流突破了国界，除了国内物流外，还涉及国际物流和目的国物流，以及海关与商检。

(2) 跨境电子商务企业类型

跨境电子商务在全球范围持续火热，涉足跨境业务的电商企业如雨后春笋，纷纷涌现。跨境电商企业主要有以下几种类型：①传统电商企业扩展到国外市场。传统电商企业成立之初，主要专做或辐射本国市场。为了持续增长或者顺应跨境电子商务发展趋势，其经营范围由本国市场扩展到国外市场，从而发展为跨境电子商务企业。主要代表有易贝（eBay）、亚马逊等；②传统企业开发跨境电子商务业务。传统企业伴随电商的兴起与发展，涉入电商业务，并逐步涉入跨境电子商务市场。该类企业主要以传统零售企业为主，如沃尔玛、家乐福等；③专营跨境电子商务业务。该类企业为经营跨境电子商务业务而成立，成为专注于跨境电子商务业务的企业。主要有阿里系的速卖通与全球购、洋码头、兰亭集势等；④物流企业涉足跨境电子商务业务。一些物流企业借助其自身物流资源与优势，开始涉足跨境电子商务业务。主要有顺丰海淘、Cnova Brasil 等。

(3) 我国跨境电子商务发展现状

日本经济产业省在 2013 年对中、美、日三国网民的跨境电子商务使用情况进行了调查，其结果显示，中国的跨境电子商务使用率高达 57.3%，远超美国的 44.7% 和日本的 17.6%。这显示中国网民对通过跨境电子商务进行交易的热情极高。[2]商务部相关数据显示，2013 年我国对外贸易总值

首次突破 4 万亿美元，其中跨境电子商务交易额达 3.1 万亿元，同比增长达 31.3%。据海关总署披露，自 2013 年 7 月我国开始进行跨境电子商务试点，截至 2014 年 12 月底，上海、杭州、重庆、宁波、广州、郑州等 16 个城市先后开展跨境电子商务业务，在出口方面累计验放清单 3823.5 万份，涉及 181 个国家与地区，金额约 20.4 亿元；在进口方面验收包裹 411 万余件，金额约 10.1 亿元。在海关总署进行备案的我国跨境电子商务服务试点企业已超过 2000 家。从 2013 年起，我国陆续发布十余项扶持政策，与跨境业务相关的一些流程与制度逐步完善。跨境支付获得快速发展，PayPal 作为全球最广泛的跨境交易在线工具，已拥有超过 1.32 亿活跃用户，支持 25 种货币付款交易，我国第三方支付企业也陆续涉足跨境支付业务，以支付宝、财付通为代表的第三方支付企业已获得跨境支付业务试点资格。从交易主体、交易量、交易环境，到跨境支付方式等，都标志着我国跨境电子商务时代的全面到来。

2. 跨境物流发展概况

（1）跨境物流的概念

跨境物流指在两个或两个以上国家之间进行的物流服务，是物流服务发展到高级阶段的一种表现形式。[3]由于跨境电子商务的交易双方分属不同国家，商品需要从供应方国家通过跨境物流方式实现空间位置转移，在需求方所在国家内实现最后的物流与配送。根据商品的空间位移轨迹，跨境物流分为国内物流、国际物流、目的国物流与配送三块。与国内物流相比，跨境物流涉及输出国海关和输入国海关，需要进行清关与商检，工作内容较为复杂，很少有企业可以依靠自身能力单独办理并完成这部分业务。

（2）跨境物流企业类型

跨境电子商务的发展推动着跨境物流的发展，跨境物流企业包括以下几种：①交通运输业、邮政业发展起来的跨境物流企业，如联合包裹（UPS）、联邦快递（FedEx）等；②传统零售业发展起来的跨境物流企业，如美国的沃尔玛、法国的 Cdiscount 等；③大型制造企业或零售企业组建的跨境物流企业，如海尔物流、苏宁物流等；④电商企业自建物流体系，如京东物流、兰亭集势的兰亭智通等；⑤传统快递企业发展跨境物流业务，如顺丰、申通等；⑥新兴的跨境物流企业，如递四方、出口易等。

（3）我国跨境物流发展现状

与国内物流相比，跨境物流除具备其共性外，还伴随国际性等特点，涉及范围更大、影响更深远，跨境物流不仅与多个国家的社会经济活动紧密相连，更受多个国家间多方面、多因素的影响。[4-6]物流硬件环境与软件环境存在国家差异，不同国家其标准也不同，国内物流、国际物流与目的国物流在衔接上会存在障碍，导致顺畅的跨境物流系统难以构建。物流环境的差异，导致在跨境物流、运输与配送过程中，需要面对不同的法律、文化、习俗、观念、语言、技术、设施等，增加了跨境物流的运作难度和系统复杂性。此外，如关税、非关税壁垒、物流成本、空间距离等，都直接或间接影响、制约跨境物流。[7]目前，我国跨境物流还停留在传统的商品运输、配送、货代等层面，物流高端服务与增值服务缺失，无法提供物流系统集成、供应链优化解决方案、大数据物流、云计算信息平台、跨境物流金融、海外即时送能力不足等，此外，国内物流、国际物流与目的国物流在衔接、可视化、信息透明度等方面表现较差，影响并降低了顾客对跨境物流的满意度。

3. 跨境电子商务与跨境物流缺乏协同

协同一词由来已久，主要强调系统中各个要素之间的协调、同步、合作与互补。1971年，赫尔曼·哈肯（Hermann Haken）正式提出协同学的概念，协同学肯定了整个环境中各系统间存在相互影响又相互合作的关系。物流网络的协同指物流网络系统的各要素、各环节在资源、目标、运作等方面彼此协调、同步、合作与互补，物流网络系统、服务对象与外部环境之间协调与配合，以实现物流网络整体价值增值和功能提升的过程。[8]哈肯在其协同论中提出，协同导致有序，不协同引向无序。

（1）跨境电子商务与跨境物流缺乏协同

跨境电子商务刺激与推动着跨境物流，伴随着跨境电子商务的发展与成熟，对跨境物流的要求会越来越高，从基本的商品空间位移功能的实现，到时间更短、成本更低、服务更好、各种增值服务更多等。跨境物流反向推动与制约着跨境电子商务的发展。跨境物流满意度的提升会提高跨境电子商务的满意度，跨境物流水平越高，越会推动跨境电子商务进一步发展，反之，较长的时间、较高的成本、较低的服务水平与物流增值服务的缺乏等，会阻碍跨境电子商务的发展，甚至严重制约跨境电子商务成长。所以，跨境电子商务与跨境物流是一个整体系统。目前，跨境电子商务与跨境物流缺乏协同，两者的发展水平还不匹配。

（2）跨境物流在仓储、运输、海关、商检、配送等物流功能上缺乏协同

在功能上，跨境物流包括仓储、运输、海关、商检、配送等。与国内物流相比，跨境物流增加了国际运输、海关与商检环节。在清关与商检方面，工作内容较为复杂，存在不同国家标准与要求不一致，海关与商检执行人员水平与要求存在差异，因而跨境物流更为复杂、风险更高。国际物流多采用国际多式联运，会涉及多种运输方式，而各种运输方式对商品的种类、形状、体积、重量等要求不同，运输工具间存在衔接的问题与风险。不同国家间物流设施与水平差异也较大，仓储与最后一公里配送专业性要求较高，对各国海关与商检操作的熟悉程度不一，势必造成跨境物流网络系统中各要素与环节缺乏有效协同与配合，难以实现跨境物流网络的整体价值增值。

（3）国内物流、国际物流与目的国物流缺乏协同

按照商品流向，跨境物流分为三个大模块，分别为国内物流、国际物流与目的国物流。虽然各模块内部的职能之间相互协调、合作与互补性较强，但模块之间的协同性较差，影响着跨境物流整体链条的协同性。国内物流与目的国物流会因为国家的差异导致物流基础、物流水平、物流管理的差异。国际物流多为空运、海运、陆运的国际多式联运，再加上不同国家间物流水平的差异，三大模块间的物流衔接与配合缺乏协同。另外，三大模块在物流的追溯性、可视性和信息透明度方面更加缺乏协同，顾客虽然可以及时进行国内物流动态查询，但无法对境外物流进行动态查询。目前国内物流的信息化程度较高，但国际物流与目的国物流等境外物流的信息化无法与之匹配，境内外物流与配送信息系统对接不畅，都导致了物流网络体系缺乏协同。

（4）跨境物流与语言、习俗、技术、政策等物流环境缺乏协同

跨境物流网络与服务对象、外部环境的协同，有利于实现跨境物流网络系统整体价值增值和功能提升。目前，跨境物流对象与外部环境存在国家差异，语言、文化、习俗的不同直接导致沟通障碍，各国之间物流技术、网络技术、信息技术、支付技术参差不齐，在物流网络衔接与配合上存在困难。全球各国的税收政策、贸易壁垒不同，有的国家本土保护主义盛行，降低了跨境物流网络的协同性。

二、跨境电子商务物流模式

跨境物流模式也逐步向正规化、合法化、多样化等方向转变，已不再拘泥于国际邮政小包、国际快递或专人托带等模式。目前关于跨境物流的研究，主要针对国际邮政小包、国际快递，略有提及海外仓、专线物流、仓储集货与集中发货等方式。[9-11] 此外，张夏恒等[12]重点研究了海外仓在跨境电子商务与跨境物流中的地位和作用。赵广华[13]提出第四方物流是破解跨境电子商务物流难题的新思路。目前，跨境电子商务物流模式多而杂，除了传统的邮政小包与国际快递外，海外仓逐渐兴起，此外，还有一些新兴的跨境物流模式。

1. 国际邮政小包

国际邮政小包指通过万国邮政体系实现商品的进出口，运用个人邮包形式进行发货。国际邮政小包在目前的跨境电子商务中使用较多，且占较大的比例。据不完全统计，我国目前跨境电子商务有超过60%的商品是通过邮政体系运输的。在国际邮政小包中，使用较多的有中国邮政、香港邮政、比利时邮政、俄罗斯邮政和德国邮政等。国际邮政小包具有价格便宜和清关方便等优点，但递送时效慢，丢包率较高，非挂号件无法跟踪，且在商品体积、重量、形状等方面局限性较大。伴随着各国清关政策的收紧，国际邮政小包的优势受到挑战。

2. 国际快递

跨境电子商务使用较多的另一种物流模式为国际快递。商品通过国际快递公司进行物流与配送，知名的国际快递公司主要有UPS、FedEx、中外运敦豪（DHL）等。此外，我国本土快递公司也逐步涉入跨境物流业务，如顺丰、申通等。国际快递可以针对不同的顾客群体，如国家地域、商品种类、体积大小、商品重量等选取不同的渠道实现商品速递。国际快递具有时效性高、丢包率低等优点，但价格高，尤其在偏远地区的附加费更高，且含电、特殊类商品无法速递。

3. 海外仓

海外仓又称海外仓储，指在跨境电子商务目的国预先租赁或建设仓库，通过国际物流预先把商品送达仓库，然后通过互联网销售商品，当接到顾客订单后从海外仓库进行发货与配送。近两年，诸多电商企业纷纷租赁或自建海外仓，如 eBay、亚马逊等跨境电子商务推出官方合作的海外仓，大龙网、FocalPrice 等投入巨资自建海外仓，顺丰与韵达等快递也纷纷涉足海外仓业务。海外仓是跨境电子商务与跨境物流的一大突破，能够解决国际邮政小包和国际快递的短板，如物流时效、物流成本、海关与商检、本土化、退换货等问题。但是海外仓的租赁、建设与运营也需要专业的人员与资金，且在商品预运前要有准确的销售预期，否则会产生商品运送后因滞销而造成库存与积压。

4. 国际物流专线

国际物流专线是针对某一特点国家或地区的跨境专线递送方式。物流起点、物流终点、运输工具、运输线路、运输时间基本固定。物流时效较国际邮政小包快，物流成本较国际快递低，且保证清关。针对固定路线的跨境电子商务而言是一种较好的物流解决方案。国际物流专线具有区域局限性，是其突出的弊端。国际物流专线主要包括航空专线、港口专线、铁路专线、大陆桥专线以及固定多式联运专线。如郑欧班列、中俄专线、渝新欧专线、中欧（武汉）冠捷班列、国际传统亚欧航线、顺丰深圳—台北全货机航线等。

5. 边境仓

边境仓指在跨境电子商务目的国的邻国边境内租赁或建设仓库，通过物流将商品预先运达仓库，通过互联网接受顾客订单后，从该仓库进行发货。根据所处地域的不同，边境仓可分为绝对边境仓和相对边境仓。绝对边境仓指当跨境电子商务的交易双方所在国家相邻，将仓库设在卖方所在国家与买方所在国家相邻近的城市，如我国对俄罗斯的跨境电子商务交易，在哈尔滨或中俄边境的中方城市设立仓库。相对边境仓指当跨境电子商务的交易双方不相邻，将仓库设在买方所在国家的相邻国家的边境城市，如我国对巴西的跨境电子商务交易，在与之相邻的阿根廷、巴拉圭、秘鲁等接壤国家的临近边境城市设立仓库。相对边境仓对买方所在国而言属于边境仓，对卖方所在国而言属于海外仓。海外仓的运营需要成本，商品存在积压风险，送达后的商品很难再退回国内，这些因素推动着边境仓的出现，如对俄罗斯跨境电子商务中，我国在哈尔滨设立的边境仓和临沂（中俄）云仓。一些国家的税收政策和政局不稳定、货币贬值、严重的通货膨胀等因素，也会刺激边境仓的出现，如巴西税收政策十分严格，海外仓成本很高，那么可以在其接壤国家的边境设立边境仓，利用南美自由贸易协定，推动对巴西的跨境电子商务。

6. 保税区、自贸区物流

保税区或自由贸易区（以下简称"自贸区"）物流，指先将商品运送到保税区或自贸区仓库，通过互联网获得顾客订单后，通过保税区或自贸区仓库进行分拣、打包等，集中运输，并进行物流配送。这种方式具有集货物流和规模化物流的特点，有利于缩短物流时间和降低物流成本。如亚马逊以中国（上海）自由贸易试验区为入口，引入全球商品线，跨境电子商务企业可以先把商品放在自贸区，当顾客下单后，将商品从自贸区发出，有效缩短配送时间。通过自贸区或保税区仓储，可以有效利用自贸区与保税区的各类政策、综合优势与优惠措施，尤其各保税区和自贸区在物流、通关、商检、收付汇、退税方面的便利，简化跨境电子商务的业务操作，实现促进跨境电子商务交易的目的。

7. 集货物流

集货物流指先将商品运输到本地或当地的仓储中心，达到一定数量或形成一定规模后，通过与国际物流公司合作，将商品运到境外买家手中，或者将各地发来的商品先进行聚集，然后再批量配送，或者一些商品类似的跨境电子商务企业建立战略联盟，成立共同的跨境物流运营中心，利用规模优势或优势互补的理念，达到降低跨境物流费用的目的。如米兰网在广州与成都自建了仓储中心，商品在仓储中心聚集后，通过与国际快递合作将商品发至国外买家。

8. 第三方物流

第三方物流指由买方、卖方以外的第三方专业物流企业，以合同委托的模式承担企业的物流服务。在国内电商中，自建物流已成为一种趋势。但在跨境电子商务中，由于其复杂性，且对物流投入要求很高，虽然个别跨境电商在自建物流体系如洋码头，但是基于资金、跨境物流的复杂性和各种物流障碍，大多数跨境电商选择第三方物流模式，如与邮政、国际快递公司合作等。即便是邮政或者国际快递公司，在一些国家与地区，也会选择与当地的第三方物流公司合作。在跨境物流链条中，会存在多种或多个第三方物流企业通力合作的现象。包括我国在内的大批海运企业、国际货代企业，拥有丰富的进出口贸易、海外运作经验和海外业务网点布局及国际化操作能力，这些都是跨境电子商务或跨境物流企业可以合作的对象。在巴西，FedEx 和 UPS 等国际快递公司的业务量只能局限于城市，在偏远地区则依托于巴西邮政及其下属的 Sedex。

9. 第四方物流

第四方物流指专为交易双方、第三方提供物流规划、咨询、物流信息系统、供应链管理等活动，通过调配与管理自身及具有互补性的服务提供商的资源、能力和技术，提供综合、全面的供应链解决方案。第四方物流通过整个供应链的影响力，在解决企业物流的基础上，整合各类社会资源，实现物流信息共享与社会物流资源充分利用。基于跨境电子商务与跨境物流的复杂性，涌现出一批第四方物流模式，为跨境物流注入新鲜因素。如 2015 年 1 月 26 日，兰亭集势宣布正式启动"兰亭智通"全球跨境物流开放平台，可以整合全球各地物流配送服务资源，能够提供开放比价竞价、全球智能路径优化、多物流商协同配送、自动打单跟单、大数据智能分析等服务。

三、跨境电子商务物流模式创新与发展趋势

1. 跨境物流与跨境电子商务协同发展

蒂姆·欣德尔（Tim Hindle）提出，通过技能共享、有形资源共享、战略协调、垂直整合、同供应商谈判与联合力量等方式可以实现协同。[14] 跨境物流需要与跨境电子商务通过这些方式实现协同发展，借助跨境电子商务的发展推动自身成长，尤其在网络技术、硬件资源、战略合作、供应链整合等方面。比如，移动技术的发展与移动网络的普及，会对跨境电子商务与跨境物流都产生影响，跨境物流需要迎合跨境移动电子商务发展趋势的需求，支持与提供移动化物流服务。通过供应链整合，跨境物流与跨境电子商务可以从供应源头合作与开发，尤其在仓储、包装、运输路线优化等方面，电子商务与物流需要通力合作，通过协同发展，在推进与满足电子商务需求的同时，有利于缩短物流时间、降低物流成本、减少物流货损等，进而实现跨境物流与跨境电子商务协同发展。

2. 推动跨境物流网络协同

亨克（Henk Akkermans）[15] 提出了影响物流网络协同效应的 23 个因素，包括供应链管理的复杂性、全球化、企业战略、协同意愿等。伯恩哈

德（Bernhard）[16]提出，影响物流网络协同效应的影响因素主要有企业战略、企业流程、供应链复杂性、沟通机制、网络成员协同愿景、新技术开发等13个因素。跨境物流的运作流程一般包括境内物流、出境清关、国际物流、目的国清关与商检、目的国物流、目的国配送等。若再细化，则包括接单、收货、仓储、分类、编码、理货、分拣、转运、包装、贴标、装卸等，还会涉及支付、报关、纳税、售后服务、退换货物流等。这一流程会涉及多个国家、多个物流企业，其复杂性要远超国内物流。从影响因素来看，需要强化跨境物流网络的协同。尤其是多国间、物流节点的多企业间、跨境配合的多个物流企业间，需要导入协同意识，加强沟通，通过商品的分类、包装、运输方式、运输路线与配合等多角度、多节点，推动跨境物流网络的协同。

3. 多种物流模式共用，凸显聚合效应

跨境物流包括国内物流、国际物流与目的国物流，涉及出境海关、入境海关与商检，其物流链条更长、物流时间更久、物流距离更远、物流方式更复杂。跨境电子商务面向全球市场，交易双方涉及很多国家，各国的物流水平参差不齐、差异较大，加上交易商品种类众多，对物流的要求差异较大。与国内电子商务不同，跨境电子商务很难以单一物流模式实现跨境物流。伴随跨境电子商务的发展，多种物流模式共用的跨境物流解决方案应用面更广。多种物流模式共用，多采用以上九种物流模式中的两种或两种以上，如国际物流专线+海外仓，集货物流+保税区物流，国际邮政+国际快递+国际物流专线+海外仓等。针对不同国家、不同商品等，采用适合的多种物流模式配合实现跨境物流，能够有效凸显各种物流模式的聚合效应。

4. 物流外包模式升级

即便个别跨境电子商务如洋码头，通过自建物流体系开展跨境物流，但在一些国家还是要借助第三方物流开展物流与配送。基于跨境电子商务与跨境物流的复杂性，诸多跨境电商纷纷将跨境物流业务外包，采用第三方物流模式。尤其是伴随跨境电子商务与跨境物流的发展，这种物流外包模式逐渐升级，第四方物流逐步涌现，并呈增长态势。作为整合跨境物流供应链解决方案的第四方物流模式，在跨境物流中能够整合海内外数据和基础设施平台，不再局限于优化物流运输路线、配送和库存等单个功能的改进，而是为顾客提供差异化、集约化的跨境供应链解决方案，实现物流、商流、资金流、信息流和清关与商检的整合，提升跨境物流链条的增值。

5. 强化与本土物流公司的合作效应，实现物流本地化

在跨境物流中，需要进行物流本地化运作，加强与本土物流公司的合作。海外仓就是典型的跨境物流本地化运作模式。通过本地化及与本土物流企业的合作，既能够缩短目的国物流与配送时间，降低物流成本，发挥本地化品牌优势，减少物流与配送过程中的沟通障碍等，还能够有效解决最后一公里配送的难题。如洋码头在洛杉矶和伦敦建立海外总部，着手本地化运作，顺丰物流与荷兰邮政合作推出"欧洲小包"服务，法国Cdiscount借助巴西本土CnovaBrasil完善的物流配送资源合力开拓巴西市场。

四、结论

以协同为视角，发现跨境电子商务与跨境物流缺乏协同，跨境物流网络系统缺乏协同，具体表现在仓储、运输、海关、配送等物流功能上缺乏协同，国内物流、国际物流与目的国物流衔接上缺乏协同，跨境物流与语言、习俗、技术、政策等物流环境缺乏协同。对目前跨境物流的主要模式进行分析，这些物流模式包括国际邮政小包、国际快递、海外仓、国际物流专线、边境仓、保税区与自贸区物流、集货物流、第三方物流与第四方物流等，针对边境仓首次提出绝对边境仓与相对边境仓概念。在上述研究的基础上，提出跨境电子商务物流的发展趋势与方向，不仅需要推动跨境电子商务与跨境物流的协同发展和跨境物流网络协同，还会采用多种跨境物流模式共用的方式，推动以第四方物流为代表的物流外包模式升级，实现跨境物流本地化运作，与本土物流公司加强合作等。

参考文献：

［1］、［12］张夏恒，马天山．中国跨境电子商务物流困境及对策建议［J］．当代经济管理，2015（5）：41-45.

［2］孙继侠．跨境电子商务：中国消费者热情远超美国、日本［EB/OL］．（2014-02-27）［2014-06-18］．http：//i.wshang.com/Post/Default/Index/pid/33695.html.

［3］SELEUK ERENGUE S.，SIMPSON N C.，Asoo J Vakharia. Integrated Production/

Distribution Planning in Supply Chain: An Invited Review [J]. European Journal of Operational Research, 1999 (115): 219-236.

[4] BABBAR, SUNIL, SAMEER PRASAD. International Purchasing, Inventory Management and Losgistics Research: An Assessment and Agenda [J]. International Journal of Pyhsical Distribution and Logistics Management, 1998, 28 (6): 403-412.

[5] BOWMAN, ROBERT J. Calling All Partners [J]. Globe Logistics and Supply Chain Strategies, 2000, 14 (6): 10-20.

[6] DUNNING J H.. Trade, Location of Economic Activity and the Multinational Enterprise: A Search for an Eclectic Approach [J]. International Allocation of Economic Activity, London Macmillan, 1996 (3): 112-118.

[7] HOWARD J. WALL. Using the Gravity Model to Estimate the Cost of Protection [J]. Review, 1999, 81 (3): 33-37.

[8] 鄢飞, 董千里. 物流网络的协同效应分析 [J]. 北京交通大学学报 (社会科学版), 2009 (1): 28-32.

[9] 李向阳. 促进跨境电子商务物流发展的路径 [J]. 中国流通经济, 2014 (10): 107-112.

[10] 吕红. 跨境电子商务零售物流问题探析 [J]. 对外经贸实务, 2014 (5): 87-89.

[11] 王蒙燕. 跨境电子商务与物流互动发展研究 [J]. 学术探索, 2014 (5): 105-106.

[13] 赵广华. 破解跨境电子商务物流难的新思路: 第四方物流 [J]. 中国经贸导刊, 2014 (26): 16-20.

[14] 邱国栋, 白景坤. 价值生成分析: 一个协同效应的理论框架 [J]. 中国工业经济, 2007 (6): 88-95.

[15] HENK AKKEMANS, PAUL BOGERD, JANVAN DOREMALEN. Travail, Transparency and Trust: A Case Study of Computer-supported Collaborative Supply Chain Planning in High-tech Electronics [J]. European Journal of Operational Research, 2004, 153: 445-456.

[16] BERNHARD J., ANGERHOFER, MARIOS C., ANGELIDES. A Model and a Performance Measurement System for Collaborative Supply Chains [J]. Decision Support Systems, 2005 (2): 19.

中国跨境电子商务发展现状及对策[1]

孙蕾　王芳[2]

摘　要：跨境电子商务正在颠覆传统的进出口模式，将成为未来我国对外贸易新的增长点。其产生和发展得益于经济发展需要、消费者选择、企业偏好和政府鼓励等四方面的有利条件，同时也存在物流、支付、信用体系和争端解决机制、通关手续、法律和监管等方面的问题。我国推动跨境电子商务健康发展，需要从如下几方面着手实施：整合第三方物流资源、适当建设海外仓储和利用海外第三方仓储解决物流问题；大力扶持第三方支付机构开展跨境支付业务，并通过第三方支付机构加强对跨境电子商务交易的监管；构建第三方信用中介体系，政府积极参与国际协商并建立争端解决机制；创新海关监管模式，探索无纸通关和无纸征税措施；做好市场调研，优化客户服务。

关键词：跨境电子商务；对外贸易；网络经济；发展对策

跨境电子商务是指分属不同关境的交易主体，通过电子商务平台达成交易、进行支付结算，并通过跨境物流送达商品、完成交易的一种国际商业活动。[1]这种外贸模式正在颠覆传统的进出口模式，将成为未来我国对外贸易新的增长点。

---

[1] 本文系2014夏季达沃斯论坛研究议题项目"新型商业业态"（2014-05）的研究成果之一。

[2] 作者简介：孙蕾（1977—），女，陕西省西安市人，天津外国语大学国际商学院教师，主要研究方向为电子商务、企业信息化。王芳（1970—），女，宁夏中宁县人，南开大学商学院信息资源管理系教授，博士生导师，主要研究方向为电子政务与政府信息资源管理、情报学理论与方法、信息政策、互联网知识发现与情感挖掘。

一、跨境电子商务的发展现状

与传统进出口贸易近年来增长放缓形成鲜明对比的是，跨境电子商务进入发展的快车道。2013年全球跨境电子商务交易额达到1050亿美元，最活跃的依次是德国、美国、英国、中国大陆和中国香港，预计5年内全球跨境电子商务交易额有望达到3070亿美元。[2]就各国发展情况来看，美国的跨境电子商务非常发达，其最大的电子商务平台亚马逊2012年销售额中43%来自北美以外的地区。到2012年，欧洲的跨境网购增长迅速，占到在线零售总额的10%，预计到2015年这个数字将翻一番。俄罗斯统计数据显示，2012年其境内来自海外的邮政小包数量增加1倍，其中70%来自跨境网购。[3]除此之外，德国、西班牙、奥地利等国跨境电子商务的发展也都有不错的表现。

作为电子商务新兴国家，我国跨境电子商务生机勃勃，表现抢眼，跨境电子商务交易规模从2009年的0.9万亿元人民币，以年均31%的增速达到2013年的3.3万亿元，这个速度让传统外贸望尘莫及。跨境电子商务在我国进出口贸易中的比重也从2008年的4.4%提高到2012年的8.2%，预计到2016年将达到18.9%。[4]到2013年我国开展跨境电子商务的外贸企业已超过20万家，跨境电子商务平台企业超过5000家。这些企业构建了ESSC（电商 供应商 服务商 消费者）的商业流通新模式。[5]从我国跨境电子商务的出口流向来看，2012年美国占比为17.2%，欧盟为16.3%，分别居第一、第二位，其余出口流向为我国周边的亚洲地区。[6]基于跨境电子商务的市场表现，2013年被视为我国跨境电子商务元年，大量本土品牌和传统外贸企业蓄势待发，准备进入跨境电子商务领域。

二、跨境电子商务的运营方式

总体来看，跨境电子商务的运营方式可用图1表示。

根据国际贸易双向的特点，跨境电子商务分为外贸出口和外贸进口两大类。进口的跨境电子商务运营方式主要是建立开展外贸进口的海外网购平台。平台吸引海外卖家入驻，向本国境内进口海外大品牌、较国内市场价格低或国内市场买不到的商品。外贸出口的跨境电子商务分为如下几种运营方式：①借助本土外贸电子商务平台。其价值链形态为：出口商品的

```
            ┌─────────────────────┐
            │     境外消费者       │
            └─────────────────────┘
              ↕                ↕
     ┌──────────────┐   ┌──────────────┐
     │ 跨境电子商务企业│←→│ 跨境电子商务平台│
     └──────────────┘   └──────────────┘
       ↕       ↕  ╳    ╳   ↕       ↕
 ┌─────────┐ ┌─────────────────┐ ┌─────────┐
 │ 跨境支付 │ │ 海关  外汇管理局 │ │ 跨境物流 │
 │  平台   │ │ 税务 商品检验检疫│ │         │
 └─────────┘ └─────────────────┘ └─────────┘
```

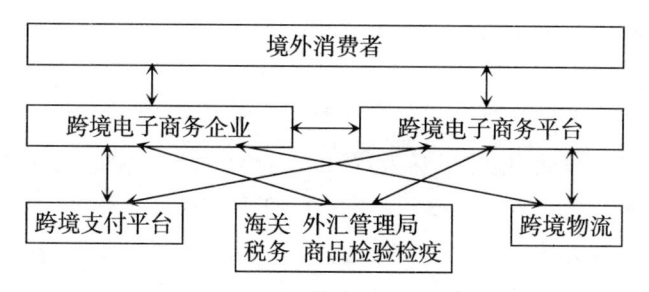

图1 跨境电子商务运营方式

供应商—跨境电子商务平台—境外消费者。在这种模式中，平台搭建IT架构，将自己打造成运营中心，聚集供应商和消费者，形成规模效应，负责营销推广，产品由供应商上传和供货。②借助国外知名电子商务平台。出口企业注册成为全球著名电子商务平台的会员，直接向海外消费者推广产品。③寻求国外网店代购分销商品。④外贸企业自建跨境电子商务系统直接面向海外市场。

三、跨境电子商务的优势

跨境电子商务的崛起将改变外贸产业链的布局，对传统外贸造成严峻挑战。

第一，跨境电子商务具有去中间商作用，越过一些国外渠道直接面对当地消费者，使传统外贸模式中利润多被国外渠道攫取的状况大大改观。据估算，跨境电子商务国内企业的外贸净利润率可以从传统的5%提高到50%。

第二，跨境电子商务可以不受地理空间的制约，受贸易保护的影响也较小，外贸企业可以减少海外分支机构的设立，大大降低了企业进行海外市场扩张的成本，使企业的海外市场规模较之过去可进一步扩大，小企业也有机会开展国际贸易。

第三，可以减免出国谈判磋商的频次，大幅降低成交的代价。以网络营销取代传统的境外营销手段，不仅节约营销成本，而且借助网络营销的丰富手段和精准定位可以取得更好的营销效果。此外，网络营销还可以绕过当地政府对传统广告营销规定的相关流程，简化营销活动的手续。

第四，可以直接获得境外市场信息和用户反馈，优化海外客户关系管理，进行个性化定制，提高对境外市场反应的灵敏度。

四、跨境电子商务发展的有利条件

1. 跨境电子商务的兴起是全球经济发展的需要

自全球金融危机以来,传统外贸中的大额订单大幅缩减,而跨境电子商务以其小额交易、低成本、低风险、敏捷灵活的特点迎合了海外买家的需求。

2. 电子商务改变了消费者的购物习惯,甚至造就了一批网购的重度依赖者

网络购物突破了地域的限制,并能满足个性化定制的要求,这些都是传统外贸模式无法做到的。在跨境电子商务发展起来以前,"海淘"盛行,这种通过个人非正式渠道代购海外产品的模式风险很大,问题频出。消费者的选择已经对跨境电子商务的发展产生了巨大的拉力。

3. 有海外扩张需求的企业对跨境电子商务热情欢迎

国内市场竞争激烈,内贸电子商务的较量已达白炽化,而跨境电子商务还是一片蓝海,在网络上一个企业可以面对全球 200 多个国家和地区的市场,吸引力无限。跨境电子商务的低门槛、低成本、宽平台优势使国内企业,尤其中小企业走向国际化的梦想成为可能,加速了其实现的进程,因此得到企业的热情欢迎。

4. 各国政府积极鼓励跨境电子商务的发展,中国政府为此也作了许多努力

我国发改委正会同商务部、海关总署、人民银行、质检总局、国家邮政局、国家标准委等部门,共同研究制定促进跨境电子商务通关服务相关的配套管理制度和标准规范。[7]自 2012 年起,《关于利用电子商务平台开展对外贸易的若干意见》《关于实施支持跨境电子商务零售出口有关政策意见的通知》等相关规定先后出台,明确跨境电子商务的经营主体,敦促解决跨境电子商务出口所遇到的海关监管、退税、检验、外汇收支和统计等问题,[8]旨在积极推动跨境电子商务的发展。2012 年 12 月,上海、重庆、郑州、杭州、宁波等 5 个城市被确定开展跨境电子商务通关服务试点工作。跨境电子商务正在成为促进我国外贸转型升级的强大引擎。

五、跨境电子商务面临的危机与挑战

1. 物流问题

跨境电子商务的交易具有小批量、多批次、订单分散、采购周期短、

货运路程长等特点，对物流提出了更高的要求。目前中国跨境电子商务中采用的物流形式主要有：中国邮政的国际小包、国际快递、海外仓储等形式。每种形式各有利弊。对跨境电子商务而言，选择物流服务必须在成本、速度、货物安全、消费者对在途商品的追踪体验等几方面权衡考虑，尤其是如何获得廉价、快速、安全的国际物流是目前跨境电子商务企业最关心的问题。

2. 支付问题

传统外贸的支付过程成熟规范，具备健全的争端处理机制，而跨境电子商务支付处于起步阶段，还存在许多亟待解决的问题，面临着较高的支付风险，例如支付系统的稳定性、网络安全、电子货币的发行和使用、法律监管以及争端解决[9]等问题。

3. 信用体系和争端解决机制问题

跨境电子商务中，由于语言和文化的差异使得信息不对称的程度严重，再加上对国外电子商务企业的信任程度低，信息不对称成为交易的巨大障碍。因此，建立一个能够对买卖双方进行身份认证、资质审查、信用评价的信用体系就成为跨境电子商务的当务之急。另外，跨境电子商务涉及两个或多个国家的交易主体，一旦发生争端，适用哪国法律，该如何解决也是跨境电子商务不容回避的问题。

4. 通关手续、法律和监管问题

电子商务的高效性要求跨境电子商务能实现快速通关，而大量的货物通过快件渠道和邮递渠道入境，对海关的监管和征税带来了挑战。[10]对外贸易的网络化对当前的法律体系和监管手段也提出了挑战。

六、跨境电子商务的发展对策

1. 物流方面

从国家层面做好第三方物流的全局规划和部署，对第三方物流行业进行重新洗牌，通过并购重组等方式整合物流资源，形成一些具有规模效应、信息化水平高、管理科学、服务专业的大型物流企业，由它们为跨境电子商务提供快捷、安全、低价的物流服务。这些大型物流企业还可以通过并购重组等方式向海外扩张，以追求跨境物流的低成本。除此之外，在现阶段可统筹各方资源争取多建海外仓储基地，[11]在外贸出口的主要流向国多设立第三方仓储设施,既有利于提高配送效率、降低物流成本,还易于为当地的消费者所接受。

2. 支付方面

一方面,要加强信息安全技术的研发和应用,保证支付系统的稳定性,防范网络安全事故,规避技术问题给跨境电子商务支付带来的风险;另一方面,要大力扶持第三方支付机构开展跨境支付业务,扩大在跨境支付市场的占有份额。同时,还需要完善对跨境电子商务支付的监管机制和相关法律制度。如跨境支付的管理统计制度,第三方支付定期向有关部门汇报人民币和外币跨境资金往来情况,准确提供交易信息;[12] 多部门(工商、商务、海关、央行等)联合建立跨境电子商务信息平台,实现部门间信息共享,加强对异常交易的监测和审核等。

3. 信用体系的建立和争端解决机制方面

构建一个第三方信用中介体系,加强商家资质审查、机构评估、交易评价反馈,核实买方(特别是个人买家)的信用状况,防止恶意订单、信用卡支付时收货后撤回资金、恶意拒绝收货等情况。从卖方角度而言,需要加强自律,以优质的商品和诚信的经营在海外市场树立品牌;从跨境电子商务平台角度而言,需要采取措施,去伪存真,确保平台上交易商品的质量,防止"假冒伪劣"毁坏平台声誉和其他出口商形象。此外,政府主管部门还需要积极参与国际协商,建立争端解决机制,明确出现争端时适用哪国的法律法规以及解决的程序等。

4. 通关手续、法律和监管问题

海关应创新监管模式,在有效履行监管查验实物的前提下,依托电子口岸,探讨针对跨境电子商务的报关、报检、收汇、核销、退税、结汇等问题的办法,探索无纸通关和无纸征税等便捷措施,做到快速通关。法律方面,应完善关于跨境电子商务主体身份核实与管理、跨境电子支付、跨境电子商务税收、用户隐私保护、电子数据法律效力、知识产权保护等的相关法律法规。各国政府部门间加强国际协商与合作,探索跨境电子商务监管合作的对策,建立国家之间关于跨境电子商务关税优惠、争议解决以及防范打击计算机犯罪方面的协调机制,合力推动跨境电子商务的健康发展。

5. 做好市场调研，优化客户服务

不同国家之间的文化差异、消费习惯差异、法律制度的差异始终存在，企业在进行跨境电子商务之前要对目标市场进行深入细致的研究，尤其对上述差异要做到了如指掌，入乡随俗。此外，跨境电子商务使得外贸企业有可能直接接触境外的个体消费者，他们往往个性张扬，需要个性化定制的产品或服务。如果说外贸企业只要服务好少数的大客户就可以了，那么在跨境电子商务模式下，外贸企业还需要为小客户提供个性化的体贴服务，要使所有客户都获得满意的交易体验，而这一过程离不开大数据挖掘。所以未来成功的跨境电子商务企业一定是那些熟悉目标市场、通过大数据挖掘了解客户特征并能提供其满意的产品和服务的企业。

参考文献：

[1]中国电子商务研究中心．跨境电子商务重构中国外贸产业链［EB/OL］．［2014-05-13］．http：//www.100ec.cn.

[2]中国电子商务研究中心．2013年全球跨境电商交易额1050亿美元［EB/OL］．［2013-08-03］．http：//www.100ec.cn.

[3]、[4]、[6]、[8]鄂立彬，黄永稳．国际贸易新方式：跨境电子商务的最新研究［J］．东北财经大学学报，2014（2）：22-31.

[5]蓝玉才．跨境电子商务增势旺盛［J］．中国商贸，2014（3）：42.

[7]闫岩．跨境电商生态圈渐成［EB/OL］．［2013-05-31］．http：//www.eastmoney.com.

[9]周嘉娣．我国跨境电子商务的现状分析及建议［J］．中国商贸，2013（34）：102-103.

[10]叶华．浅谈中国外贸跨境电子商务的发展［J］．湖北经济学院学报（人文社会科学版），2013（11）：50-51.

[11]佚名．跨境电商的出路——便捷经济低廉的海外仓储［EB/OL］．［2014-06-02］．http：//www.100ec.cn/detail--6175938.html.

[12]王大贤．跨境电商第三方支付监管不能有盲点［EB/OL］．［2014-05-22］．http：//www.100ec.cn.

我国 B2C 跨境电子商务物流模式选择[1]

柯颖[2]

摘 要：随着全球消费市场一体化和电子商务软硬件设施的日益完善，我国 B2C 跨境电子商务取得了快速的发展。然而，跨境物流系统建设的严重滞后以及高昂的跨境物流成本，严重阻碍了我国 B2C 跨境电子商务企业的进一步发展。因此，为更好地促进我国 B2C 跨境电子商务发展并提升其物流服务效率，应综合考虑经济制度环境、顾客行为偏好、技术管理方式、交易成本等方面影响，科学合理地选择一种适当的跨境电子商务物流模式，以有效降低物流成本，更高效、更经济、更高质量地实现 B2C 跨境电子商务业务。首先，对政府来讲，其作为跨境电子商务市场的监管者，应当在现有扶持政策基础上，进一步出台以促进 B2C 跨境电子商务便利化为重点的专项政策，减少跨境电子商务企业不必要的制度成本；其次，对 B2C 跨境电子商务企业来讲，应积极构建第四方物流联盟，并致力于为顾客提供定制化跨境物流服务，这将成为其核心竞争力的重要来源。

关键词：B2C 跨境电子商务；交易成本；海外仓；物流策略

---

[1] 本文系国家自然科学基金项目"基于模块化三维框架的产业价值网形成演化机理与发展战略研究"（项目编号：71063002）、广西大学 211 四期软科学研究科研基金资助项目"基于模块化分工的 CAFTA 产业价值网形成演化与发展战略研究"（项目编号：DMYJY201309）的研究成果之一。李煜明在资料收集、理论框架构建及写作过程中做了大量工作，特此感谢。

[2] 作者简介：柯颖（1975—），女，广东省佛山顺德区人，广西大学商学院教授，南开大学经济学博士，主要研究方向为产业经济理论与产业发展实践。

一、引言

近几年,随着电子商务产业环境的不断改善,商家对消费者(Business-to-Customer,B2C)跨境电子商务平台正在全球迅速崛起,其中亚马逊、易趣、沃尔玛、1号店便是典型代表,而淘宝、当当、京东、唯品会、速卖通、帝科思、兰亭集势、米兰网、大龙网、顺丰等国内电子商务企业也相继涉足B2C跨境电子商务领域,这有助于中小企业利用电子商务模式充分挖掘全球小众、长尾、细分的利基产品市场,发展出口业务,省掉烦琐的中间贸易环节,推动传统外贸转型升级。

所谓B2C跨境电子商务(Business-to-Customer Cross-border Electronic Commerce),是指立足国内、面向全球的B2C外贸出口零售模式,跨境电子商务企业所面对的最终客户为个人消费者,针对最终客户,以网上零售方式,将产品售卖给个人消费者。其运营成功的关键在于构建功能完善的B2C跨境电子商务生态系统,支持一口价、团购、拍卖、秒杀、商品套餐、自由选配等商品经营方式,支持支付宝、财付通、银行汇款、网银在线、贝宝、货到付款、虚拟账户充值提现等多种支付手段,具备新闻发布、广告管理、交易邮箱提醒、交易信用评价、站内短信通知、后台分组分权限管理等功能。

众所周知,电子商务的持续放量良性发展需要信息流、资金流、物流"三流合一"的支持。其中,信息流和资金流可以在虚拟环境下通过互联网实现,唯有物流无法完全通过网络实现。对B2C跨境电子商务而言,跨境商品运输受各国物理距离、通关条件等制约,等待时间较长,退换货流程烦琐,极大地阻碍了跨境商品的销售。因此,如何在这些限制条件下优化现有物流模式,使跨境物流系统、跨境物流网络、跨境物流服务、跨境物流技术、跨境物流基础设施在最大程度上适应B2C跨境电子商务要求,成为亟待解决的问题。

近几年,国内学界对跨境物流运营模式相关问题进行了探讨,主要涉及跨境电子商务物流发展存在的问题及可能路径,[1-2]跨境物流配送系统构建,[3-4]不同规模企业运用跨境电子商务影响因素的定量分析。[5]但总体而言,现阶段有关跨境电子商务物流的文献还比较零散,特别是基于消费者行为偏好定位B2C跨境电子商务物流模式的研究十分匮乏。在这个领域,一些学者自20世纪90年代末开始进行了一些前沿探索,用交易成本范式分析电子商务中的消费者行为问题。[6-9]例如,有研究通过对比五家美国电子商务企业营销战略的得失,提出电子商务企业应优先降低那些消费者较为偏好的交易成本,以赢得市场。[10]参考上述思路,本文试图构建一个以交易成本为基础的分析框架,对拥有自主决策能力的B2C跨境电子商务企业现阶段所面临的内外部制约条件进行分析,利用模型和案例探讨相关因素对物流模式选择的影响机理,构建B2C跨境电子商务物流模式选择框架,据此提出相关约束下B2C跨境电子商务企业基于效益最优的最佳物流策略。

二、现阶段我国B2C跨境电子商务物流模式

B2C跨境电子商务线上商品交易需要线下跨境物流的通力配合。2014年,我国跨境电子商务交易总额在6万亿元左右,其中跨境零售约6000亿元,跨境电子商务平台已经超过5000家,企业超过20万家,整体跨境电子商务市场正处于市场启动期与高速发展期之间。不过,跨境物流系统建设的严重滞后和高昂的跨境物流成本已经成为困扰我国B2C跨境电子商务企业拓展业务的难题,亟须探索有效的跨境电子商务物流模式。本文归纳了当前学者有关跨境物流模式的分类,[11-12]将当前跨境B2C企业可选择的物流模式分为两种,即以快递形式发出的快递包裹、将货物提前储存在海外仓库的海外仓模式。具体见表1。

表1 跨境电子商务物流模式对比

	投递时间	投递效率	物流成本	初期投入	风险	货物限制
国际小包	慢	低	低	无	无	重量、体积
国际快递	快	高	高	无	无	重量、体积
海外仓	快	高	根据货物周转率	一定投入	有	无

1. 快递包裹

与国内电子商务快递形式相似,快递包裹是通过邮政、国内或国际快递公司将货物打包寄送到国外购买者手中的物流模式,是当前B2C跨境电子商务物流的一种主要方式。刚开始,跨境电子商务将国际小包作为自己

的物流选择,现在这种快递包裹已经衍生出了国际快递、快递专线等形式。其中,邮政快递(EMS)是现阶段最为普及的跨境电子商务配送方式,其优点是价格便宜,卖方操作便捷。不过其缺点也比较突出,主要表现为投递时间较长,一般为16~35天左右,如果遇到特殊情况,客户等待时间可能长达数月;物流过程中极易发生漏记掉件等情况,面临退换货情况时手续复杂,流程烦琐,耗时较长,面临报关等方面困难;快递包裹易受货物重量、体积等限制。而且,受制于价格因素,第三方物流及国际快递公司的采用率并不高。

2. 海外仓

海外仓模式即电子商务企业提前将货物报关,统一将货物发至他国境内的仓库,待该国消费者需要购买该商品时,再将货物发往消费者。由于此时货物属于国内快递,用时较短,货物快速安全到达的概率大幅度提升,可节省顾客购买的时间成本,重复购买率增加。而且,海外仓适用范围极广,不受货物体积、重量等限制。遇到退换货情况时,顾客只需要将货物退回至海外仓即可,省去了报关缴税的麻烦。此外,海外仓的大量使用可摊薄企业物流成本。尽管海外仓模式拥有小包快递无法比拟的优点,但也存在使用上的限制,其主要问题是租用或自建海外仓成本较高,如果没有稳定的购买需求,容易产生货品积压,这对企业货品需求预测提出了更高的要求。因此,企业在考虑海外仓业务时,必须对现阶段和未来自身经营状况、业务布局及市场规模具有清晰的认识。目前,海外仓已经成为B2C跨境电子商务企业拓展海外业务的新趋向,如义乌小商品城将设立海外仓作为破困之路,B2C电子商务企业在美、英、澳等地市场自建或租用仓库,通过整合进行采购、备货、货柜运输,然后再到海外仓进行储备并完成分销,使单件物流成本降低了数倍,同时大大缩短了买家购物的时间。

三、B2C跨境电子商务物流模式选择的约束条件

参考陆芝青等[13]的研究方法,笔者将影响B2C跨境电子商务物流模式选择的约束条件分为经济和制度环境、顾客行为偏好、技术进步、交易成本四个方面,并将前面三个视为外部制约因素,将交易成本视为内部制约因素。其作用方式表现为:一定的经济和制度环境是制约B2C跨境电子商务物流模式形成的基础,顾客需求与行为模式的变化是物流模式定制化

升级的直接诱因，技术进步推动物流模式管理效率的提升和总成本的降低，而交易成本被视为对物流模式变革的经济描述。经济和制度环境、顾客行为偏好、技术进步三者通过影响企业交易成本来影响物流模式选择，同时三者间也存在相互影响，而 B2C 跨境电子商务企业作为主动的市场参与者，通过调整自己的市场行为来降低相应的交易成本，达到效益的最大化（见图1）。

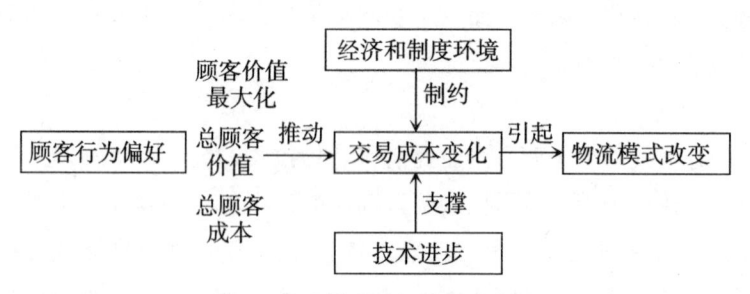

图1 物流模式选择的约束条件

1. 各国经济和制度环境的变化

一定的经济基础是开展 B2C 跨境电子商务的条件。只有在目标市场互联网普及，通信基础设施、电子网络设备以及一系列物流供应链配套完善的情况下，针对该市场的 B2C 跨境电子商务才有机会发展。此外，近几年由于全球经济发展放缓，消费需求有所下降，迫使我国企业开始寻求传统外贸模式之外的新出路，而 B2C 跨境电子商务平台的出现可使企业直接面对消费者，省去中间环节流通成本，降低企业贸易成本，使之在销售同种商品时拥有更多价格优势。上述因素成为 B2C 跨境电子商务发展的必要基础。

由于 B2C 跨境电子商务属于国际贸易的一部分，这就使得跨境电子商务的交易不可避免地会涉及通关手续和税收政策。各国各地区通关流程、时间、税率等不一致，增加了物流的成本和时间。例如，目前按照货物种类填写通关单证的通关模式严重影响企业通关效率；邮件包裹不得按照进境邮递物品办理清关手续，意味着这类包裹必须按照货物通关；我国大多数小企业没有进出口经营权，而跨境网络零售又没有报关单，导致结汇退税等流程难以操作；跨境电子商务遇到商品返修、退回等情况时，需要缴纳进口关税。可见，由于法律法规的限制，现有贸易通关方式增加了 B2C

跨境电子商务企业对物流控制的难度。目前，我国政府正在积极寻求解决办法，如制定相关法令法规，改变监管模式，扩大跨境电子商务试验区范围等。[14]但从具体实施结果看，还有许多需要改进的地方，跨境贸易不是一国单方的事情，需要双方甚至多方协同参与，这增加了解决问题的难度。

2. 顾客行为偏好的改变

顾客需求行为的目标是自身价值的最大化，即总顾客价值与总顾客成本之间差额的最大化：

净顾客价值＝总顾客价值-总顾客成本

这里的总顾客价值是顾客从某一产品或服务中所获得利益的总和；总顾客成本是评估、获得、使用该产品或服务时顾客的预计成本，其中除商品或服务本身的价格是直接成本外，其他成本可视为交易成本。随着互联网在各国的普及和应用，将商品放到网上平台为顾客提供了新的购买渠道，扩大了顾客价值选择的范围，而信息成本的不断降低使得越来越多的顾客开始选择跨境电子商务，以在全球范围内搜寻性价比更高的产品，实现自身净收益的最大化。在上述顾客需求行为变化的推动下，B2C跨境电子商务得以快速增长。

对同一种商品，顾客选择所遵循的主要原则是交易成本最低。物流作为B2C跨境电子商务交易过程中重要的一环，其重要性主要体现为对交易成本的节省，进而提升净客户价值。总体而言，电子商务降低了客户的搜寻成本，但同时也增加了检查商品的时间成本，有效的物流配送模式可降低单笔交易的物流成本。

顾客对交易成本的敏感性主要取决于商品本身的属性和顾客类型。对于那些贵重、体积庞大的商品，比较适合海外仓模式，顾客偏好较短的投递时间和较方便的退换货手续；对于那些价值较低的商品，顾客能够忍受更长的投递时间和更烦琐的退换货流程。而对同一种商品，不同收入、时间成本的顾客对交易成本的偏好也不相同，表现出各异的消费特征，进而影响他们对物流方式的选择，如拥有较高收入水平和时间敏感性的消费者，更倾向于选择配送时间较短的物流方案，但对物流价格较不敏感。

3. 新技术、新管理方式的引进

物流是B2C跨境电子商务整个交易过程的最后一个环节，而技术和管理是决定跨境物流供应链与跨境电子商务能否顺畅对接的难点所在。由于我国跨境物流市场尚处于粗放时代，缺乏能将货物跟踪、库存管理乃至运输方式整合、签单、数据交换、融资、数据库等融入其中的跨境物流技术与业务平台，存在价格贵、速度慢、后期追踪难、便利性差等难题，[15]关税高、清关难等政策性问题也是跨境电子商务物流自身无法解决的难题。同时，出于保护商业机密的考虑，以及射频识别（RFID）、电子数据交换（EDI）等技术应用所导致的跨境物流供应链各参与方之间成本分担的利益之争，使跨境电子商务与物流企业之间信息衔接不畅，严重影响用户对商品的体验。此外，如何解决全球化仓储的管理问题，建立相应的运输配送及供应链管理方式，成为跨境电子商务亟待解决的问题。[16]可见，跨境电子商务面临的外部环境很复杂，如何从技术和供应链管理层面因地制宜地构建更加多元化的物流解决方案，将成为B2C跨境电子商务物流管理的重点。

4. 交易成本的大小

从交易成本看，物流模式的选择取决于B2C跨境电子商务交易成本节省空间的大小。由上述讨论可知，影响顾客选择商品的一个重要因素是交易成本的变化。电子商务的优点在于降低了客户的搜寻成本，但同时增加了信任和信息的成本。[17]参照学者们提出的分析框架，[18-20]将影响顾客交易成本的因素分为商品属性、不确定性、交易频率三个维度，电子商务企业应综合三个维度对B2C跨境电子商务所涉及的交易成本进行权衡，进而选择合理可行的物流模式。

商品属性包括商品的价格、质量、包装等。例如，顾客更偏向于在线下购买家具，这样能够更加直观地感知商品的属性；而书籍更适合在网上购买，因为在网上感知书籍的属性不是特别困难。为减少对家具等不易感知商品的担忧，海外仓物流模式是一个比较好的选择，而对书籍可选择小包快递方式。

B2C跨境交易中的不确定性主要来自顾客因对商品属性了解不充分而产生的认知偏差、产品寄送过程中产生的时间和信息成本，以及收到货品后不满意对退换货产生的担忧。由于B2C跨境电子商务一般采取订单即付的支付模式，顾客付款时对商品的实际价值并不完全了解，使得顾客对商品价值的判断出现偏差。而且跨境电子商务支付与交货时间相隔更长，一般间隔一个星期到一个月之久，有的甚至长达数月，在这种情况下，跨境交易货物能否完整送达、需要多长时间送达的不确定性大大增加。再者，由于目前 B2C 跨境电子商务平台售后服务体系很不完善，即使亚马逊、天猫好市多（Costco）等采取直邮模式的领导型跨境电子商务平台，其逆向物流也一直被诟病，大多数跨境电子商务使用的海淘代购转运模式在转运公司发货后基本没有退货的可能性，因为转运公司一般没有回程通路，加之国际运费居高不下，商品名义收货人实为转运公司，退货仍然需要转运公司配合，时间与金钱成本很高。因此，顾客在 B2C 跨境电子商务交易中面临很高的不确定性，更倾向于购买非耐用或对质量要求较低的产品，如衣服、化妆品、小型电器等。

在其他条件不变的情况下，顾客交易频率越高，通过学习效应，对商品属性越了解，越能有效降低商品属性和不确定性对交易成本的影响；反之，交易频率越低，交易成本越高。具体到同一种商品，顾客开始时更倾向于使用迅速快捷、退换货有保证的海外仓模式，而后也会接受小包快递服务。因而，B2C 跨境零售企业可随着销售量及交易频率的增加，推动物流模式从海外仓向小包快递与海外仓并举的方向发展，为顾客提供更多的物流模式选择。

四、B2C 跨境电子商务物流模式选择的理论模型

综合考虑内外部约束条件对跨境电子商务物流模式选择的限制，试图通过建立理论模型来说明 B2C 跨境电子商务企业最优物流策略。根据前面的分析，我们将物流模式分为小包快递、海外仓两类，而海外仓又可分为自营与外包两种模式。❶

1. 海外仓与小包快递

对 B2C 跨境电子商务企业而言，物流模式选择的原则是物流总成本的最小化，并根据不同商品的属性降低那些消费者最为关注的交易成本。[21]与快递包裹相比，B2C 跨境电子商务采取海外仓物流模式固然可以有效降低买家交易成本，换来交易量的增加，但建设或租用海外仓需要大量投入，盲目利用海外仓不一定能够带来企业利润的增加。对此，本文参考谭芳芳等[22]的方法，试图通过构建企业利润函数来解释 B2C 跨境电子商务企业的最优策略。为便于分析，提出以下假设：

---

❶ 这里默认小包快递只有外包这种模式。

假设1：假设商品均可通过海外仓或小包快递进行投递。

假设2：所有消费者对商品偏好相同，只出售一种商品，对交易成本偏好相同；相比于小包快递，海外仓对商品销售起促进作用；随着市场环境的不断好转，企业会在某一时刻选择开始使用海外仓模式。

假设3：消费者对跨境电子商务的需求随时间t稳定增加。

假设4：只配送一种商品；相比于小包快递，使用海外仓会带来运营成本的增加。

根据假设2和假设3，当仅仅提供跨境小包服务时，消费者需求函数为$f(t)=kt$；当卖家选择在t_1时刻进入海外仓市场时，消费者需求的变化率为$Q_1(t)$，其中$f_1(t)=k_1t$，且$k_1>k$。

根据假设4，使用小包快递时，每件商品的利润为p，使用海外仓带来的初始投资成本为c_F。海外仓运营过程中分摊到每件商品上的流动成本为c_f。e^{-rt}表示货币单位的贴现率。根据一般动态均衡模型，得到企业长期利润最大化函数的贴现值：

$$\max_T E_0 = \int_0^T e^{-rt}[p \times f(t)]\,dt - c_F e^{-rT} + \int_T^{+\infty} e^{-rt}[(p-c_f) \times f_1(t)]\,dt \quad (1)$$

由式（1）可知，企业物流策略有三种：一是一直选择小包快递模式；二是直接选择海外仓配送模式；三是到达T时间点后从小包快递转为海外仓模式。

这里讨论到达T时间点后由小包快递转为海外仓模式的策略。❶

对式（1）求导并化简，得到该式成立的一阶条件为：

$$rc_F + [pk - k_1(p-c_f)]T = 0 \quad (2)$$

根据式（2），当$pk - k_1(p-c_f) \geq 0$时，式（1）的最大值只能取$T=+\infty$，企业的最优选择是一直使用小包快递模式。

当$pk - k_1(p-c_f) < 0$时，❷ 由式（2）整理得：

$$T = rc_F / k_1(p-c_f) - pk \quad (3)$$

由式（3）可以得出以下结论：①p越高，说明高价值商品利润率越

---

❶ 由（1）式可知，企业第一种、第二种物流策略是第三种物流策略的特殊情况，即$T=0$或$+\infty$时的情况，三者的影响因素相同，为避免重复讨论，只讨论第三种情况。

❷ 此时，（1）式的二阶导数小于0，故（1）式有极大值，证明略。

高，使用海外仓越容易产生最大化利润，而消费者对交易成本 c_f 越敏感，使用海外仓越容易获得最大化利润；②k_1 越高，越倾向于使用海外仓，这说明一个地区对跨境商品的需求量越大，企业会越早选择在该地区开展海外仓业务；③c_F、c_f 越高，企业越会推迟使用海外仓。

由上述结论可知，商品价格越高，对物流成本承担能力越强，市场销量越大，使用海外仓越能增加利润。与该假设一致，从现阶段我国跨境电子商务建仓策略看，发往欧美发达国家的海外仓模式基本成形。这是因为，一方面，这些地区对 B2C 跨境电子商务需求旺盛，存货周转率的提高摊薄了每件商品的物流成本；另一方面，在这些地区，海外仓市场已经有了一定程度的发展，各方面配套较为成熟，运营成本较低。而对于巴西、俄罗斯等新兴市场，❶ 由于相关法律制度不健全，政策不透明，企业对投资海外仓疑虑较大，也即预期在这些国家 c_F、c_f 会偏高，投资不易收回。由此可以看出，政策门槛是影响物流模式选择的重要因素。

2. 海外仓下的外包策略

基于交易成本经济学的观点，企业的决策无非是自建或外包（Make or Buy）。由于自建物流需要充足的资金和一定的销售规模，对中小型电子商务企业而言要求过高，因此使用第三方物流公司提供的海外仓业务既可使用海外仓，又不必承担全部物流运营成本，是一种两全其美的选择。接下来阐述 B2C 跨境电子商务企业外包海外仓业务的影响因素及条件。

相比于式（1），使用外包业务不需要过高的初始固定投入，因此假设初始投资成本为零，此时企业的策略是比较两种模式的当期利润，选择利润较高的物流模式。基于此，提出以下假设：

假设 5：只讨论出售一种商品的情况，该电子商务企业具有一定的垄断势力，顾客对商品的需求函数为 $D=a-bp$，其中 p 为商品价格，b 为价格弹性系数。

假设 6：当企业选择海外仓业务时，顾客需求会增大至 $D_1=a-bp+dc_{f_1}$。其中，d 为顾客对交易成本节省的弹性系数，c_{f_1} 对消费者而言是减少的交易成本，对企业而言是使用海外仓带来的成本增量。

---

❶ 具体而言，在俄罗斯、巴西经营海外仓的困难在于高额赋税以及当地物流发展的滞后。

由此得出企业利润最大化的条件为：
$$E_1 = \max\{(a-bp)\bar{p},\ (a-bp+dc_{f_1})(\bar{p}-cf_1)\} \qquad (4)$$

式（4）中 $\bar{p}$ 为供求均衡时商品的单位利润，由式（4）可得企业使用海外仓外包策略的条件为：
$$(d\bar{p}-a+bp-dc_{f_1}) \geqslant 0 \qquad (5)$$

由式（5）可知：①p、$\bar{p}$ 增大时，企业会选择使用第三方海外仓业务；②c_{f_1} 减小时，企业会选择第三方海外仓业务。由上述可知，海外仓外包策略实施的成功与否取决于对第三方物流公司运营成本（c_{f_1}）的控制能力，这里的运营成本包括第三方海外仓的使用成本和可能遇到的代理问题。由于租用海外仓大多采用按时间出租的模式，可知控制运营成本高低的关键在于对存货周转率的把握。此外，现阶段因第三方海外仓市场尚处于蓬勃发展的初期，行业秩序比较混乱，丢包、信息反馈不及时、客户投诉等情况时有发生，让企业对使用海外仓业务存在顾虑。今后，随着第三方海外仓市场的日益有序，B2C 跨境电子商务企业委托成本将逐渐降低，第三方海外仓模式的应用将更加广泛。

3. B2C 跨境电子商务物流模式选择框架

基于前文对小包快递与海外仓自建、外包两种模式及其物流策略的分析，可归纳出 B2C 跨境电子商务物流模式选择的理论框架（如图2所示）。根据该框架，从 B2C 跨境电子商务企业的角度看，其物流模式选择主要受存货周转率的影响，存货周转率越高，越倾向于使用海外仓；制度环境改善主要指该国家或地区海外仓市场的成熟度以及有关跨境物流业的政策法规等，这些条件对海外仓模式的运用具有推动作用；跨境需求的增加也是选择海外仓的重要诱因。此外，海外仓物流运营具有规模经济效应，对业务量大的大型 B2C 跨境电子商务企业而言，由于其海外仓空间利用率较高，配合其全球重点区域布局进行海外仓精准选址，采取自营方式将是明智选择，这样可以更加灵活地引入当今最先进的仓储设施和技术，如立体货架、旋转叉车、巷道式堆垛机、搬运机器人、高速分拣机、大数据采集终端、企业资源计划（ERP）等，最大限度地提高海外仓物流效率和生产力，为顾客带来最佳物流服务体验。

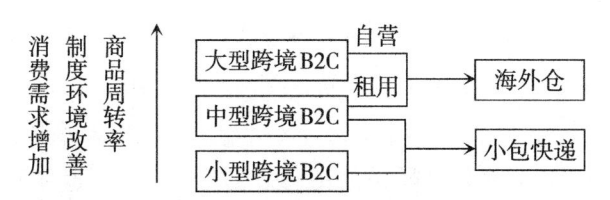

图 2 B2C 跨境电子商务物流模式选择的理论框架

五、结论和启示

根据本文的研究框架，B2C 跨境电子商务企业对物流模式的选择主要受购买国相关制度规则、顾客行为偏好、物流技术水平等限制，这些因素最终通过改变企业交易成本影响其物流方案设计。因此，企业作为 B2C 跨境电子商务的实施主体，应综合权衡上述约束条件，科学合理选择适宜的物流模式以尽可能降低相应的交易成本，更高效、更经济、更高质量地实现 B2C 跨境电子商务业务。对此，以下几点值得关注：

第一，作为跨境电子商务市场的监管者，政府应在现有扶持政策基础上，进一步出台以促进 B2C 跨境电子商务便利化为重点的专项政策，减少跨境电子商务企业不必要的制度成本。具体包括制定跨境电子商务小额贸易标准、提高跨境电子商务进出口通关效率、完善出口退税制度、规范跨境电子商务平台服务质量评价体系、增强在线支付安全性、与各国签订跨境电子商务合作协议等。

第二，B2C 跨境电子商务企业应积极构建第四方物流（4PL）联盟。4PL 实质上是超越第三方物流（3PL）发展起来的跨行业、跨区域联盟型或合作式供应链新体系，其成员不仅包括专门从事跨境物流的第三方物流企业，更包括一些知识技术密集型的中介服务商，如法律、仲裁、保险、金融、财税、报关、咨询、货代、信息技术服务商等，有助于营造良好的跨境电子商务物流生态组织环境，为客户提供一体化的完善服务。第四方物流的优势在于，其掌握着上下游物流链的信息，充当中小电商与第三方物流公司之间联系的桥梁，利用行业信息优势有效整合中小电子商务企业物流需求，根据当前物流状况为其配置最为有效的物流方案，通过化零为整最大限度地降低小包快递的物流成本。另外，第四方物流也可帮助国内中小电子商务企业聚合形成一定的买方市场势力，在与国际物流商谈判时拥有更强的运费议价能力。

第三，为顾客提供定制化跨境物流服务将成为B2C跨境电子商务企业核心竞争力的重要来源。顾客消费特征不同，对跨境物流服务偏好不同，如价格敏感型顾客对物流时间没有急迫需求，跨境电子商务企业可为之重点提供小包快递业务；而价值敏感型顾客更青睐当地化的产品体验和物流即时性，企业应更多为之提供海外仓物流服务，并适当加价销售以增加利润。无论是小包快递还是海外仓模式，B2C跨境电子商务企业除考虑交易成本外，还要充分利用云计算信息平台及时洞悉顾客对交易成本节省的偏好，将两者有机结合起来，实现企业长期利益的最大化与顾客服务价值的最大化。

参考文献：

[1]李向阳.促进跨境电子商务物流发展的路径[J].中国流通经济，2014（10）：107-112.

[2]、[11]曹淑艳，李振欣.跨境电子商务第三方物流模式研究[J].电子商务，2013（3）：23-25.

[3]、[12]、[16]孟玲，张宝明.跨境电子商务环境下物流业的发展[J].物流工程与管理，2014（11）：110-113.

[4]张滨，刘小军，陶章.我国跨境电子商务物流现状及运作模式[J].中国流通经济，2015（1）：51-56.

[5]谌楠，刘罡.跨境电子商务在我国不同规模企业中的应用[J].中国流通经济，2014（8）：55-62.

[6]、[10]、[18]、[21]CHIRU A.M.，MAHAJAN V..Managing Electronic Commerce Retail Transaction Costs for Customer Value[J].Dicison Support Systems，2006（42）：898-914.

[7]、[19]MENTZER J.T.，MYERS M.B.，CHEUNG.Global Market Segmentation for Logistics Services[J].Industrial Marking Management，2004（33）：5-20.

[8]、[20]LIANG T-P.，HUANG J-S..An Empirical Study on Consumer Acceptance of Productsin Electronic Markets：A Transaction Cost Model[J].Dicison Support Systems，1998（24）：29-43.

[9]、[13]陆芝青，王方华.营销渠道变革的作用机理研究[J].上海经济研究，2004（4）：67-73.

[14]来有为，王开前.中国跨境电子商务发展形态、障碍性因素及其下一步[J].改革，2014（5）：68-74.

[15]分析：跨境电商面临最大难题仍是物流[EB/OL].（2015-01-13）.http：//

b2b.toocle.com/detail--6224415.html.

［17］李维安，吴德胜，徐皓．网上交易中的声誉机制——来自淘宝网的证据［J］．南开管理评论，2007（10）：36-47.

［22］谭芳芳，金晓青．我国现阶段电子商务 B2C 类型物流配送模式的经济学分析：以 B2C 网上书城为例［J］．南方经济，2006（1）：39-47.

促进跨境电子商务物流发展的路径

李向阳[①]

摘　要：随着电子信息技术与经济全球化的深入发展以及我国经济的发展和人均可支配收入的提高，我国跨境电子商务发展迅速。但是，由于跨境电子商务所涉及物流、资金流以及诚信机制的复杂性，加之信息系统、政策环境等方面的限制，我国跨境电子商务在物流方面面临的限制越来越多越来越大。为更好地促进跨境电子商务发展，提高跨境电子商务竞争力，必须重视跨境物流网络建设，一要加强海外仓等的建立和管理，二要加强物流监控和预测，三要采用供应链管理方式，四要针对不同国家采取不同的物流模式，五要积极争取政府政策的支持。

关键词：跨境电商；物流；路径

一、我国跨境电子商务发展状况

跨境电子商务是指，利用现有产业平台与资源优势，探索制定跨境电子商务综合服务体系以及跨境电子商务进出口所涉及的在线通关、检验检疫、退税、结汇等基础信息标准和接口规范，实现海关、国检、国税、外管等部门与电子商务企业、物流配套企业之间的标准化信息流通。

随着电子信息技术与经济全球化的深入发展，电子商务在国际贸易中的地位和作用日益凸显，已经成为我国对外贸易发展的趋势。[1]2008年爆

[①] 作者简介：李向阳（1976—），男，山西省芮城县人，山西财经大学信息管理学院教师，山西财经大学产业经济学博士研究生，主要研究方向为产业转移及产业信息化。

发的金融危机为跨境电子商务的发展壮大提供了契机,一些企业借机大力发展跨境电子商务,纷纷建立电子商务网站来不断开拓国际市场,从而使得以跨境小额交易为主要业务的跨境电子商务企业得到快速发展。此外,跨境电子商务模式能有效避开贸易壁垒的制约,成为一种新兴的国际贸易模式。[2]目前,全球跨境电子商务市场规模为440万亿美元,占电子商务总体规模的14%,且这个比例也将随着跨境电子商务的进一步发展而不断提升。随着我国经济的发展以及人均可支配收入的提高,我国跨境电子商务将迎来爆发式增长期。

与价格竞争激烈、利润空间小的境内电子商务市场相比,以跨境小额交易为代表的外贸电子商务受境内制造成本优势及境内外巨大价差影响而更具诱惑力和爆发力。[3]在跨境电子商务发展过程中,政策因素的作用非常重要。党的十八届三中全会通过的《中共中央关于全面深化改革若干重大问题的决定》明确提出,"将放开商贸物流、电子商务等服务业领域外资准入限制,加快电子商务新议题谈判"。此后不久,商务部又发布了《关于促进电子商务应用的实施意见》。随着国家多项利好措施的不断推出,首批落户于上海自贸区的土耳其标准协会认证(TSE)和"跨境通"先后宣布实施推进和试运行。其中,前者希望在实现与金砖国家间的网络进出口贸易服务之后借势走向全球市场;后者希望利用自贸区实现与国内消费者的对接。与此同时,在跨境电商五个试点城市(上海、重庆、杭州、宁波、郑州)中,除郑州之外,都已经开始建设跨境电商平台。而北京市、克拉玛依市、南通市等城市也在积极探索跨境电子商务平台建设。

从全世界来看,电子商务未来的发展趋势是互联网和网上交易同步快速发展。在欧盟范围内,如果电子商务年均增长幅度为15%,则消费者的收益能够达到2040亿欧元。美国的跨境电子商务在世界上是第一位的,预计2015年欧洲将有一半的人口会进行网购,其中20%将是跨境电子商务(而2011年的数据分别为43%和9%)。其次,机会比较多的是巴西、印度。巴西2016年线上购物交易额将达到220亿美元,将比2010年增长1.78倍。印度电商贸易额2011年达到100亿美元,与2007年相比年均增长79%。[4]对新兴市场进行分析(见图1、图2)可以发现,今后几年,我国将继续目前高速增长的态势,成为世界电子商务规模最大的市场。到2018年,我国绝对会成为全球跨境电子商务第一位的国家。2013年的这个

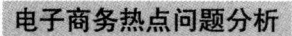

时候，中国台湾电商比印度电商在国际上的成长还要快。巴西电商在拉丁美洲是第一位的，而实际上巴西在全球市场上的份额还是比较小的。

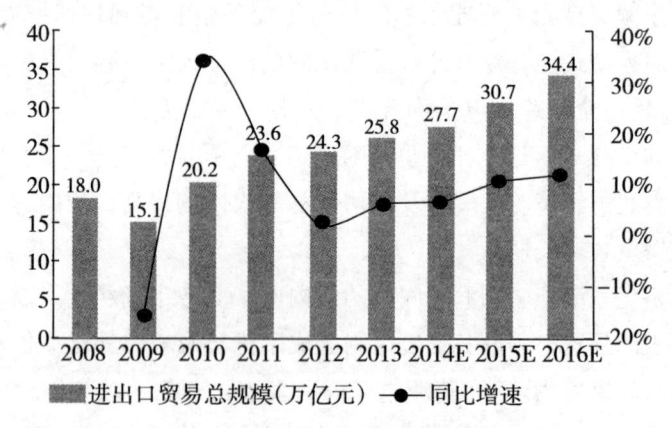

图 1　我国进出口贸易总规模及增速

资料来源：国家统计局、艾瑞咨询、国信证券经济研究所整理。

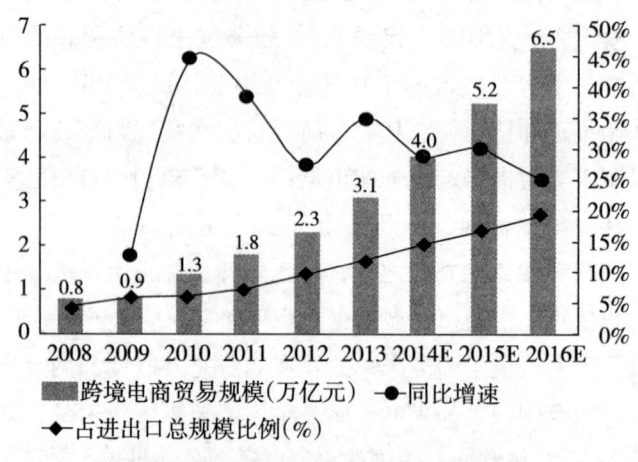

图 2　我国跨境电子商务贸易规模及增速

资料来源：国家统计局、艾瑞咨询、国信证券经济研究所整理。

二、跨境电子商务物流模式及其问题

对跨境电子商务而言，物流是最核心的内容。越来越多的企业开始认识到，跨境电子商务成功的关键在于物流、资金、商品等交易资源的有序、有效与全面整合。物流行业有望在跨境贸易电商化进程中扮演重要角色,究其原因,一是物流是跨境贸易电商化的核心环节之一,物流的成本、效率以及可到达性极大地影响着跨境电子商务的消费体验;二是跨境物流网络建设存在资本、技术及渠道等壁垒;三是跨境物流服务商有望整合电商化的跨境贸易的物流服务资源,形成全球物流服务网络,在跨境贸易电商化进程中取得议价能力。随着我国小额跨境电子商务交易的迅速发展,也将带来跨境电子商务物流业的变革,兼顾成本、速度、安全,甚至包含更多售后内容的物流服务产品应运而生。

1. 邮政业务

目前跨境物流使用的主要是邮政业务,我国跨境电子商务出口业务70%的包裹都是通过邮政系统投递的,其中中国邮政占据了50%左右的份额,中国香港邮政、新加坡邮政等也是我国跨境电子商务卖家常用的物流方式。这与当前跨境电子商务主要的产品结构有关。在我国跨境电子商务中,食品、纺织服装、电子产品占主导地位,这些产品体积小、重量轻,而使用邮政业务具有方便性等优点,但由于量小,导致存在部分地区配送成本较高、时间长、退换货麻烦以及海关对货物的处理查扣等问题。对电子商务来说,时效性的影响程度较大,部分跨境邮政业务的周期长达一个月左右,这大大降低了顾客购买的欲望。另外,随着电子商务业务规模的扩大,邮政业务的处理能力也有待提高。

2. 国际快递业务

国际快递业务具有速度快、服务好、丢包率低的特点,尤其是发往欧美等发达国家非常方便。传统 BtoC 模式下,一般消费者需求的商品数量小,且要求商品购买价格较低,因此普遍要求物流的低成本。对快递业务来说,其流程本身决定了收费价格较高,难以在 BtoC 模式中普及。国际快递业务近年来发展迅速,但仍然只是邮政业务的补充。对我国物流企业来说,要想在国际市场上站稳脚跟,必须在各国或各区域走本土化的道路,不仅企业管理需要本土化,企业人才、市场、企业文化等也都需要本土化,只有如此,才能更好地降低企业运营成本,才能更为迅速地融入国际市场。另外,所遵守的标准和操作模式也不相同,国际快递市场对快递企业责任和义务的要求与国内市场有所不同,在计费依据、计费标准、服务时限、售后服务等方面存在很大差异,这些都在一定程度上提高了国际快递业务的成本。

3. 海外仓业务

大物流时代，很多物流企业开始大规模建立海外仓。这主要由三方面原因促成：第一，海外仓扩大了运输品类，降低了物流费用。邮政大小包和国际专线物流对运输物品的重量、体积、价值等具有一定限制，导致很多大件物品和贵重物品只能通过国际快递运送。海外仓的出现不仅突破了物品重量、体积、价值等方面的限制，而且费用比国际快递商要便宜。第二，海外仓直接本地发货，大大缩短了配送时间，而且使用本地物流一般都能在线查询货物配送状态，从而实现了包裹的全程跟踪。海外仓的头程采用传统的外贸物流方式，按照正常清关流程进口，大大降低了清关障碍。第三，海外仓可以为卖家提高附加值。基于大数据分析，卖家可对供应链进行全程监控，降低海外仓的使用成本，从卖家被动等待物流公司配送转变为卖家远程操控货物仓储物流配送全流程，主动掌控物流管理链。

海外仓在外贸电商全交易链中的价值，已经上升到了降低成本开支、提升客户体验的利润点。从目前的物流链来看，告别传统的快递模式，走海外仓储物流配送模式，能从现有的交易规模中，通过缩减成本，大幅度提升卖家赢利水平。简单地说，海外仓不是让卖家花钱，而是让卖家在原来的跨境物流模式下挣到钱。成本即利润，海外仓属于外贸电商产业链中典型的管理性赢利，是通过成本管理、流程优化而提升出的利润。

但是，海外建仓的复杂性和挑战往往会在看不到的地方显现。拥有一个海外仓储系统，无论租赁也好自建也罢，往往都需要克服运维成本、库存周转、配送售后等一系列问题，此外还有库存和消化问题。除卖家依靠以往销售经验进行评估外，真正决定物流服务水平差异的，或者说一套完善的跨境物流整体解决方案在实际中通常遭遇的问题，恰恰容易出现在"最后一公里"。也就是说，在实际中，问题更多出现在配送端和客服端。在有些跨境物流公司，丢包事件时常发生，卖家申请退款赔偿的周期十分漫长。还有一些物流公司的海外仓，货物转仓越仓后信息登记不及时，客户查看不便，客服应答敷衍。客户寻求解决方案时，在问题申报与方案解决之间，物流公司为自保利益，不断要求客户支付解决成本，导致客户解决问题的支出越摊越大。此外，还有虚假发货、买家地址发错、仓库与客服信息衔接不畅等一系列问题，物流公司出现的服务事故之多，解决之麻烦,已经严重影响了海外仓这种物流模式在客户心目中的选择价值,不能因当前行业火爆,就掩盖物流在整个外贸电子商务供应过程中存在的问题。正是由于当前外贸电子商务市场规模急剧扩张,海外物流仓储服务还不能完全满足卖家订单配送需求,导致在一定程度上掩盖了当前提供海外仓服务的跨境物流公司存在的一系列问题。

三、跨境电子商务物流的影响因素

跨境物流网络建设存在较高的壁垒,这主要因为:一是物流资产投资巨大,尤其是海外物流网络资源、人力资源,更不容易以低成本的方式快速获取;二是仓储及物流管理具有一定的专业性,与全球物流网络的对接能力不易快速获得;三是对全球各国税收政策、贸易壁垒以及各地海关操作的了解和熟悉程度均是不能轻易被复制的核心物流能力。

跨境电子商务涉及的物流、资金流以及诚信机制非常复杂。随着电子商务规模的扩大,物流的制约因素越来越多、越来越大。从目前国内电子商务的总体情况看,BtoB类跨境电子商务的物流主要以海运为主,以传统集装箱海运的方式运输;BtoC类的跨境电子商务由于单笔订单商品数量较少,体积较小,采用邮政小包裹和全球快递公司来进行运输者居多。在电商销售旺季,空运包裹的速度会明显降低,严重时交易物流配送周期一般在30天左右,时间波动相当大。不仅时间变长,从揽件到最终货物送达客户,往往需要更多次的转运,很容易导致包裹破损。这些所带来的不仅是客户糟糕的购物体验,也使卖家不得不承担运费、货品损耗以及客户流失等损失。

1. 信息系统对接不畅是重要因素

跨境物流的运输过程包括境内段和境外段。得益于近几年电子商务业务的飞速增长,境内段物流的信息化程度很高,但境外段物流的信息化水平却不能与之匹配,境内段配送方与境外段配送方信息系统对接不畅,成为导致旺季物流不畅的主要原因。跨境电子商务物流需要专业的信息技术的支撑。与传统企业不同,电子商务卖家都是通过信息技术来实现商务合作与交易的,这就要求物流服务商以专业的信息技术来与之对接。此外,物流本身就是信息化要求较高的行业,不同的物流商进行资源整合更需要专业的信息技术的支持。目前,在物流发达且语言交流障碍较小的欧洲国家，信息对接比较方便，但在发展中国家及小语种国家，信息对接则不是那么通畅。

在管理方面，物流企业也存在着短板。一些企业并没有完善的应急预案，随着发货量的急剧增长，物流很容易出现问题。而且在人才储备上，目前我国的跨境物流企业也存在很多缺陷。各企业缺乏既精通外语、又通晓国际贸易和法律知识的人才，在目的国海关，经常会出现海关扣货查验，从而影响物流效率的情形。

2. 政策环境的不完善也是制约因素之一

要解决跨境电子商务、跨境物流企业面临的各种难题，离不开政府的大力支持。目前，国家已经意识到了跨境电子商务所具有的巨大潜力，利好政策不断出台。比如，2013年商务部出台的《关于促进电子商务应用的实施意见》提出，要推动跨境电子商务创新发展，加快跨境电子商务物流、支付、监管、诚信等配套体系的建设。此外，海关总署发布的《关于跨境贸易电子商务进出境货物、物品有关监管事宜的公告》也正式施行。根据新政策，今后无论是电子商务企业还是个人，都要向通关管理平台传送交易、支付、仓储、物流等数据；将采取"清单核放"方式，办理电子商务进出境物品报关手续。这将规范整个跨境电子商务行业，为正规的跨境电子商务企业带来发展机会。但是，各地政府目前尚未给予跨境电子商务企业直接性的扶持政策，还需要政府部门完善相关政策法规，建立跨境电子商务可信交易生态环境，维护交易各方合法权益。目前，各地政府并未出台一些针对性较强的政策来对跨境电商和跨境物流企业加以扶持，一些跨境电商试点城市需要进行一些探索来保持电子商务有关政策、法规、标准的一致性、连续性，为跨境电子商务物流发展做些政策上的倾斜。

四、促进跨境电子商务物流发展的路径

跨境电子商务的竞争将转移到物流供应链的解决方案上来，具体表现在构建海外仓及管理、加强物流监控、供应链管理等方面。

1. 海外仓等的建立和管理

海外仓在跨境电子商务领域有着多方面的优势和吸引力，其优势表现为可以提高海外客户的购买信心，带来更高的商品单价与销售转化，缩短

发货周期，降低跨境物流缺陷交易率，拓展销售品类，"大而重"不再是发展瓶颈，完善售后服务闭环，提供更加灵活可靠的退换货方案等。跨境电子商务物流企业在构建海外仓时，需要完善仓储管理工作，包括规范化、智能化、定制化等。在全世界各货源地建设货仓，搭建一张覆盖全球的仓储网络，这就必然要求对仓库进行标准化管理，建立一套科学的仓储管理办法。仓库与使用者之间在地理上相隔万里，必须通过互联网等现代通信技术对库存进行遥控，这就要求跨境电子商务物流企业配套智能简易操作系统，让各种非物流专业的使用者可以方便地管理库存，实现信息流、物流的无缝对接。跨境仓面向的使用者千差万别，其要求也必然多种多样。总结起来，跨境电子商务物流企业仓储建设投资比重很大，在整个物流解决方案中占基础地位。

2. 加强物流监控和预测

高峰期来临时，要提前与合作公司协调好，提前备货。国内物流企业做跨国物流，应发挥自己的长项，在原有客户群上下功夫，同时向上下游发展，以巩固客户的忠诚度。此外，要研究电子商务市场、走俏的商品品种以及进口国的海关监管要求，以自己的优势品类为突破口，逐步适应海外市场。与传统外贸大进大出的物流不同，小件商品的物流提供商，更应在当地寻找代理，与当地物流企业共同发展，实现共赢。在境外，物流企业首先需要做好信息系统建设，提高分拣与配送的准确性和效率，提升整个仓储部门的工作能力和水平，减少因数据问题而产生的"爆仓"等现象。此外，还要建设能在国际上运行的网站，提高信息化水平，方便外国网民查询包裹信息，提高美誉度。同时，要在当地设立多个网点，形成自己的仓储配套设施网络，以确保物流畅通并降低因货物积压而导致爆仓的可能性。在发展初期，物流企业可选择与当地第三方物流合作来进行配送。

另外，还要注意海外仓的风险。并不是所有商品都适合做海外仓。海外仓更适合那些价格高、体积大、易碎，不能通过传统物流渠道走的（电池、粉末等）货物。海外仓还要考虑商家本身的资金实力及抗风险能力，因为海外仓的货物发出去容易，返回来难。回来的货物算进口，很多情况下回来的运费和海关关税成本会远远高过货值本身。即使产品在一个国家好卖，也不一定全部卖掉，没能卖掉的货物就会形成库存损耗。跨境电商

1.0时代，整个配送流程最少经过"三转两关"，货物经过层层转手转包，风险成几何倍数增加，层层转包产生的溢价必然会转嫁到消费者身上。

3. 采用供应链管理方式

供应链管理涉及物流、商流、资金流、信息流四个维度，与传统供应链和国内电子商务的供应链管理相比，跨境电子商务的供应链管理还会牵涉到进出口流程、不同法律框架以及各种跨国管理。这对物流企业来说要求太高了，但正是由于这种高要求和高门槛，在传统外贸急速下滑而跨境电子商务贸易急剧上升的2014年，中国将催生出一批具有国际竞争力的企业。

4. 针对不同国家采取不同的物流模式

海外仓不仅克服了跨境物流中的痛点，而且扩大了运输品类，降低了物流费用，有助于提升销售额。然而，当前海外仓仅在北美、西欧、澳洲运作得比较成熟，对俄罗斯、巴西等新兴市场而言，海外仓并不是很适合。对于俄罗斯市场，最适合的是边境仓。海外仓运作复杂，费用很高，主要体现在以下几个方面。

（1）头程"白色清关"流程多，费用高。灰色清关渠道的副作用非常大，中国商家从长远发展的角度看，必须走"白色清关"的途径。然而，"白色清关"涉及海关商检等流程，且关税手续费均比较高，需要正规且操作经验丰富的当地清关公司的配合。

（2）本地化运作税负高。俄罗斯企业有接近半数因税负水平高而不得不从事影子经济活动。因此，在俄罗斯运作海外仓，需要合法注册多家公司，并借助银行来实现合法避税。

（3）本地人才缺乏，劳动力成本高。物流仓储的打造需要专业的IT人才和供应链管理人才，而俄罗斯本身物流仓储很不发达，相应的人才也十分匮乏。此外，物流仓储属于典型的劳动力密集型产业，而俄罗斯当地劳动力成本非常高，这些都增加了海外仓的运营成本。正是基于以上三方面原因，"边境仓"概念应运而生，也即在靠近俄罗斯的中国境内设立仓储基地，从该基地通过邮政包裹发货到俄罗斯全境。当前，俄罗斯买家主要通过中国电商来购买单价低、重量小的轻纺品，加之俄罗斯人对物流时效性的要求不是很高，因此边境仓有可能成为大多数中国卖家的选择。然而，对于价值较高的商品或者大件商品而言，采用邮政投资的边境仓依然无能为力，卖家还得选择海外仓操作。未来，随着俄罗斯电子商务产业的升级，俄罗斯人对物流时效性、退换货服务等的要求会越来越高，海外仓终究会成为对俄电子商务贸易的标配。到那个时候，边境仓可作为海外仓的补货基地继续存在。

巴西市场仍然需要依靠邮政服务。巴西的税收政策非常严格，建立海外仓成本很高，目前还没有电子商务企业或物流服务商在巴西成功运作海外仓模式。利用南美自由贸易协定，通过巴西周边国家建仓转运的模式也会受到巴西海关的严密监管，存在一定的法律风险。巴西的物流存在的问题非常大，小包慢，丢包率高；快递贵，被收关税的可能性高；在当地建仓非常困难；在附近国家建仓，利用南美自由贸易协定空运货物进入巴西，也存在操作上的复杂性。

5. 政府政策的支持

一方面，需要构建综合性服务平台，涵盖仓储、物流、金融、市场营销等所有服务环节，整合物流、电子商务、仓储等企业，将进出口的报关、检验检疫、结汇、退税、物流、营销等环节整合到平台上，为企业提供全方位的管家式服务。另外，在人才培养方面，需要在高校培养复合型跨境电子商务人才。

参考文献：

[1]刘娟. 小额跨境外贸电子商务的兴起与发展问题探讨——后金融危机时代的电子商务及物流服务创新 [J]. 对外经贸实务，2012（2）：89-92.

[2]王明辉. 中国跨境物流与供应链贸易市场分析 [J]. 中国市场，2011（10）：12-17.

[3]廖蓁，王明宇. 跨境电商现状分析及趋势探讨 [J]. 电子商务，2014（2）：9-10.

[4]敦豪总经理：跨境电商供应链新生态 [EB/OL]. [2014-07-28]. http://www.soo56.com/news/20140728/70967m1_0.html.

跨境电子商务在我国不同规模企业中的应用[1]

谌楠 刘罡[2]

摘 要：信息技术基础设施准备度、可感知的收益、可感知的外部压力以及政策法律的支持程度是影响企业采纳跨境电子商务的主要因素，企业规模起部分调节作用。相较于大型企业，中小企业中的信息技术基础设施准备度与跨境电子商务采纳度的关联更显著；政策法律的支持程度对大型企业跨境电子商务采纳度的影响比中小企业更明显。

关键词：跨境电子商务；技术—组织—环境框架理论；企业规模；采纳度

一、引言

跨境电子商务作为国际贸易的新手段，是电子商务发展到一定阶段产生的新型贸易形式，不仅使国际贸易走向无国界贸易，同时也引起世界贸易方式的巨大变革。对企业来说，跨境电子商务构建的开放、多维、立体的多边经贸合作模式，极大地拓宽了企业进入国际市场的路径，大大促进了多边资源的优化配置与企业间的互利共赢。2012年，海关总署结合国家

---

[1] 本文系国家社会科学基金重大项目"信息服务与信息交易法律制度研究"（项目编号：13&ZD178）、国家自然科学基金项目"世界市场的虚拟化与我国国际电子商务发展策略研究"（项目编号：70973197）、上海市一流学科资助项目（项目编号：S1205YLXK）、上海市研究生创新基金项目"二元市场的形成与我国电子商务发展现状的研究"（项目编号：JWCXSL1301）的部分成果。

[2] 作者简介：谌楠（1986—），女，甘肃省兰州市人，上海理工大学管理学院博士研究生，主要研究方向为科技创新与管理、国际贸易与电子商务。刘罡（1983—），男，江西省南昌市人，上海理工大学管理学院博士研究生，主要研究方向为国际贸易与电子商务、企业管理。

电子商务示范城市创建工作,组织上海、郑州、重庆、杭州、宁波5个城市开展了跨境贸易电子商务服务试点。但是,在我国跨境电子商务急剧发展的同时,伴随而生的矛盾与问题也日益显现。例如:邮件数量的几何式增长对海关的监管工作提出了新的挑战;二次结汇大幅度降低了企业的出口利润;按照货物种类填写通关单证严重影响了企业通关效率;电子支付、行邮税应用、法律监管等都成为企业开展跨境电子商务的重要影响因素。

本文使用中国知网数据库对"跨境电子商务"进行主题搜索,发现2001—2013年年底仅有40篇学术文献,而且都是对我国跨境电子商务现状以及主要组成部分的解析与探讨,并没有涉及定量研究企业跨境电子商务主要影响因素的话题。本文的研究目的就是试图找到影响我国企业开展跨境电子商务的主要因素,一方面,可以指导企业结合自身状况,合理高效地推进跨境电子商务实施;另一方面,也可以为政府科学制定跨境电子商务发展政策提供决策支持。

二、新技术采纳的相关理论

关于影响电子商务采纳行为的主要因素,信息系统领域中的大部分文献都是将电子商务看作一项新技术,结合不同角度的新技术扩散理论进行研究。跨境电子商务是电子商务发展到一定阶段产生的新型贸易形式,与电子商务具有同质性,因此可以沿用此类研究理论与方法。目前,研究电子商务采纳问题比较成熟的理论有:技术接受模型(TAM)、计划行为理论(TPB)、整合型科技接受模型(UTAUT)、感知准备度模型(PERM)、制度理论以及技术—组织—环境(Technology-Organization-Environment,TOE)框架理论。尽管上述理论都被用来研究过企业对企业(B2B)电子商务采纳行为,需要指出的是,技术接受模型、计划行为理论、整合型科技接受模型、感知准备度模型等理论是建立在心理学对个人个体行为研究的基础上,有时并不适用于企业层面的行为研究,[1]因为高级管理者的决策并不等同于高级管理层的决策。制度理论与技术—组织—环境框架理论是以企业决策框架的构建为出发点,能够更好地从企业层面开展研究。此外,技术—组织—环境框架理论较制度理论使用范围更加广泛,方法更为成熟,所以,本文采用技术—组织—环境框架理论作为研究的理论基础。

技术—组织—环境框架理论下影响企业采纳电子商务的因素多种多

样，但各种因素都可以被归于理论起源文献[2]提出的三个维度：技术部分、组织部分和环境部分。技术部分是指公司内部以及外部与之相关的技术发展程度，包括已有的以及未来打算投入到公司的信息技术与设备；组织部分是指可以用于给出描述性测度的企业特征，如企业规模、组织结构等；环境部分是指企业所处环境中与之发生业务关联的其他主体的电子商务发展程度，包括行业、合作伙伴、竞争者，消费者甚至政府相关部门。技术—组织—环境框架理论被应用于电子商务研究的多个方面，并取得很好的效果。例如：影响大企业采纳电子商务的主要因素，[3]阻碍企业采纳B2B电子商务的主要因素，[4]影响发展中国家中小企业采纳电子商务技术的主要因素[5]等。

三、研究模型的提出与假设

本文提出的企业跨境电子商务采纳行为模型以技术—组织—环境框架理论为基础，从技术、组织和环境三个维度出发，结合B2B电子商务采纳行为主要影响因素的文献，提出信息技术基础设施准备度、来自技术的潜在支持程度、可感知的收益、可感知的障碍、可感知的外部压力以及政策法律的支持程度六个影响企业跨境电子商务采纳行为的主要因素。假设模型如图1所示。

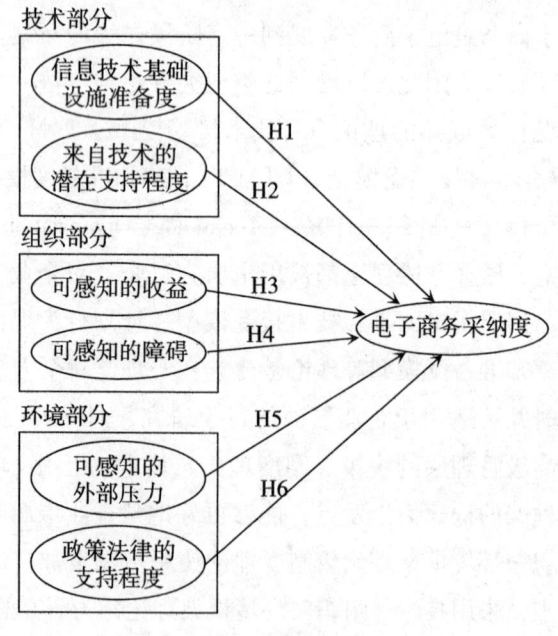

图1 假设模型

1. 技术部分

（1）信息技术基础设施准备度

信息技术基础设施准备度，是指在电子商务活动中网络信息技术的应用程度，[6]包括条形码技术、物流数据处理技术等的应用。信息技术基础设施是开展电子商务的基础。新加坡国立大学拉奥教授等人（N. Rao Knwtha et al）[7]的研究指出，信息技术基础设施更加先进的公司对新技术的引进与实施过程更加熟悉，因此对采纳新的信息技术的意愿也更为强烈。有相关文献提出，如果公司的信息技术基础设施准备不足，电子商务的开展会明显受到阻碍。[8]还有文献通过实证研究表明，信息技术基础设施准备度对公司电子商务的采纳行为有显著的正向影响。[9]

假设H1：信息技术基础设施准备度与电子商务采纳度正相关。

（2）来自技术的潜在支持程度

有一些文献认为，技术—组织—环境框架理论模型的技术部分可以分为技术的准备度、技术的集成度以及技术的安全程度三个主要因素。[10-11] 祝效国等[12]认为，技术部分应该不仅仅局限于作为实物的技术本身，还应包括难以被竞争对手模仿的技术人员、技术决策。随后也有其他研究人员进行了与之相同的假设以及实证研究。[13-14]本文注意到上述两种研究有一个共同点，就是都可以把技术分为两部分：作为基础设施的准备部分与作为后续推动的业务支持部分，因此，本文提出技术部分应该包括信息技术基础设施准备度、来自技术的潜在支持程度两个主要因素。刘明[15]曾给来自技术的潜在支持程度定义为：对于技术的投资力度以及将要引进的信息技术系统的水平。本文对来自技术的潜在支持程度定义为：可感知的对电子商务发展起推动作用的相关技术应用程度。

假设H2：来自技术的潜在支持程度与电子商务采纳度正相关。

2. 组织部分

（1）可感知的收益

可感知的收益是指企业采纳电子商务的行为为企业带来的直接收益，包括更低的交易成本、供应链的改进、生产效率的提高等。需要注意的是，这种收益是采纳新技术带来的，主要与企业组织战略密切相关，而不是新技术自身所具有的，这是可感知的收益这一因素划归组织部分而不是技术部分的原因。[16] 1997 年，帕特里克等人（Patrick Y. K. Chau）[17]就验证了可感知的收益与开放系统的采纳有正向关联。随后，不断有文献证明了可感知的收益是企业采纳电子商务的重要影响因素之一。[18-21]

假设 H3：可感知的收益与电子商务采纳度正相关。

（2）可感知的障碍

大多数文献利用技术—组织—环境框架理论模型，研究企业采纳电子商务时没有涉及"可感知的障碍"这一影响因素。因为从通常意义上看，企业采纳一项新技术是因为新技术带来的收益足够大，以至于付出的成本（障碍）可以忽略不计。这也是许多传统企业决策向电子商务转型的重要原因之一。可是，在电子商务的推广现实中往往也会出现这样的情况：很多传统企业即使具备足够的条件，也不愿意大力开展电子商务，如大型百货公司。可见，有一些阻碍企业采纳电子商务的因素被忽略了。曾有文献关于可感知的障碍对企业资源计划（ERP）与 B2B 电子商务的采纳行为影响进行研究，[22-24]并得到可感知的障碍对采纳行为确实有阻碍作用的结论。

假设 H4：可感知的障碍与电子商务采纳度负相关。

3. 环境部分

（1）可感知的外部压力

企业不是生存在真空中，而是与市场中的合作伙伴、竞争者、供应商、消费者相互联系，构造价值链，进而在市场中正常运行。一个传统企业也许会因为合作伙伴的强制要求而去采纳电子商务。技术—组织—环境框架理论模型下的环境部分，就是将价值链中的某个个体采纳新技术的准备度[25-26]或是几个个体准备度的组合[27-28]定义为来自企业外部可感知的压力。奇韦洛斯（Chwelos）等人[29]的研究，以及中国台湾徐等人（Hsu-etal）[30]的研究将合作伙伴准备度、供应商准备度与消费者准备度三者的结合定义为可感知的外部压力，并得到合作伙伴准备度对企业电子商务采纳有显著正向影响的结论。

假设 H5：可感知的外部压力与电子商务采纳度正相关。

（2）政策法律的支持程度

市场环境中影响企业采纳电子商务的另一个重要因素是政府的行为。一方面，政府出台的鼓励政策使企业更倾向于采纳行为；另一方面，不完善的法律法规、不完备的措施会阻碍企业对新技术的采纳。不断有文献证明了相关政策的完备程度对企业采纳电子商务的行为影响显著。[31-34]祝效国和克雷默（Zhu and Kraemer）[35]还提出，电子商务的法律政策应该涵盖电子商务的各个环节，如物流费用的税收、电子签名与电子合同的应用、电子交易的纠纷处理等。本文在祝效国和克雷默研究的基础上，定义政策法律的支持程度为电子商务相关政策法律的完备程度。

假设 H6：政策法律的支持程度与电子商务采纳度正相关。

4. 电子商务采纳度

有文献将电子商务采纳度定义为企业电子商务营业额占所有业务营业额的百分比值，[36]或者企业采纳电子商务形式（电子邮件、内部网、电子数据交换等）的种类数。[37]这两种设定方法都存在缺陷，前者的数据采集存在难获取性与不准确性，后者对电子商务的理解流于表面。吉布斯和克雷默（Gibbs & Kraemer）[38]认为企业在价值链上开展电子商务的行为有七种，这七种行为的开展程度应该被定义为电子商务采纳度。本文认为这七种行为有互相重叠的部分，如电子采购就部分包含了与供应商的数据交换。因此，本文将吉布斯和克雷默提出的七种行为精简为三种，并把这三种电子商务行为的开展程度定义为企业电子商务采纳度。

四、研究设计

1. 量表设计

本研究量表尽可能采用已有文献的成熟量表，同时结合实际情况的发展进行部分自主开发。所有测度项均采用李科特（Likert）7 级量表，1＝非常不同意，2＝不同意，3＝比较不同意，4＝一般，5＝比较同意，6＝同意，7＝非常同意。

2. 样本与数据

本研究针对企业跨境电子商务发展，采用问卷调查的方法收集样本。在商务部和广东省政府等相关部门的帮助下，2013 年 4 月，对参加中国进出口商品交易会的企业共发放问卷 1000 份，收回 810 份，回收率为 81%，有效问卷 679 份，问卷有效率为 83.8%。其中，制造业的企业数量达 465 家，占比 68.5%，流通业、服务业及其他行业共 214 家，合计占比 31.5%；从企业规模来看，大型企业共 263 家，占比 38.7%，中小企业共

416家，占总数的61.3%；从公司所有制性质看，国有及国有控股企业55家，占比8.1%，民营企业476家，占比70.1%，三资企业38家，占比5.6%，其他类型企业110家，占比16.2%。样本数据在所属行业、企业规模、所有制性质上分布比例基本符合现实情况中企业数量分布比例。问卷采用面对面当天发放和回收的方式，避免了通常情况下问卷回收模式上与时间上的反应偏差。

五、实证研究

1. 效度与信度检验

本文采用结构方程模型（结构方程）进行数据分析，所用软件为SPSS13.0和AMOS17.0。初始模型中构件的测量量表并非全部来自前人的文献（如表1所示），对于量表的信度与效度检验表明，来自技术的潜在支持程度与可感知的障碍这两个构件的克隆巴赫系数（Cronbach's alpha）值均小于0.7；同时，两者对应的平均提取方差值（AVE值）均小于0.5、组合信度（CR值）均小于0.7，说明这两个融合了自编题项的构件对应的测量量表不具有良好的聚合效度与判别效度，应该从量表中删除。从模型中去掉这两个构件，得到优化模型Model2并对得到的新量表进行信度与效度检验。结果显示，所有构件的克隆巴赫系数值均超过0.7，[39]AVE值均大于0.5，[40]CR值均大于0.7，[41]所有测度项的因子载荷均大于0.6，表明优化模型对应的量表具有良好的信度与效度。

表1 量表构件与测度项

构件	测度项个数	Cronbach's alpha	AVE	CR	主要参考文献
信息技术基础设施准备度	3	0.835	0.508	0.835	祝效国等[42]
来自技术的潜在支持程度	3	0.595	0.325	0.587	自编，刘明[43]
可感知的收益	3	0.883	0.793	0.884	久安（Jeon）等[44]

续表

构件	测度项个数	Cronbach's alpha	AVE	CR	主要参考文献
可感知的障碍	2	-0.006	0.061	0.113	自编
可感知的外部压力	4	0.771	0.528	0.812	徐等[45]
政策法律支持程度	5	0.893	0.627	0.893	吉布斯和克雷默[46] 祝效国和克雷默[47]
电子商务采纳度	3	0.795	0.507	0.755	吉布斯和克雷默[48]

2. 研究假设的检验

对优化模型 Model2 进行结构方程分析，得到模型拟合指数 χ^2/df = 2.735，RMSEA = 0.051，NFI = 0.963，CFI = 0.976，GFI = 0.96，AGFI = 0.941。其中，考虑模型复杂度后的卡方值 χ^2/df 表示模型整体拟合度，近似误差均方根 RMSEA 用来比较假设模型与饱和模型的差距，规范拟合指数 NFI 用来比较假设模型与独立模型在拟合上的改善程度，比较拟合指数 CFI 用来比较假设模型与独立模型的非中央性差异，拟合优度指数 GFI 与修正的拟合优度指数 AGFI 显示假设模型与观测变量之间的吻合程度，各项配适度指标均在可接受范围内，[49]表明 Model2 与实际数据的拟合程度良好。路径分析结果如表2所示，信息技术基础设施准备度、可感知的收益、可感知的外部压力以及政策法律的支持程度，均对企业电子商务采纳度有显著影响，4 个假设全部获得支持。

表2 路径系数与假设检验结果

假设	路径系数	估计标准误差（SE）	T 值	显著性水平	结果
H1：INF—EC	0.460	0.034	8.182	***	支持
H3：PBN—EC	0.627	0.041	14.845	***	支持
H5：EP—EC	0.560	0.041	12.252	***	支持
H6：GP—EC	0.336	0.036	7.958	***	支持

注：INF 为信息技术基础设施准备度，PBN 为可感知的收益，EP 为可感知的外部压力，GP 为政策法律的支持程度，EC 为电子商务采纳程度；路径系数为标准化值；*** 表示 p<0.001，带 * 表示关系显著，假设获得支持。

3. 企业规模的调节效应

在关于新技术采纳行为理论的文献中，企业规模长期被作为影响企业采纳创新行为的重要因素之一。尽管有文献提出企业规模越大，组织结构的层级就会越多，组织结构惰性会导致新技术的采纳越困难。[50]但是，更多的实证研究表明，公司规模越大，就有更多的资源投入到对新技术的采纳行动中，也就越容易采纳新技术，[51-53]如企业资源计划、电子助力转向系统（EPS）、电子商务（Ebusiness）。祝效国等[54]进一步研究指出，公司规模在电子商务采纳的最初阶段对其促进作用显著，但是，当企业电子商务发展进入成熟阶段以后，公司规模引起的组织结构惰性对电子商务的开展阻碍作用更明显。不同的企业规模下，各潜变量与电子商务采纳度之间的关联程度也不同。

假设H7：不同的企业规模，信息技术基础设施准备度对电子商务采纳度的影响程度也不同。

假设H8：不同的企业规模，可感知的收益对电子商务采纳度的影响程度也不同。

假设H9：不同的企业规模，可感知的外部压力对电子商务采纳度的影响程度也不同。

假设H10：不同的企业规模，政策法律的支持程度对电子商务采纳度的影响程度也不同。

本文把企业规模作为调节变量而不是控制变量的原因是：大多数文献已经得到了企业规模作为控制变量的结论，即企业规模对电子商务采纳度影响显著；本文希望更深入地探讨企业规模对于影响采纳度的各主要因素是否具有影响作用，故将企业规模看作调节变量进行研究。检验企业规模的调节效应（H7~H10），需要观测两组样本间的路径系数是否存在显著差异，采用多组分析法（Multi-Group Analysis），通过 t 检验进行路径比较，相关公式[55]为：

$$t = (b_1 - b_2) / [Spooled \times SQRT(1/m + 1/n)] \tag{1}$$

其中，共同变异估计式为：

$$Spooled = SQRT\{[(m-1)^2 \times SE_1^2 + (n-1)^2 \times SE_2^2] / (m+n-2)\} \tag{2}$$

该 t 统计量的自由度为 $m+n-2$；b 为路径系数，m 和 n 为两组对比样本的样本量，SE 为对应的系数标准差。

本文的调查问卷分为大型企业与中小企业两组样本，以检验假设H7~H10中企业规模的调节效应。表3是两组样本的综合结构方程分析，显示两组样本下的模型配适度指标均在可接受范围，表明大型企业与中小企业的两组样本数据均与模型有较好的拟合度。表4是企业规模作为调节变量对两组样本间是否存在显著差异的t检验，当p值小于0.05时说明两组样本间存在显著差异，结果显示假设H7与H10得到支持，H8与H9被拒绝。

表3 模型拟合度结果

模型	优化模型Model2	加入调节变量（企业规模）的Model3	
拟合度指标	总样本	大型企业（n=263）	中小企业（n=416）
χ^2/df	2.735	1.603	2.013
RMSEA	0.051	0.048	0.049
NFI	0.963	0.938	0.957
CFI	0.976	0.975	0.978
GFI	0.96	0.941	0.952
AGFI	0.941	0.915	0.93

表4 企业规模调节效应的假设检验结果

假设（路径）	类别	样本		假设检验
		大型企业（n=263）	中小企业（n=416）	
H7：INF—EC	路径系数	0.399***	0.488***	接受
	标准差	0.054	0.024	
	t值	1.70		
	p值	0.045（p<0.05）		
H8：PBN—EC	路径系数	0.700***	0.597***	拒绝
	标准差	0.096	0.048	
	t值	1.059		
	p值	0.145		

续表

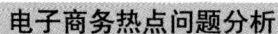

假设（路径）	类别	样本 大型企业（n=263）	样本 中小企业（n=416）	假设检验
H9：EP—EC	路径系数	0.541***	0.567***	
	标准差	0.072	0.049	
	t值	0.039		
	p值	0.379		拒绝
H10：GP—EC	路径系数	0.395***	0.294***	
	标准差	0.052	0.035	
	t值	1.675		
	p值	0.047（p<0.05）		接受

注：路径系数为标准化值；*** 表示 p<0.001，带 * 表示关系显著，假设获得支持。

六、主要发现与管理启示

朱镇等[56]认为，不少文献过度依赖技术—组织—环境模型，然而他的结论（价值认知与扩散之间并不具备直接效应）恰恰反映了研究影响电子商务的技术、组织和环境等创新因素对企业是直接有效的。本文的主要发现是，影响我国企业跨境电子商务采纳行为的主要因素有：信息技术基础设施准备度、可感知的收益、可感知的外部压力、政策法律的支持程度。这对加快企业实施跨境电子商务进程有重要意义，企业只有重视这些创新因素与制度条件，才能够实现自身跨境电子商务的发展。其中，表 2 的路径系数显示，可感知的收益与可感知的外部压力对电子商务采纳度的影响较大，信息技术基础设施准备度与政策法律的支持程度对采纳度的影响较小，反映了政府调控在如今我国市场运行中还是发挥了应有的作用，与此同时，我国企业主要是透过市场的供需要求相互作用，可以看到我国社会主义市场经济改革的成效。

本文自主开发的两个构件量表因为不具有良好的信度与效度被剔除了。从初始模型的结构方程分析看，假设 H2（来自技术的潜在支持程度）的路径系数为 0.97（>0.9），而此时 H3（可感知的收益）的路径系数也大于0.9（为1.12），说明H2与H3的测量量表间存在多重共线性；回溯本文假设的理论基础，发现可感知的收益部分包含来自技术的潜在支持程度，这是来自技术的潜在支持程度这一构件量表失效的原因。假设H4（可感知的障碍与电子商务采纳度有反向关联）中所有测度项的因子载荷均小于最低标准0.45，对应题项不能反映可感知的障碍会影响企业电子商务采纳度。这个结论反而肯定了本文提出的大多数文献不考虑这一因素的主要原因，即企业一旦决定开展跨境电子商务，无论力度大小，都是在其认为带来的好处足够大，以至于付出的成本（可感知的障碍）不能影响企业的采纳行为。虽然假设H4被拒绝了，却反映出这样一个事实：我国企业普遍都已认识到开展跨境电子商务带来的收益远远高于付出的成本，企业对于跨境电子商务重要性的认识基础已经形成。

假设H8、H9被拒绝，说明可感知的收益、可感知的外部压力这两个影响企业采纳跨境电子商务的重要因素，企业不论规模大小都应该给予高度重视。此外，企业规模显著影响信息技术基础设施准备度、政策法律的支持程度对电子商务采纳度的影响程度（H7与H10被接受）。企业规模越小，信息技术基础设施对采纳度的影响更大，如表4所示，中小企业中两者的路径系数（0.488）显著高于大型企业（0.399），反映了现实情况下中小企业更缺资金和技术的现状；企业规模越大，政策法律对采纳度的影响越大，如表4所示，大型企业中两者的路径系数（0.395）显著高于中小企业（0.294），这可以理解为大型企业根据政策法律承担的交易风险或获得的收益较之中小企业都大很多，因此大型企业对出台的法律法规与政策倾斜也更敏感。这为政府科学制定扶持企业的政策提供了实证支持，中央以及各地政府可以根据企业规模的不同对企业给予侧重点不同的支持。例如：针对中小企业发展工业园区，可以从技术上帮助中小企业整合资源，获得更大的发展空间；但是对于大型企业来说，显然更多的政策扶持（如减税、资助等）才能够使其更快地成长为龙头企业，进而提高我国企业的国际竞争力。

七、研究结论与局限性

本文从企业层面出发，通过实证研究证明了技术—组织—环境框架理论模型适用于研究我国企业跨境电子商务的采纳行为，采用结构方程模型进行数据分析,找到了影响我国企业跨境电子商务的四个主要因素,利用企业规模的调节效应,为政府科学制定跨境电子商务发展政策提供了有力的理论支持。

企业不仅仅可以从规模上划分,还可以从性质、行业等多方面分类,未来的工作可以考虑从企业划分的不同角度出发给出有益的结论与建议。此外,国家文化差异是跨境电子商务较之电子商务不同的重要特征,在未来的研究工作中有必要对其给予充分考量。

参考文献:

[1] OLIVEIRA T, MARTINS M F. Literature Review of Information Technology Adoption Models at Firm Level [J]. The Electronic Journal Information Systems Evaluation, 2011, 14 (1): 110-121.

[2] TORNATZKY L G, FLEISCHER M, CHAKRABARTI A K. The Processes of Technological Innovation [M]. Lexington, MA: Lexington Books, 1990.

[3] LIN H F, LIN S M. Determinants of E-business Diffusion: A Test of the Technology Diffusion Perspective [J]. Technovation, 2008, 28 (3): 135-145.

[4]、[10]、[22] TEO T S H, RANGANATHAN C, DHALIWAL J. Key Dimensions of Inhibitors for the Deployment of Web-Based Business-to-Business Electronic Commerce [J]. IEEE Transactions on Engineering Management, 2006, 53 (3): 395-411.

[5] KURNIA S. E-Commerce Adoption in Developing Countries: An Indonesian Study [C] //San Diego International Systems Conference, 2006: 14-16.

[6]、[8]、[12]、[42] ZHU K, KRAEMER K, XU S. Electronic Business Adoption by European Firms: A Cross-Country Assessment of the Facilitators and Inhibitors [J]. European Journal of Information Systems, 2003, 12 (4): 251-268.

[7] KOWTHA N, CHOON T. Determinants of Website Development: A Study of Electronic Commerce in Singapore [J]. Information & Management, 2001, 39 (3): 227-242.

[9] LIN H F, LIN S M. Determinants of E-business Diffusion: A Test of the Technology Diffusion Perspective [J]. Technovation, 2008, 28 (3): 135-145.

[11] OLIVEIRA T, MARTINS M F O. A Comparison of Web Site Adoption in Small and Large Portuguese Firms [C] //ICE-B. 2008: 370-377.

[13] SOARES-AGUIAR A, PALMA-DOS—REIS A. Why Do Firms Adopt E—Procurement Systems? Using Logistic Regression to Empirically Test a Conceptual Model [J]. IEEE Transactions on Engineering Management, 2008, 55 (1): 120-133.

［14］、［15］、［43］ LIU M. Determinants of E-Commerce Development: An Empirical Study by Firms in Shaanxi, China ［C］//Wireless Communications, Networking and Mobile Computing, 2008. WiCOM'08. 4th International Conference on. IEEE, 2008: 1-4.

［16］、［27］、［31］、［38］、［46］、［48］、［51］ GIBBS J L, KRAEMER K L. A Cross-Country Investigation of the Determinants of Scope of E-Commerce Use: An Institutional Approach ［J］. Electronic Markets, 2004, 14 (2): 124-137.

［17］ CHAU P Y K, TAM K Y. Factors Affecting the Adoption of Open Systems: An Exploratory Study ［J］. MIS Quarterly, 1997, 1 (21): 1-24.

［18］、［44］ JEON B N, HAN K S, LEE M J. Determining Factors for the Adoption of E—Business: the Case of SMEs in Korea ［J］. Applied Economics, 2006, 38 (16): 1 905-1916.

［19］ KAYNAK E, TATOGLU E, KULA V. An Analysis of the Factors Affecting the Adoption of Electronic Commerce by SMEs: Evidence from An Emerging Market ［J］. International Marketing Review, 2005, 22 (6): 623-640.

［20］、［23］ PAN M J, JANG W Y. Determinants of the Adoption of Enterprise Resource Planning Within the Technology—organization—environment Framework: Taiwan's Communications Industry ［J］. Journal of Computer Information Systems, 2008, 48 (3): 94-102.

［21］、［24］、［26］ MARTINS M, OLIVEIRA T. Determinants of Information Technology Diffusion: A Study at the Firm Level for Portugal ［C］//Source: Proceedings of The European Conference on Information Management and Evaluation, 2007: 357-365.

［25］、［28］、［32］ WYMER S A, REGAN E A. Factors Influencing E-Commerce Adoption and Use by Small and Medium Businesses ［J］. Electronic Markets, 2005, 15 (4): 438-453.

［29］ CHWELOS P, BENBASAT I, DEXTER A S. Research Report: Empirical Test of An EDI Adoption Model ［J］. Information Systems Research, 2001, 12 (3): 304-321.

［30］、［33］、［45］、［52］ HSU P F, KRAEMER K L, DUNKLE D. Determinants of E-Business Use in US Firms ［J］. International Journal of Electronic Commerce, 2006, 10 (4): 9-45.

［34］ GIBBS J, KRAEMER K L, DEDRICK J. Environment and Policy Factors Shaping Global E-Commerce Diffusion: A Cross-Country Comparison ［J］. The Information Society, 2003, 19 (1): 5-18.

［35］、［47］、［53］ ZHU K, KRAEMER K L. Post—Adoption Variations in Usage and Value of E—Business by Organizations: Cross—Country Evidence from the Retail Industry

[J]. Information Systems Research, 2005, 16 (1): 61-84.

[36] KUAN K K Y, CHAU P Y K. A Perception—Based Model for EDI Adoption in Small Businesses Using a Technology-Organization – Environment Framework [J]. Information & Management, 2001, 38 (8): 507-521.

[37] KURNIA S, ALZOUGOOL B, ALI M, ET AL. Adoption of Electronic Commerce Technologies by SMEs in Malaysia [C] //System Sciences, HICSS'09. 42nd Hawaii International Conference on. IEEE, 2009: 1-10.

[39] NUMALLY J C. Psychometric Theory [M]. NY: McGraw—Hill, 1978.

[40] FOMELL C, LARCKER D F. Evaluating Structural Equation Models with Unobservable Variables and Measurement Error [J]. Journal of Marketing Research, 1981, 1 (18): 39-50.

[41] BAGOZZI R P, YI Y. On the Evaluation of Structural Equation Models [J]. Journal of the Academy of Marketing Science, 1988, 16 (1): 74-94.

[49] 侯杰泰, 等. 结构方程模型及其应用 [M]. 北京: 教育科学出版社, 2004.

[50] HITT M A, HOSKISSON R E, LRELAND R D. Mergers and Acquisitions and Managerial Commitment to Innovation in Mform firms [J]. Strategic Management Journal, 1990, 11 (4): 29-48.

[54] ZHU K, KRAEMER K L, XU S. The Process of Innovation Assimilation by Firms in Different Countries: A Technology Diffusion Perspective on E-Business [J]. Management Science, 2006, 52 (10): 1557-1576.

[55] CHIN W W. Frequently Asked Questions Partial Least Squares & PLS-Graph [DB/OL]. [2004-12-21]. http://disc—nt.cba.uh.edu/chin/plsfaq.htm.

[56] 朱镇, 赵晶, 江毅. 企业电子商务扩散——组织执行力视角的解释 [J]. 管理评论, 2013 (9): 158-166.

在线零售

零售企业线上线下协同经营机制研究[1]

张琳[2]

摘　要：零售企业线上线下协同包括战略协同、流程协同、营销策略协同和经营保障协同，协同程度可分为完全协同、中度协同和差异化经营。战略协同是协同的方向和起点，决定着流程协同的程度和营销策略协同的战术，同时影响保障体系的设置；流程协同是战略协同实现的条件，是营销策略协同的基础；营销策略协同是协同的具体实施，直接影响协同的效果；经营保障协同是企业协同战略的保障，提供线上线下协同经营的配套设施。

关键词：实体零售；网络零售；线上线下；协同经营机制

一、引言

网络零售凭借其低价、便利、快捷的优势得以快速发展，给传统实体零售企业带来了巨大的冲击。而实体零售企业则因其充分的商品展示、良好的服务与信誉也让消费者难以割舍。因而国内越来越多的零售企业开始线上线下同时经营：传统实体零售企业以各种形式开展网络零售业务，网

---

[1] 本文受教育部人文社科研究规划基金项目"零售企业实体店铺与网络零售协同经营研究"（项目编号：13YJA630128）、国家社会科学基金项目"政府基本公共服务提供与民生需求保障协同机制研究"（项目编号：13BGL147）、国家自然科学基金项目"基于风险视角的移动支付用户采纳及创新扩散机理研究"（项目编号：71301089）的资助。

[2] 作者简介：张琳（1971—），女，山东省龙口市人，山东工商学院副教授，主要研究方向为营销管理、零售管理。

络零售商则与实体零售店展开合作。据《中国零售业发展报告》的数据，截至 2012 年年底，国内零售连锁百强企业中已有 62 家以不同的方式开通了网络零售平台，线上线下协同经营已成未来发展趋势。[1]

然而在实际中，虽然国内各大零售企业已开始同时发展网络与实体零售业务，如国美、苏宁、银泰百货等大型零售企业分别开设自己的购物网站，淘宝、天猫商城、京东商城等的众多网络商家也拥有各自的实体店铺，但目前零售企业这种线上线下同时经营的状况还处于发展初期，成功的企业并不多。很多零售企业由于对网络零售与实体零售的差异没有充分认识、对网络零售与实体零售在企业发展中缺乏清晰战略定位，使网络零售的开展不但没有给传统零售企业带来客流、收入及利润的增长、竞争优势的增强，反而却因为没有统筹规划、协调好定位、价格、促销、人员等方面的问题使实体店铺与网络零售业务产生了各种冲突，甚至对企业的经营业绩、市场形象等方面产生了负面影响，还有些企业以失败而告终。即使是坚持经营的企业也大多是将两块业务分开独立经营，没有将两者有机地结合起来，使两者实现优势互补，发挥 1+1>2 的协同效应。如何将两种零售模式有机协调起来，共同为消费者提供满意的产品与服务，并提高自身的竞争优势，是零售企业面临的难题。

二、文献回顾

1. 协同

协同的概念源自系统科学中的协同学理论。根据协同学创始人哈肯[2]对协同的定义，协同或称协作，是指在复杂大系统内，各子系统的协同行为产生出的超越各要素自身的单独作用，从而形成整个系统的统一作用和联合作用。罗伯特·巴泽尔和布拉德利·盖尔[3]认为协同创造价值的方式主要有四种：对资源或业务行为的共享、市场营销和研究开发的扩散效益、企业的相似性（如知识和技能可以被处于相似知识领域的企业所共享）和对企业形象的共享。

2. 协同机制

"机制"一词始于机械工程学，原指机械的构造和工作原理。它伴随着系统科学的发展而演化，现在被广泛运用于医学、生物学、社会学及经济学等领域,借以类比系统的构造、功能和相互关系。[4]企业是一个复杂而开放的系统,其经营是在外部环境各因素的影响下,选择适当的价值链及相关流程将各环节、各部分联结在一起,共同服务于消费需求。在企业的运行过程中,这些因素、环节、部分相互作用,相互影响,形成了企业的经营机制。

波特[5]认为协同机会来自于价值链和经营流程的多个环节,涉及企业管理的诸多方面。成功的协同经营会给企业带来规模经济效应、范围经济效应、管理协同效应和学习效应,能够形成企业的竞争优势。但企业的协同经营同时也会因为需要大量的协调行为而产生额外的成本,如果管理不善,不但不能产生正面协同效应,反而会导致业务间、活动间的资源争夺现象,甚至一项业务拖累另外一项业务,最终导致企业的整体绩效与竞争力下降。[6]因而对经营多项业务的企业,构建能够统筹规划、协调一致的协同机制十分必要,使企业能够多方面统一规划企业的协同经营战略定位、具体的协同行为和相应的保障措施,尽可能降低协调成本和可能产生的冲突,保证协同效益的最大化。

3. 线上线下协同经营

目前国内外关于零售企业线上线下协同经营的研究主要集中在三个方面:协同经营效应、协同经营策略、协同经营的模式及其演进。其中协同效应研究重在协同的结果,协同经营策略重在营销策略协同,二者研究内容均在协同的某个局部比较深入具体,与协同经营机制构建相去较远。只有协同经营模式是从多方面对线上线下协同进行研究,与协同经营机制比较接近。

在协同经营模式及其演进上,国内外学者都给予了充分关注。申文果[7]在分别分析两种业务优势的基础上,提出两种业务融合的观点。拉甘那桑(C. Ranganathan)、古德(Vern Goode)和拉姆普拉赛德(Arkalgud Ramaprasad)[8]从网络技术应用创新与线上线下融合程度两个角度提出传统零售企业发展网络业务、最终达到融合的两种路径:一种从试验开始,然后独立经营,最终达到全面高度协同;另一种由试验开始,经由运营与操作协同,最终达成全面高度协同。穆勒和斯蒂芬(Claas Müller-Lankenau AE Kai Wehmeyer & Stefan Klein)[9]在借鉴汉德森(Henderson)的战略匹配模型的基础上,将零售企业线上线下协同经营分为市场战略执行导向、网络零售执行导向、市场潜力开发导向和网络零售潜力开发导向 4 种类型，并运用这 4 种战略类型对欧洲 4 大超市加以分析。李桂华、刘铁[10]则从优势获取和维持的角度分析了传统零售商发展网络零售的时机与条件，提出了不同类型传统零售商发展网络零售时应根据外部环境和企业自身的条件选择不同的权变策略。王国顺、邱子豪[11]从企业层面、产品销售层面、顾客层面和物流互动层面对传统零售与网络零售进行了比较，提出了传统零售商向网上零售延伸可根据企业规模选择两种不同的路径：大企业可选择传统零售与网络零售独立经营，小企业则可以传统零售为主、网络零售为辅的方式。两种路径最终会达到全面协同。李飞[12]认为企业线上线下协同经营是多渠道零售的问题，提出了多渠道零售有两种基本类型：多渠道组合和多渠道整合。并从消费者购买决策过程的角度提出了企业进行多渠道零售策略决策的步骤。刘文纲、郭立海[13]提出实体与网络零售协同发展有相互补充、相互独立、相互融合等三种模式，影响模式选择因素有零售业态、自身资源条件及市场需求变化趋势等因素。王国顺、何芳菲[14]认为受顾客需求、企业发展需求及成本要素等的影响，实体零售与网络零售协同的形态将从市场探索发展至双渠道共生，再至双渠道协同，并向更高层次的协同形态演进。汪旭晖、张其林[15]以苏宁为例，从渠道区隔与融合两个维度构建了 4 种类型协同战略：渠道分离、渠道协同、渠道融合、渠道并行，每种战略类型对应相应产品、价格与促销方面的协同策略，而影响战略选择的因素主要包括消费者特性、成本因素、生命周期、竞争强度、互补性、规模经济 6 个方面。

上述协同模式研究大多根据两业务的协同程度将其分为三类或四类，然后对每种模式从经营战略、营销策略、模式选择影响因素三个方面加以论证与说明，有的文章还涉及了模式的演进，但对于与协同效益密切相关、涉及企业各项经营活动的经营流程却没有考虑，对企业的各部分协同决策及相互间的关系也没有予以足够关注。而现实中线上线下协同经营，无论对电商企业还是对传统的零售企业，都是一项重大的战略调整，需要企业对其经营的各方面进行系统规划、统筹管理。因而对零售企业而言，构建能够将这些方面与环节协调起来、共同发挥正面效应、避免矛盾与冲突的机制非常关键。

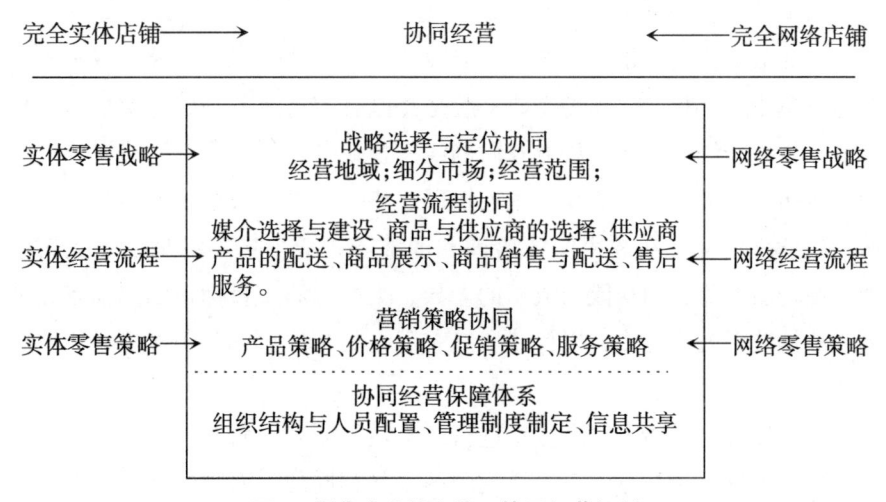

三、零售企业线上线下协同经营机制的构建

关于线上线下协同经营机制,以往文献中并没有给出明确定义,根据上述协同与机制的相关文献,本文将其定义为:当零售企业同时开展实体与网络零售业务时,为达成零售企业的战略发展目标,实现整体竞争优势的最大化,使实体与网络零售实现优势互补与资源共享,同时避免各种冲突以获取尽可能多的协同效应而构建的协同经营系统及其运作方式,既包括系统的构成,也包括各部分相互作用、相互影响的方式。

零售企业的线上线下协同经营,既需要在经营战略上对线上线下业务进行协同与准确定位,也需要在具体的业务流程和营销策略上进行相应决策以实现资源共享和优势互补,同时企业还应在信息共享、组织结构、人员配置和管理制度的制定等方面做好相应的工作,以确保协同的战略、流程与策略能够实现,从而实现企业的发展目标。因而线上线下协同经营系统包括战略选择与定位协同、经营流程协同、营销策略协同、协同经营保障体系4个部分,如图1所示。

```
完全实体店铺 ——————→      协同经营      ←—————— 完全网络店铺
─────────────────────────────────────────────────────────────
                  ┌──────────────────────────────┐
                  │        战略选择与定位协同       │
实体零售战略 ────→│   经营地域;细分市场;经营范围;  │←──── 网络零售战略
                  │          经营流程协同           │
                  │  媒介选择与建设、商品与供应商的选择、供应商 │
实体经营流程 ────→│  产品的配送、商品展示、商品销售与配送、售后  │←──── 网络经营流程
                  │                服务。            │
                  │          营销策略协同           │
实体零售策略 ────→│   产品策略、价格策略、促销策略、服务策略   │←──── 网络零售策略
                  │··································│
                  │        协同经营保障体系         │
                  │  组织结构与人员配置、管理制度制定、信息共享  │
                  └──────────────────────────────┘
```

图1 零售企业线上线下协同经营机制

1. 战略选择与定位协同

当零售企业线上线下同时经营时,首先应考虑线上线下业务分别采用的经营战略以及由此形成的企业整体经营战略。经营战略的制定通常会从

目标市场范围和需求范围两个方面进行。目标市场范围包括企业要服务的目标市场的地域范围和同一地域范围内要服务的细分市场范围。而需求范围则代表着企业要满足的目标消费者需求的种类,往往决定着企业经营的产品种类,即企业的经营范围。由此形成了制定战略的三个维度：地域范围、细分市场范围和经营范围。线上线下业务可以在三维度方面完全相同,也可以部分相同,甚至完全不同。相应的线上线下的经营战略也有了不同的协同类型：全面战略协同、双维度协同、单一维度协同和完全差异化经营（如图2所示）。

	目标市场				
	相同地域		不同地域		
经营范围	相同细分市场	不同细分市场	相同细分市场	不同细分市场	相同
	全面战略协同	双维度协同	双维度协同	单一维度协同	
	双维度协同	单一维度协同	单一维度协同	完全差异化经营	不同

图2　线上线下战略协同类型

（1）全面战略协同

全面战略协同是指零售企业线上线下经营地域范围和细分市场范围以及经营范围完全相同。零售企业一般是在原有零售业务基础上增加另一项业务,或由传统的实体零售业务向网络零售业务延伸,或由网络零售商开设实体店铺。当零售企业采用这种协同战略时,主要目标在于加强企业原有的经营战略,旨在利用实体店铺和网络零售业务在商品展示、促销沟通、配送服务等方面功能与成本的差异,更好地满足目标市场的需求,从而提高消费者的满意度,以保持和扩大企业在现有市场的份额。

（2）双维度协同

双维度协同是指零售企业在进行线上线下同时经营时,在目标细分市场、经营地域、经营范围三个维度中两个是相同的,而第三维度却存在着差异。如企业的线上线下可以在相同的地域范围向相同的细分市场提供不同的产品,或以相同的产品、相同的细分市场在不同的地域内经营,或在相同的地域范围内、以相同的产品种类为不同的细分市场服务。采用这种协同战略的企业其目标在于在充分利用企业原有经营经验、客户资源、市场认知的前提下实现企业在某个方面的扩张,如细分市场、产品经营范围、经营地域范围的扩张。因而,该战略的特点是在加强原有经营战略的同时,以较少的挑战来实现谨慎的扩张。

(3) 单一维度协同

单一维度协同是指零售企业线上线下仅在细分市场、经营地域、经营范围三个维度中的一个相同,另外两个方面存在差异。如线上线下在不同的地域范围内向相同的细分市场提供不同的产品,或在相同的地域范围内向不同的细分市场提供不同的产品,或在不同的地域范围内满足相同目标市场的不同需求。企业采用这种协同战略的主要目的是利用企业在某一方面的优势,实现地域范围、细分市场以及经营范围的扩张。与双维度协同相比,由于线上线下业务的差异性加大,两块业务的协同性将大大降低,对零售企业而言挑战性更强。

(4) 完全差异化经营

完全差异化经营是指零售企业线上线下业务在细分市场、经营地域和经营范围三个方面只存在较少的相同点或完全不同。企业发展其他性质的零售业务时,仅仅考虑了外部环境机会,不能利用原有的业务经验与资源,这相当于完全重新开辟另外一项新业务。对于新业务,由于与企业原有业务存在极大差异,企业往往由不同的事业部来负责,将两块业务分开经营。这样两块业务除了在财务上可能存在协同外,在其他方面如经营战略、经营流程、营销策略、人员设置与信息系统等方面相互独立。

此外,当零售企业线上线下存在战略协同时,零售企业还需确定线上线下业务的战略重要性。零售企业应根据企业的原有资源与经验、经营的产品特性、外部的环境条件以及目标市场的情况来确定线上线下的相对重要性,而且这种相对重要性也应随着企业经营状况的变化而进行相应调整。

2. 经营流程协同

实体零售与网络零售的基本经营流程是一致的,都包括 6 个环节:媒介选择与建设、商品与供应商的选择、供应商产品的配送、商品展示、商品销售与配送、售后服务。[16] 这 6 个环节分别代表不同的职能,由不同的职能部门来执行。但由于二者采用的经营媒介不同,因而导致它们在媒介选择与建设、商品展示、商品销售与配送、售后服务 4 个环节存较大的差异。这种经营流程的相似性与差异性使零售企业线上线下共同经营时面临共享与独立的选择。对于每一经营环节或职能,企业需要确定该环节或职能是

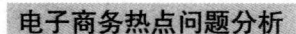

由原有的职能部门来执行还是需要另设独立的部门来执行,需要根据上述的协同经营战略在经营流程上做出相应决策,确定需要协同经营的环节与程度。各职能部门的设置情况决定了零售企业线上线下业务的协同程度,由此可将其分为3种类型:高度融合、中度协同和相互独立,如表1所示。

表1 零售企业线上线下经营流程协同

零售基本流程	高度融合	中度协同	相互独立
媒介选择与建设	同一部门	不同部门	不同部门
商品与供应商的选择	同一部门	同一部门	不同部门
供应商产品配送与仓储	同一部门	同一部门	不同部门
商品展示	同一部门	不同部门	不同部门
商品销售与配送	同一部门	不同部门	不同部门
售后服务	同一部门	同一部门	不同部门

(1) 高度融合

高度融合是指零售企业将线上线下业务视为一体,统一核算,线上线下相同或相似的职能由同一部门来执行,差异较大的职能,如媒介的选择与建设(对于实体零售企业该职能是实体店的选址与装修,对于网络零售则是网站的建设与设计),企业可能因两者差异较大而分设不同的部门,但即使是不同的部门,他们也可以归于同一管理者之下,以便于两者能够体现相同的定位。当零售企业线上线下在经营战略上采用全面协同时往往会采用这种流程协同类型。在这种情况下,企业线上线下的经营策略如产品策略、价格策略、促销策略和服务策略完全相同。对消费者而言,无论在网上或在实体店中购物,除了体验的差别,获得的收益没有任何差异。消费者在任何购物环节都能实现无成本的自由转换,如消费者可在实体店浏览、试用、体验产品,若不方便携带产品,则可在店内以相同价格网上下单,由零售企业送货上门。

(2) 中度协同

中度协同是指零售企业将线上线下业务视为既可相互融合又可相互独立的部分,在相同或相似的职能部门,如商品与供应商的选择、供应商产品配送、仓储以及售后服务等方面,两者可以融合到一起,由同一部门来执行;而在差异较大的职能如媒介的选择与建设、商品展示、商品的销售与配送等方面将两者分开,设立不同的部门分别负责实体与网络零售。在零售企业内，这两块业务往往是独立核算，分开考核。

当零售企业线上线下采用双维度协同或单一维度协同时，即在经营的地域范围、细分市场和经营的产品上既有相同也有不同，企业往往会采用这种协同类型，其线上线下的经营策略如产品策略、价格策略、促销策略和服务策略并不完全相同，会存在一定的差异。因而，对消费者而言，在网上与在实体店中购物会存在一定的差异，需要消费者视所购产品、购物时间等消费条件的不同而进行灵活选择。

(3) 相互独立

相互独立是指零售企业将线上线下业务视为相互独立的部分，分别由不同的事业部或分公司、子公司来进行经营，独立核算，二者在所有的经营职能上都完全分开。这时，其线上线下的经营策略如产品策略、价格策略、促销策略和服务策略存在较大差异，零售企业很少会对两者进行统一宣传，实体店与网站采用不同的名称，这类似生产企业的多品牌经营策略。对消费者而言，很少将其网上零售与实体店铺进行关联。

3. 营销策略协同

零售企业在选择经营流程的协同决策后，还需要确定营销策略的协同。零售企业的营销策略包括产品策略、价格策略、促销与沟通策略、服务与配送策略，是企业与消费者接触的重要桥梁。企业通过营销策略，与消费者进行互动，为消费者提供企业或产品信息与服务，实现产品的销售。

(1) 产品策略协同

零售企业根据线上线下各自业务的经营战略确定其产品的经营范围、品种规格。但当线上线下定位完全一致或有部分重叠或互补时，零售企业需要就线上线下是否经营相同的产品做出决策。产品策略的协同主要包括两个方面：产品的种类与规格型号的协同、产品生命周期的协同。

产品种类与规格型号的协同主要指零售企业线上线下是经营同一产品形成加强效应还是经营相同种类、不同品牌规格型号的产品以形成二者的互补效应。实体店由于展示空间、服务的地理范围有限，因而在经营产品的选择上只能是同类产品选择有限的品牌、品种与规格型号。网络零售虽然突破了这两方面的限制，但由于时间与精力所限，即使零售企业可以展示足够多的产品，消费者也不可能浏览所有的产品，只能按产品某个或某几方面的属性浏览其中的部分产品，所以网络零售业务也需对产品进行筛选。由此，零售企业需要确定哪些产品既在实体店也在网上销售，哪些产品只在某个渠道销售，对于同时在线上线下销售的产品，零售企业还需考虑价格、促销、服务等其他营销策略协同问题。

随着产品生命周期的延续，产品的目标市场、营销策略、产品对零售企业的盈利贡献程度都会产生相应变化，企业需在线上线下之间进行适当调整。如对服装产品而言，由于实体店的展示与体验效应好，很多处于导入期的品牌，零售企业只在实体店内展示或线上线下同步展示，但到了产品生命周期的衰退期，由于实体店的空间有限、成本较高，零售企业往往只在线上销售这些产品，而实体零售店内则展示更新的产品。

(2) 价格策略协同

价格策略协同主要体现在线上线下同时经营的产品上。对于这些产品，零售企业需要确定其产品线上线下价格和消费者所获得的促销利益是否一致。若不一致，还需明确差距的合理控制范围。

网络与实体店产品价格的差异主要体现在两个方面：一为价格差异，二为促销活动导致的消费者实际获利的差异。与实体店相比，网络零售还处于行业生命周期的初期阶段，各零售企业为了抢占网络零售的市场份额，再加上网络零售具有低成本运营的特点，在定价时往往采取网络与实体零售店不同的定价策略，通常网络价格要低于实体零售店的价格。另外，由于消费需求随着时间变化而波动，零售企业为促进产品销售经常进行各种短期让利促销活动，如打折、赠送、积分抵现等。这些活动虽然并不必然导致产品价格的变化，消费者可能付出的货币价格是一致的，但消费者以同样的货币价格获得实际收益却存在差异，这也致使产品的实际价格产生差异。而这样的差异若不加以控制，会导致网络与实体店的经营冲突，甚至会影响零售企业的形象与业绩。因而零售企业需对线上线下产品的实际价格进行协调。

(3) 促销与沟通策略协同

促销与沟通策略协同主要体现在借助实体零售与网络零售促销方式、促销成本的差异，采用整合营销传播的理念和方法，以最低的成本达到传播效果的最大化。

消费者在购物的过程中，需要从多种渠道获取与产品相关的信息，以便对产品进行了解与比较。由于实体店铺服务的商圈范围有限，零售企业通常采用当地的媒体、人员沟通、店内商品展示或短信等形式与消费者进行沟通，其沟通的目标顾客范围非常有限，沟通的成本也较高；而网络零售中，网络沟通虽然不能让消费者亲自体验产品，展示效果也不是很理想，但却具有成本低、无时间与空间以及容量限制的特点，而且在网络中消费者不仅可以从商家获取信息，还可以从以往顾客的使用情况中获取信息。因而零售企业需要结合消费者的购买决策过程，把这两种渠道的沟通策略进行协调，以达到成本效益的最大化。

（4）配送与服务策略协同

配送与服务策略协同的重点体现在线上线下服务项目与服务内容的互补上。

消费者在购物过程中，需要零售企业提供售前、售中、售后服务，具体包括交通服务、咨询服务、产品的演示与体验服务、收款服务、包装服务、送货服务、退换货服务、包裹保管与存放服务。其中绝大多数实体零售店铺通过员工提供除交通服务、送货服务外的其他所有服务项目，部分大型超市提供交通与送货服务。通过这些服务，实体零售企业提高顾客满意度，与顾客之间建立长期关系。而网络零售除送货服务由人员完成外，其他的服务项目则主要通过电子化的方式完式。电子化服务虽然互动性、情感建立方面的效果不如人员服务，但其成本较低，效率较高，在某些情况下也能很好地满足顾客需求。为达到成本效益的最大化，零售企业可以将两种业务的服务策略协同起来，共同完成企业的服务目标。如企业可将网络的配送与实体门店结合起来，对共同销售的产品，可以由实体门店完成商品的配送，或将实体门店作为产品的配送终点之一，由消费者来自提产品；实体门店也可以作网络零售的售后服务部门，由门店协助完成商品的退换货、维修等售后相关工作。而零售网站则可为消费者提供详细的产品及其使用、售后服务等方面的说明与指导，供消费者参考。

4. 线上线下协同经营保障

上述的线上线下协同经营涉及了企业经营的多个方面，包含了很多工作环节，其协同效果并不能自动实现，需要多个方面的保障才能达成。线上线下协同保障体系主要包括组织机构与人员保障、管理制度的保障和信息系统的保障。

（1）组织机构与人员保障

实体店铺与网络零售分属两种经营模式，一种属于劳动密集型业务，靠员工服务来吸引和保留顾客,另一种属于科技含量较高的产业,以低成本、便捷性获得竞争优势。两种业务对组织结构、人员素质的要求截然不同。在实际经营中,除极少数企业采用高度融合的经营流程外,其他企业在关键的环节往往会分别经营。在实际的运行过程中,两者难免会产生这样或那样的冲突。因而要达成两者的协同,企业必须在人员与组织结构的设置上有所考虑,两块业务均应设置专门的人员对两块业务进行沟通与协调,或对相关人员进行相应的培训,使其理解两者协同的效应和掌握跨业务经营的技能,必要时可设立专门的部门来解决相关问题。

(2) 管理制度保障

为了实现经营目标,企业会制定一系列的管理制度引导和规范员工的工作行为,调动员工工作积极性。员工的工作性质、工作岗位不同,管理制度也会有所差异。因此零售企业在制定线上线下各岗位与工作的管理制度时,应注意避免管理制度中出现相互矛盾与冲突的现象,同时还应在其中增加鼓励线上线下相互合作、协同经营的部分。如企业在销售人员的考核中,若将线上线下分开考核,而且以各自销售量或销售额为重点考核指标,就会出现线上线下相互竞争的情况,严重时会出现由于二者恶性竞争而影响企业的业绩与形象的问题。若将二者结合起来进行考虑,则会促进企业的总体销量,有利于提高顾客满意度。

(3) 信息系统保障

信息是企业决策的重要基础之一,快速、有效的信息传递与分析是决定企业竞争优势的关键因素。信息共享是线上线下协同的重要保证,线上线下应对两块业务的信息系统进行对接与融合,有条件的企业甚至可以搭建线上线下统一的信息管理平台,实时共享供应商、营销策略、消费者以及内部经营管理多方面的信息,以确保线上线下经营的协同一致。

四、零售企业线上线下协同机制各部分之间的关系

线上线下协同经营机制的4个部分之间的关系如图3所示。在线上线下协同经营机制中,4个部分别发挥着不同的作用。战略协同的重要作用在于对两块业务在经营方向与经营机会的把握和经营资源的合理配置,以达成企业提高消费者满意度或成长与扩张的目标,实现规模经济和范围经济。零售企业通过经营流程来实现实体与网络具体业务活动、经验和资源的共享,获得提高效率、降低成本的效应。营销策略协同的目的在于在消

费者中形成对零售企业的线上线下协同一致的形象，使双方可以在客户资源、企业声誉、企业服务方面相互共享与加强，避免因营销策略的冲突而产生线上线下相互竞争、从而浪费企业的经营资源、影响消费者满意度的不良结果。协同保障体系则为实现上述三方面的协同提供保证。

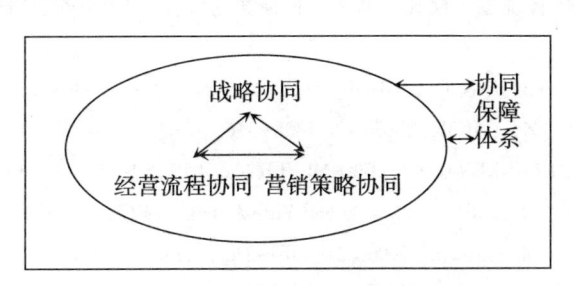

图3　线上线下协同机制各部分之间的关系

线上线下协同经营机制4个方面相互影响，相互制约，通过彼此间的相互匹配来实现企业的经营目标。其中，战略协同是协同的方向与起点，企业根据外部环境和自身的资源来确定其线上线下协同的战略，这在很大程度上决定其具体经营流程上的协同程度和营销策略各方面的协同战术，同时影响保障体系的设置。而战略协同需要在有保障的条件下通过流程协同和策略协同来实现，因此企业在确定战略协同时，必须考虑流程和营销策略的可行性。而流程协同是企业内部各部门与职能的协同，包括企业的营销部门与职能，因而是营销策略协同的基础。企业在实施流程协同和策略协同的过程中会遇到各种在事先没有考虑到的问题，有些问题可能是企业现有的资源条件无法解决的问题，或外部环境发生了重大变化，导致原来制定的各方面协同无法达成，这时企业需对其战略协同进行调整。企业在这三个方面的协同能否实现，则受到保障体系各方面限制。企业需要根据上述协同决策及其执行过程中产生的变化对企业组织结构、人力资源、管理制度和信息系统等进行相应配置与调整，使其为线上线下协同经营提供配套保障。

参考文献：

[1]中国连锁经营协会，商务部流通发展司.中国零售行业发展报告［R］.2013.

[2]、[6]转引自王琛，王效俐.企业战略协同中存在的问题及对策［J］.商业研究，2005（10）：115-117.

[3]转引自白列湖，王孝军.管理协同观的历史演进［J］.重庆工商大学学报（社会科学版），2009（5）：61-64.

[4]张浩,崔丽,侯汉坡.基于协同学的企业战略协同机制的理论内涵[J].北京工商大学学报(社会科学版),2011(1):69-75.

[5]转引自王琛,赵英军,刘涛.协同效应及其获取的方式与途径[J].学术交流,2004(10):47-50.

[7]申文果.传统零售模式与网络零售模式的融合[J].商业研究,2002(8):142-144.

[8] RANGANATHAN C., GOODE V., Ramaprasad A.. Managing the Transition to Bricks and Clicks [Z]. ACM, 2003: 46, 308-316.

[9] MüLLER-LANKENAU C., WEHMEYER K., KLEIN S.. Strategic Channel Alignment: an Analysis of the Configuration of Physical and Virtual Marketing Channels [J]. Information Systems and e-Business Management, 2006 (2): 187-216.

[10]李桂华,刘铁.传统零售商"优势触网"的条件与权变策略[J].北京工商大学学报(社会科学版),2011(5):6-12.

[11]王国顺,邱子豪.零售企业网上与实体零售的比较及协同路径选择[J].财经理论与实践,2012(4):110-113.

[12]李飞.迎接中国多渠道零售革命的风暴[J].北京工商大学学报(社会科学版),2012(3):1-9.

[13]刘文纲,郭立海.传统零售商实体零售和网络零售业务协同发展模式研究[J].北京工商大学学报(社会科学版),2013(4):38-43.

[14]王国顺,何芳菲.实体零售与网络零售的协同形态及演进[J].北京工商大学学报(社会科学版),2013(6):27-33.

[15]汪旭晖,张其林.多渠道零售商线上线下营销协同研究——以苏宁为例[J].商业经济与管理,2013(9):37-47.

[16]张琳.实体零售与网络零售的比较研究[J].中国商贸,2014(9):4-7.

线上线下整合营销策略对在线零售品牌体验影响机理[1]

刘铁　李桂华　卢宏亮[2]

摘　要：在线上线下零售相互渗透与融合的情境中，跨越顾客与企业两个层面的扎根理论研究发现，顾客对零售品牌的体验过程包括决策、交易、履行、反馈四个过程。在以上四个过程中，线上线下整合策略以顾客感知到的信息对称程度、风险和不确定性、服务效率与成本、顾客参与和控制感为中介，影响品牌体验。过程与策略匹配的模型分离出关键的信息流、物流、风险流及客制化四个方面的整合策略，并解释了整合策略影响品牌体验的过程和机理。

关键词：双线因素；风险与不确定性；渠道流整合策略；品牌体验

一、问题提出

只有通过管理顾客体验，企业才能驱动品牌感知，确保顾客忠诚，最终增加利润。[1]然而，在我国网络零售迅猛发展的过程中，在线零售商的恶性价格竞争不仅使线下实体店面临严重冲击，也使在线零售商难以保持顾客忠诚。频繁的价格大战、促销大战，只能收获顾客对"价格欺诈"、

---

[1]　本文系国家自然科学基金"转型经济背景下B2B品牌资产的来源路径、形成机理及溢出效应"（项目编号：71302065）的部分研究成果。

[2]　作者简介：刘铁（1977—），男，吉林省松原市人，南开大学商学院博士生，主要研究方向为品牌营销。李桂华（1958—），男，天津市人，南开大学商学院教授，博士生导师，主要研究方向为品牌营销。卢洪亮（1982—），男，黑龙江省齐齐哈尔市人，博士，东北林业大学经济管理学院教师，主要研究方向为品牌营销。

"送货延迟"的抱怨,以及对"价格"而非零售商品牌的忠诚。为应对在线零售冲击,线下零售商纷纷进军网络零售市场,而线上线下的竞争压力,也促使部分在线零售企业开始进行线下投资。在这种情境下,在线零售品牌经营不仅受到线上因素的影响,也受到线下因素以及线上与线下结合因素的影响。如何管理线上线下因素的结合以获得良好的品牌体验,成为在线零售商独自或与线下零售渠道整合发展需要解决的重要问题。但是,无论在实业界还是理论界,目前都没有一个清晰的答案。鉴于已有研究无法解释在线零售商在双线因素影响下如何改善品牌体验的问题,本研究试图通过扎根理论研究方法,解释线上线下整合营销策略对在线零售品牌体验影响的过程和机理。

二、已有研究评述

已有关于在线购物体验的研究,从消费者特征、产品特征、零售商特征、营销传播等角度解释了影响顾客在线购物行为和体验的部分因素,但仍然存在一些不容忽视的问题。

1. 线上交互与消费者行为视角的相关研究

线上零售商出现后,考虑到线上零售与线下零售可能存在的差异,学者们开始关注线上零售的特殊性。绝大多数关于线上体验的研究,都是从芬纳兰和张(Finneran & Zhang)归纳的理论框架来进行分析的,即"人、工具及任务三方面因素的特征及其相互间交互"如何影响线上体验。[2]

最早的线上体验研究关注了工具方面的因素,比如对虚拟体验的研究,关注网络虚拟环境所呈现信息逼真性、交互性对消费者体验的影响,[3]同步性、双向性等感知互动维度,[4]网站设计因素,[5-6]甚至网站设计所引起的幻想和想象[7]等。

由于网络工具使用效果因人而异,因此部分研究关注了人的差异因素,如个人注意力、在线融入感、个人技能、对信息的控制等消费者个人因素。有关任务方面因素的研究关注了网络所带来的挑战和激励、网络使用意向类型[8-9]等。

后续有关线上体验影响因素的研究非常之多,研究内容大多集中于更为具体的网络工具、消费者个人因素、使用网络工具进行的任务类型等三个方面。在对线上过程进行了较为充分的研究后,学者们发现,仅就线上购物体验而言，影响因素也并不仅仅局限于网络工具的应用和消费者本身。最近有关线上体验的研究开始关注虚拟环境之外的因素，如操作者环境。[10]对线上购物体验的研究，从仅仅针对网络信息系统前端的研究扩展到了同时关注消费者应用网络时的现实环境因素，并开始探索现实环境和线下因素对消费者线上购物体验的影响。

2. 线上与线下因素结合视角的相关研究

零售服务过程在线上和线下的分布，使消费者与零售商的互动过程也涉及线上和线下两个过程。双线过程的差异与整合通过消费者感知影响对零售商的品牌体验。对线上线下渠道关系的研究经历了三个阶段：消费者线上线下多渠道购物的原因与影响、双线渠道的冲突、双线整合的影响与基本模式。

比较早的研究就已经关注了消费者多渠道购物的原因、应用多种购物渠道对消费者品牌态度及忠诚的影响，[11]并从渠道特性、购买目的、个人差异等角度解释了多渠道间的选择以及多渠道的价值。[12]随着在线零售与传统线下渠道从单纯竞争向逐渐融合转变，理论研究的视角也从双线渠道的冲突（如搭便车）[13]转向了双线渠道的整合。[14]

部分研究发现，在线零售购物体验不仅受网站设计、网络互动等线上因素影响，也受线下光顾过程、[15]线下物流[16]以及双线整合感知[17]等影响；零售企业线上线下整合模式也影响零售品牌绩效。[18-19]目前，尽管关注线上线下整合的研究不多，但双线视角使已有研究能够进一步接近真实市场环境，也为具体探索零售商线上线下整合策略提供了基础理论准备。

3. 现有研究不足与本研究定位

已有关于线上因素的研究集中于网络信息系统前端体验的影响，而目前零售市场的竞争已经使在线零售体验的影响因素超越了线上的单一范畴。因此，仅仅关注线上因素并不能全面反映消费者对在线零售品牌的体验过程。已有有关双线因素结合的研究，仅仅反映了双线整合的感知以及线下光顾过程的整体作用，却没有探讨具体是哪些线上线下因素通过怎样的综合作用影响了顾客的体验。对物流等线下服务因素的影响，一方面已有研究涉及得比较少，另一方面已有研究大多为因素列举式研究。这样的研究既无法穷尽枚举，也无法解释各因素间的关联，因此不能真正厘清线上线下因素相互关联的综合作用。

基于已有文献对双线结合情境的研究缺口，本文试图通过质性研究方法，在双线结合情境下对现有在线体验理论进行发展，弥补已有研究存在的不足。

三、研究设计

本研究初期选择了 5 家拥有线上和线下部门的零售商，以其顾客群作为抽样母体，再分别从每家企业的顾客群中选择合适的顾客。为获得真实可信的数据，确保研究的信效度，本研究根据多重证据来源采用三角检定法搜集数据。数据来源包括访谈、网络评论、档案资料、文件等渠道。通过对消费者、企业管理者、供应商销售代表、企业员工的访谈来获取一手数据，通过网络评论、文件档案等搜集二手数据。

考虑到访谈对象的代表性和典型性，实地访谈的调研地点选取了北京和上海一南一北两个城市。这两个城市线上线下网点较多，且通过双线渠道购物的顾客具有典型代表性。对每家企业，在每个城市至少选择两个位于不同地点的网点。2013 年 10 月和 2014 年 1 月，分别以在两个城市均设有网点的 5 家企业的 31 位顾客作为访谈的起始点，进行初始调研。每天访谈结束后，对访谈资料进行整理和初步编码。在对顾客访谈资料进行初步编码后，再根据发展理论的需要逐步加入与顾客互动的企业被访者。这是因为，只有通过从顾客到企业被访者的追踪访谈，才能全面反映影响品牌体验的企业—顾客间互动因素以及企业策略因素。访谈初始选择的研究对象结构如表 1 所示。在二手数据方面，考虑到网络搜集数据来源的特性，研究团队选取 5 家企业的投诉处理论坛或投诉处理 QQ 群、有奖促销体验征集贴等来搜集包含较为详细体验过程的数据。因投诉处理内容大多涉及不良体验，通过这部分顾客评论可以搜集到较多具有不良品牌体验属性的案例；而有奖促销体验征集贴往往包含较多良好体验，通过这部分顾客评论可以搜集到较多具有良好体验属性的案例。研究团队以 2013 年 4 月 30 日至 2014 年 6 月 1 日为时间节点，通过以上两个渠道共搜集到顾客案例 179 个，具体见表 2。从大众点评网搜集涉及 5 家企业的顾客点评评论 21 000 余条，剔除掉那些不包含企业策略与体验描述的数据，得到有效评论 3451 条。由于大众点评网评论内容呈现出的碎片化特征，这部分数据主要用于在研究后期检验理论饱和性，并验证所得到的结论。通过以上多重来源、多重方法的数据搜集和相互比较，研究团队尽最大努力保证了所搜集信息的信度和效度。

表1 初始访谈对象组成结构

对象属性	属性水平及数量结构
购物公司	苏宁易购（8） 国美在线（5） 优衣库（6） 银泰网（7） 麦考林（5）
品牌体验	较好（17） 较差（14）
购买商品	手机数码（6） 服装家居（9） 化妆饰品（9） 家电（7）
性别	男（12） 女（19）
年龄	18~25（8） 26~30（8） 30~35（7） 35~40（6） 40~45（2）

表2 二手顾客体验案例结构

对象属性	属性水平及数量结构
购物公司	苏宁易购（56） 国美在线（25） 优衣库（36） 银泰网（27） 麦考林（35）
品牌体验	较好（52） 较差（127）
购买商品	手机数码（54） 服装家居（67） 化妆饰品（33）

四、数据分析过程与结果

对所搜集到的数据，本研究使用扎根理论分析方法，采取逐层深入的分析策略，通过开放式编码、二级编码发展范畴、副范畴，通过选择性编码探索范畴间关系。

1. 开放式编码

本研究通过逐个事件的编码，达到扎根理论的"契合"与"相关"标准。在不断搜集新资料并进行编码的往复过程中，通过对编码进行持续比较和修订，使编码达到"信息饱和"。

通过初始编码，本研究提炼出263个概念，再结合前后文分析比较，对所提炼出的这些概念进行聚焦编码，从而得到89个初始范畴，并通过持续比较使范畴达到饱和。限于篇幅，表3仅展示了部分开放式编码所得到

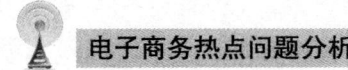

的概念和初始范畴示例。

表 3 开放式编码示例

原始资料	概念	初始范畴
解决过程中出现的不同人员间相互矛盾的答复以及答复与事实间的出入不免让人心中疑惑。(顾客)	对企业内信息不一致的疑惑	A1 信息一致
一般顾客都会语气很"亲切"地问我问题,但重点是我问谁呢,所谓的负责人电话从未接通过,而顾客还在不停地催问我。(客服员工)	寻求信息权限支持	A7 人员信息权限
信息化建设对门店终端带来的影响,其最为直接的作用就是解放了人力,提高了效率。(店长)	表达信息化的作用	A16 信息效率
我们早就要求他们不要再让顾客作退换货前的鉴定了,直接退换就可以了,别的电商都是这么做的。(供应商售后服务管理者)	表达对退换货障碍的思考	A31 逆向物流障碍
送得是很快,直接就是个坏的。要换?可以!先扛到几十公里外作个鉴定再给退换。很好,我凑合用算了!给个中评总可以吧?不给显示!牛叉的电商,再买剁手!(顾客)	感知退换货困难控制顾客评论	A31 逆向物流障碍 A9 信息控制
最近两年感觉假货越来越多了,所以在消费的时候一定要睁大眼睛了解清楚商品相关事项以及售前售后等问题,不要相信什么信誉、王冠、钻石,信誉是可以刷出来的,要看信誉就看差评,好评很多都是假的。(顾客)	感知信息不真实感知欺骗行为	A12 信息真实 A55 机会主义行为

2. 二级编码得到的策略与过程因素

在开放式编码基础上,本研究把开放式编码分析所得到的初始范畴整合起来,从而使更大范畴的维度具体化,发展范畴的副范畴,将已经建立的范畴重新组合为主范畴。通过已建立范畴及副范畴与数据的反复交互比较,使所生成的主要范畴及副范畴与数据契合。表 4 展示了如何通过二级编码使开放式编码得到的 89 个初始范畴整合为 32 个副范畴和 9 个主范畴。

表4 二级编码结果

副范畴	主范畴
S1 多种互动渠道的整合应用、S2 双线信息系统对接与共享、S3 消费者信息分享	M1 信息流整合策略
S4 人机交互、S5 人际交互、S6 社会化媒体交互、S7 线下信息交互	P1 决策过程
S8 第三方监管或担保支持、S9 双向信用评价或认证系统、S10 结构保证承诺	M2 风险流整合策略
S11 评估交易风险、S12 确认交易条件、S13 寻求结构保证	P2 交易过程
S14 逆向物流与正向物流的共享整合、S15 物流网点门店化与销售网点物流化、S16 流程信息化	M3 物流整合策略
S17 跟踪履行状态、S18 微调履行方式、S19 确认履行结果、S20 寻求服务与补救	P3 履行过程
S21 信息交互客制化、S22 交易保障客制化、S23 物流服务客制化、S24 社会化口碑监督、S25 减少评论控制、S26 引导顾客参与	M4 客制化策略
S27 官方渠道反馈、S28 社会化渠道反馈	P4 反馈过程
S29 信息对称、S30 风险/不确定性、S31 服务效率与成本、S32 参与/主导控制	C1 品牌体验感知

通过对资料进行编码以及与既有文献进行比较可以发现，尽管科兰的渠道流理论将渠道流划分为八种，[20]但渠道流之间存在相伴而生的关系，如支付和退款的流动与物流和逆向物流相伴而生，订单和促销流主要是信息在顾客和企业间的流动，而财务和谈判流等伴随着信息及风险在顾客与企业间的流动。因此，本研究以信息流、物流、风险流编码的渠道流的动态变化，已经全面涵盖了在线零售商与顾客间的渠道要素流动。

3. 选择性编码与整合模型

在选择性编码过程中整合范畴间关系，得到贯穿所有资料与范畴关系的主要故事线，即在双线因素影响下，零售商通过线上线下整合营销策略，增强企业与顾客间渠道流对称流动效率，增强顾客感知到的信息对称程度，通过客制化和顾客参与提高顾客对购物流程的主导控制感，降低顾客感知到的交易风险与不确定性，改善顾客对在线零售商的品牌体验。

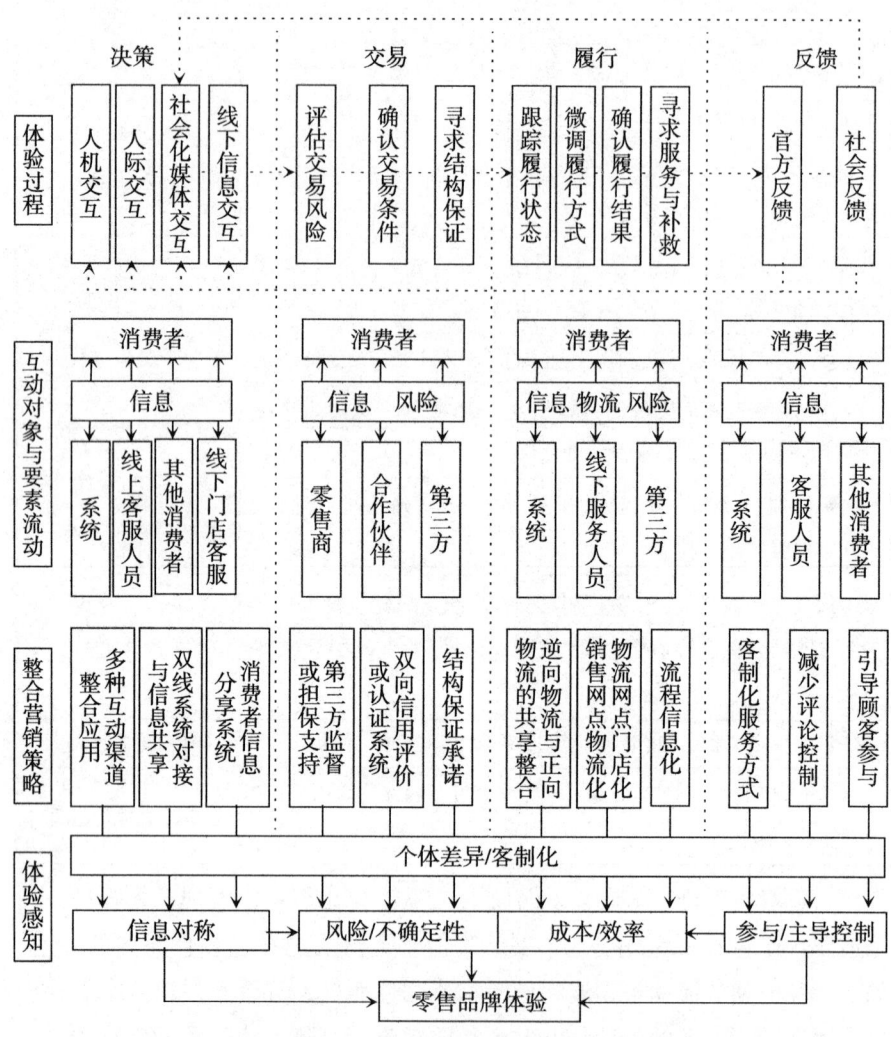

图1 线上线下整合营销策略与在线零售品牌体验形成过程

图1描述了本研究整合涌现的范畴关系及理论发现。通过选择性编码，本研究得到了决策、交易、履行、反馈等四个与零售商品牌经营互动的体验过程，每个过程所对应的关键整合营销策略以及整合策略对顾客体验感知的影响机理。对各范畴关系的联结，建立在对实证数据详尽而系统的考察基础之上，使研究发现与数据高度契合并相关。范畴间关系的确定，通过持续比较并与原始证据对比验证完成。本文模型解释部分将详细分析所

涌现的范畴关系。

五、模型解释

1. 信息流整合策略与顾客感知到的信息对称程度

多种互动渠道整合应用、双线信息系统对接与信息共享、消费者信息分享系统的有效管理等信息流整合策略显著影响顾客感知到的信息对称程度。

在线网站在呈现信息方面的诸多限制，导致单一信息交互方式效果普遍较差，容易出现信息不对称。多种互动渠道整合应用可以改善前端信息交互效率。人际交互系统（如 SNS 工具、电话等）能弥补人机交互系统的适应力缺陷。在人机交互与线上人际交互都不能满足顾客需求时，线下信息渠道将发挥辅助作用。

在线零售顾客需要多元化信息渠道，以增加获取信息的途径并相互验证，也需要企业为顾客比较相关信息提供帮助。企业在不同平台、不同渠道传播信息的同步性和一致性影响双方信息交流的效率。不同平台与双线信息系统对接、企业内信息共享、与平台商等合作伙伴保持信息管理上的协调等都是比较有效的措施。这些措施同时也可提高各渠道与顾客信息交互的效率。

顾客通过消费者信息分享平台和评论系统，传递其他顾客最有可能关心的关键信息；对评论进行相互比较，了解更多细节信息；通过相互交流，在企业人际交互系统压力较大时，作为替代信息渠道，提高信息获取效率。企业通过消费者信息分享平台，可以低成本地获得顾客需求信息及意见信息，并将之作为信息系统更新与流程优化的依据。开放性消费者信息分享平台可以促进顾客群体意见的表达，加强企业与顾客之间的信息交流。

2. 物流整合策略与服务成本和效率

逆向物流与正向物流共享整合、物流网点门店化与销售网点物流化、流程信息化等因素影响物流成本和速度，并通过所提供服务的可选择性影响物流服务客制化水平和效率。

逆向物流与正向物流使用统一的物流系统，通过终端快递活动共享来影响双向物流的成本和效率。企业整合送货和退货的验收、检测、登记流程，在使终端快递活动成为正向物流终点的同时，担当逆向物流起点的角色，实现逆向物流与正向物流的共享合作。例如，快递人员承担退换货检测和验收功能，既能使逆向物流服务变得更加方便，也有利于降低成本。

物流网点和销售网点是商品周转的重要渠道，也是耗费成本和影响周转效率的重要一环。物流网点门店化或销售网点物流化，可使同一网点具备销售与正负向物流中转的双重功能。在双线经营情境下，物流网点与销售网点分离经营会带来双倍成本，并由于双线经营的内部竞争导致资源闲置和周转效率降低。物流网点与销售网点整合后，线上销售和线下销售从同一网点出货并承担成本，能使双线经营的竞争更加容易地转化为资源共享与合作。从顾客角度看，功能整合的网点有利于顾客通过自助提货或上门退货来加快正负向物流速度，为顾客提供更多的送货与退换货渠道选择，在成本、方便性上得以改善，并通过增加网点服务功能来改善服务水平。

零售商将其与保险公司、厂家售后、其他零售商的合作关系流程化，通过流程安排使商业伙伴间的分工合作紧密衔接起来，避免分散经营所带来的对顾客需求的反应延迟及互相推诿。通过共享信息系统对合作流程进行管理，实现流程信息化，加速物流信息在合作伙伴间的流动。根据不同习惯来设计合作流程，通过流程信息化来记录和分析顾客个人需求特征，实现物流服务客制化，提高正负向物流处理效率。

3. 风险流整合策略与顾客感知风险/不确定性

在线零售交易过程的阶段性分割增强了顾客感知到的不确定性和风险，而加强物流、资金、信息等资源流动的同步性有利于降低风险。第三方监管或担保支持、双向信用评价系统及结构保证承诺是影响风险流动的重要因素。

风险的流动伴随着商品、资金、信息的流动而发生。在线上渠道参与下，商品、资金、信息流动同步性降低，无法像传统线下零售那样进行即时交易，无法做到钱货同步两清。零售企业通过提供货到付款、验货后签收和第三方支付、验货后付款等结构保证措施，可以增加物流、资金流、信息流的同步性，降低顾客感知风险。

通过引入第三方监管（如货款交付的监管）或担保交易过程（如网购

风险的先行赔付），能有效约束双方的机会主义行为。双向信用评价或认证系统，可使顾客与企业相互进行信用评价和认证，也能约束双方的机会主义行为，提高顾客信任程度。信用评价还能帮助企业及顾客区分交易风险等级，从而选择性地使用担保、保险、监管等措施。双向评价系统通过企业与顾客的相互评价来约束随意评价行为，提高评价系统的客观性。根据交易记录设定评价权限，可防止没有交易事实基础的随意评价，在对顾客、商品、企业进行评价的同时，也通过信用评级显示评价者评价的可信性。

4. 客制化策略与顾客参与和控制感

在线零售顾客首先是在线群体，具有在线人群的思维方式和习惯。与传统零售顾客相比，因在线购物感知风险普遍比线下购物高，在线顾客在信息搜寻、比较等购买行为上更为积极主动。由于信息不对称情况下更可能发生机会主义行为，在线顾客更希望参与、了解、控制购买进程及其服务。因此，引导顾客参与、客制化服务方式、减少评论控制等对在线顾客体验具有重要影响。

允许顾客自主选择某种信息交互方式，自主定制降低交易风险的结构保证措施，自主选择线上和线下信息渠道及物流渠道，这些客制化服务方式使顾客能够根据自己的个体差异、购买目的以及商品类别的不同进行私人定制。在信息、物流、风险等方面，客制化服务方式能有效匹配顾客需求，改善顾客对零售商的品牌印象。

允许顾客通过社会化媒体、零售商网站等对服务进行社会化口碑监督，降低评论控制也能提高顾客对机会主义行为的控制感。引导顾客参与购买流程管理，不仅通过客制化适应顾客的个体需求，也使顾客了解购买进程。及时沟通并调整零售服务时点、方式甚至重新进行产品设计，这些顾客参与过程都能在一定程度上提高顾客对购买进程和风险的控制感。客制化的参与或控制与在线零售顾客行为方式及需求相吻合，有利于提高顾客对零售商品牌的信任程度，改善品牌体验。综上所述，研究通过扎根理论分析得到的模型表明，在线零售商通过线上线下信息流、物流、风险流整合策略，应用客制化服务方式，能够通过顾客对购买流程的参与及主导控制，增强对信息对称与服务效率的感知，降低顾客感知到的风险与不确定性，最终改善顾客对零售商的品牌体验。

参考文献:

[1] ISMAIL A. R.. Experience Marketing: An Empirical Investigation [J]. Journal of Relationship Marketing, 2011, 10 (3): 167-201.

[2] FINNERAN C. M., ZHANG P.. A Person-artifact-task (Pat) Model of Flow Antecedents In Computer-mediated Environments [J]. International Journal of Human-Computer Studies, 2003, 59 (4): 475-496.

[3] STEUER J.. Defining Virtual Reality: Dimensions Determining Telepresence [J]. Journal of Communication, 1992, 42 (4): 73-93.

[4] YOON D., CHOI S. M., SOHN D.. Building Customer Relationships in an Electronic Age: the Role of Interactivity of Ecommerce Web Sites [J]. Psychology & Marketing, 2008, 25 (7): 602-618.

[5] WANG Y. J., MINOR M. S., WEI J.. Aesthetics and the Online Shopping Environment: Understanding Consumer Responses [J]. Journal of Retailing, 2011, 87 (1): 46-58.

[6] DEMANGEOT C., BRODERICK A. J.. Exploring the Experiential Intensity of Online Shopping Environments [J]. Qualitative Market Research: An International Journal, 2006, 9 (4): 325-351.

[7] SONG K., FIORE A. M., PARK J.. Telepresence and Fantasy in Online Apparel Shopping Experience [J]. Journal of Fashion Marketing and Management, 2007, 11 (4): 553-570.

[8] HOFFMAN D. L., NOVAK T. P.. Marketing in Hypermedia Computer-Mediated Environments: Conceptual Foundations [J]. Journal of Marketing, 1996, 60 (3): 50-68.

[9] NOVAK T. P., HOFFMAN D. L., YUNG Y. F.. Measuring the Customer Experience in Online Environments: A Structural Modeling Approach [J]. Marketing Science, 2000, 19 (1): 22-42.

[10] MOLLEN A., WILSON H.. Engagement, Telepresence and Interactivity in Online Consumer Experience: Reconciling Scholastic and Managerial Perspectives [J]. Journal of Business Research, 2010, 63 (9): 919-925.

[11] VENKATESAN R., KUMAR V., RAVISHANKER N.. Multichannel Shopping: Causes and Consequences [J]. Journal of Marketing, 2007, 71 (2): 114-132.

[12] HSIAO C. C., YEN H. J. R., LI E. Y.. Exploring Consumer Value of Multi-channel Shopping: a Perspective of Meansend Theory [J]. Internet Research, 2012, 22 (3): 318-339.

[13] HEITZ-SPAHN S.. Cross-channel Free-riding Consumer Behavior in a Multichannel Environment: an Investigation of Shopping Motives, Sociodemographics and Product Categories [J]. Journal of Retailing and Consumer Services, 2013, 20 (6): 570-578.

[14] KOLLMANN T., KUCKERTZ A., KAYSER I.. Cannibalization or synergy: Consumers' Channel Selection in Online-offline Multichannel Systems [J]. Journal of Retailing and Consumer Services, 2012, 19 (2): 186-194.

[15] JONES C., KIM S.. Influences Of Retail Brand Trust, Off-line Patronage, Clothing Involvement and Website Quality on Online Apparel Shopping Intention [J]. International Journal of Consumer Studies, 2010, 34 (6): 627-637.

[16] AHN T., RYU S., HAN I.. The Impact of the Online and Offline Features on the User Acceptance of Internet Shopping Malls [J]. Electronic Commerce Research and Applications, 2005, 3 (4): 405-420.

[17] SCHRAMM-KLEIN H., WAGNER G., STEINMANN S. ET AL. Cross-channel Integration—is it Valued by Customers? [J]. The International Review of Retail, Distribution and Consumer Research, 2011, 21 (5): 501-511.

[18] AVERY J., STEENBURGH T. J., DEIGHTON J., ET AL.. Adding Bricks to Clicks: Predicting the Patterns of Cross-channel Elasticities Over Time [J]. Journal of Marketing, 2012, 76 (3): 96-111.

[19] WHITE R. C., JOSEPH-MATHEWS S., VOORHEES C. M.. The Effects of Service on Multichannel Retailers' Brand Equity [J]. Journal of Services Marketing, 2013, 27 (4): 259-270.

[20] EVANTHIA LYONS, ADRIAN COYLE. Analyzing Qualitative Data in Psychology [M]. London: Sage Publications Limited, 2007: 85.

物流服务质量、网络顾客满意与网络顾客忠诚[1]

——转换成本的调节作用

陈文沛[2]

摘 要：文章基于717位网络消费者样本数据，从物流服务质量、网络顾客满意及顾客忠诚相结合的独特视角考察物流服务质量、网络顾客满意、顾客忠诚三者间关系，检验转换成本在其中扮演的角色后发现，物流服务质量显著增强了顾客忠诚，而网络顾客满意在其中发挥了完全中介作用；转换成本是有中介的调节变量，在物流服务质量和网络顾客满意的关系中具有显著调节作用，但在网络顾客满意与顾客忠诚的关系中调节作用不显著，这种调节作用会进一步通过网络顾客满意影响顾客忠诚。

关键词：物流服务质量；网络顾客满意；顾客忠诚；转换成本

一、引言

2013年的"双11"促销，支付宝总销售额达到了创纪录的350.18亿元，网络购物已经成为被消费者广泛接受和认可的新型购物方式。发现新顾客的高成本以及激烈的市场竞争，要求网络零售企业重视网络顾客的顾客忠诚，以应对变化、挑战和竞争。所谓顾客忠诚是一种重复购买所偏好产品或服务的强烈承诺感，即使受当时环境或营销手段影响可能会导致顾

---

[1] 本文系重庆市人文社会科学重点研究基地——网络社会发展问题研究中心2012年重点研究课题"转换成本、网络顾客满意与网络顾客忠诚——基于B2C电子商务网站的研究"（项目编号：2012skjd01）的研究成果之一。

[2] 作者简介：陈文沛（1973—），女，湖南省长沙市人，重庆邮电大学网络社会发展问题研究中心副教授，博士，硕士生导师，主要研究方向为营销管理、技术创新。

客改购其他品牌的行为,但顾客对其喜好商品或服务未来购买和再惠顾的承诺不会改变。[1]在进入门槛低、竞争异常激烈的网络环境中,低顾客忠诚将给企业带来巨大的成本压力并大大削弱企业的赢利能力,而保持一个较高水平的顾客忠诚度对网络零售企业至关重要。大量研究表明,培养忠诚顾客是企业赢利并实现持续发展的关键,因而顾客忠诚度长久以来一直都是企业营销的基础目标。[2]

尽管如此,网络顾客忠诚仍然是一个新兴的研究领域。已有文献聚焦于实体销售渠道顾客忠诚研究,往往忽略了网络环境对顾客忠诚度的重要影响。值得注意的是,B2C购物环境和顾客购买行为与传统购物相比存在很大不同。[3]部分学者从不同视角对影响B2C顾客忠诚度的因素作了开创性研究,得出的研究结论不尽一致。西方的研究基本没有分析网站物流配送水平、价格水平、支付方式等对顾客忠诚度的影响,而我国由于在文化传统、物流基础设施建设水平、信用体系完善程度等方面与国外存在较大差异,[4]因此构建我国B2C模式下顾客忠诚度的理论框架模型,分析影响B2C顾客忠诚度的关键因素及其影响机制,对我国B2C电子商务长远发展及B2C顾客忠诚度研究具有重要的理论价值和实践意义。

本文依据具有B2C购物网站消费经验的717位消费者的一手数据进行实证研究,主要关注以下三个问题:一是在物流基础设施建设水平较低的中国,提升物流服务质量是许多企业的必然选择,那么这一关系在网络购物情境中是否会发生变化;二是顾客满意度高的消费者往往具有较强的顾客忠诚度,而物流服务质量就是要提升消费者网络购物的满意度进而提升忠诚度,那么网络顾客满意在物流服务质量与顾客忠诚的关系中是否起到中介作用;三是转换成本对顾客忠诚非常重要。[5]转换成本指个人或组织从一方转换到另一方所形成的各种成本。[6]转换成本对网络顾客满意的重要意义在于,转换成本高的企业可以依赖较高成本留住顾客,网络顾客满意的效果(顾客忠诚度)也随之得到提升,但有关转换成本调节作用的相关实证研究仍然较为缺乏。目前,网络零售企业转换成本参差不齐,效果也大相径庭,那么转换成本是否会对物流服务质量与网络顾客满意、网络顾客满意与顾客忠诚的关系产生调节作用呢?

二、理论分析与研究假设

1. 物流服务质量与顾客忠诚

我国已经进入互联网时代,物流业为电子商务的发展提供了便利和根本保障。而在转型经济国家,要素市场还存在很多不完善的地方,严重阻碍了资源的自由流动并导致资源配置效率低下。[7]在这种情况下,第三方物流公司代替网络零售企业与顾客互动,导致第三方物流公司的服务质量是否影响顾客满意度成为一个重要问题。[8]许多研究指出,物流服务质量是赢得顾客满意最主要的因素之一。[9-11]对网络购物而言,顾客忠诚可能更具价值,但学术界并未就物流服务质量与顾客忠诚度进行深入研究,特别是缺乏实证研究的支持。本文拟就此进行深入分析。

物流服务质量对提升顾客忠诚度具有显而易见的积极影响。顾客忠诚具体表现为重复购买行为,这种行为通常受限于消费者的购物体验。从理论上讲,物流服务质量越高,顾客体验越好,那么重复购买行为就越有可能发生。可以说,在互联网已经发展成为一个强大的商品市场和流通渠道的今天,物流服务质量是建立顾客忠诚的基石,进而影响到企业的生存与发展。大量研究发现,良好的物流服务质量往往有助于顾客感知价值的提升。毫无疑问,这种高感知价值大大提高了顾客忠诚度。由此提出如下研究假设:

H1:物流服务质量对顾客忠诚有显著正向影响。

2. 物流服务质量与网络顾客满意

所谓满意,指顾客将期望值与实际感受值进行对比而形成的一种主观感受。当顾客能够从众多企业中选取类似产品时,可以通过顾客服务质量和伴随产品提供过程的服务质量的高低来区分各个企业,进而形成不同的满意度水平。第三方物流服务质量是重要的区分因素之一。在学术研究中,物流服务质量的高低经常被用来评估顾客满意度。王海霞认为,物流配送(物流配送的时间、地点、商品的完整性、快递人员的态度)是影响网购顾客满意度的主要因素。[12]谢佩洪等研究发现,在影响我国B2C电子商务顾客满意度的因素中,物流配送与支付方式是第二大影响因素。[13]叶作亮等指出,第三方物流服务质量影响着顾客对企业的满意度。[14]本文认为，企业改善物流服务质量，可以提升网络消费者的购物感受值，从而提升网络顾客满意度。根据上述分析，提出如下假设：

H2：物流服务质量对网络顾客满意有显著正向影响。

3. 网络顾客满意在物流服务质量与顾客忠诚关系中的中介作用

（1）网络顾客满意与顾客忠诚

顾客满意常常被认为顾客忠诚度的前因。[15]奥利弗（Oliva）发现，当满意度达到一定程度时，重复购买行为增长迅速，而顾客满意度低于一定水平时，重复购买行为会大幅度降低，满意度和忠诚度是两个不同的状态，顾客承认自己满意有极大可能驱动顾客忠诚。[16]顾客满意水平将影响其消费后的态度和行为意向，包括顾客的重购意向、口碑效应和重购频次。[17]例如，满意而愉悦的购物经历可能会促使顾客对这一零售商产生信任和依赖，激发或促使顾客将同一网络零售商作为下次购物的首选，从而产生重复购买行为。此外，满意的顾客也倾向于同他人分享自己满意的消费经历并推荐他人购买。由此提出如下研究假设：

H3：网络顾客满意对顾客忠诚有显著正向影响。

（2）网络顾客满意在物流服务质量与顾客忠诚间的中介作用

本文以仍处于转型经济阶段的我国网络零售企业为研究对象，考察网络顾客满意在物流服务质量与顾客忠诚间是否发挥中介作用。一方面，物流服务质量是企业对物流服务进行管理的程序和态度，良好的物流服务质量有助于企业向消费者提供良好的购物体验，从而能够获得更多的顾客满意；另一方面，网络顾客满意是提升顾客忠诚度不可或缺的重要因素，在竞争性经营环境中，不满意的客户不可能忠诚，网络顾客满意往往意味着顾客能够借助物流服务质量获得愉悦的购物体验。结合顾客满意的相关观点，良好的物流服务质量是为了促进网络顾客满意，为企业提高赢利能力奠定基础，促进企业发展。因此我们认为，物流服务质量之所以会影响顾客忠诚，关键在于物流服务质量有助于网络顾客满意，即网络顾客满意在物流服务质量与顾客忠诚的关系中起中介作用。由此提出如下研究假设：

H4：网络顾客满意在物流服务质量与顾客忠诚的关系中起中介作用。

4. 转换成本的调节作用

转换成本指顾客从一种产品/服务向另一种产品/服务转移时所感知到的成本。应该指出，转换成本对企业物流服务质量决策的制定及其效果产生重要影响。本文将进一步检验转换成本在物流服务质量与网络顾客满意、网络顾客满意与顾客忠诚的关系中是否具有调节作用。

（1）转换成本在物流服务质量与网络顾客满意关系中的调节作用

网络环境中，转换成本对物流服务质量具有多方面的影响。低转换成本使网络顾客能够方便地发现其他提供类似产品的供应商，造成顾客流失，从而迫使企业改善服务质量，特别是物流服务质量。高转换成本会将消费者"禁锢"，会大大降低企业改善第三方物流服务质量的积极性。本研究认为，转换成本越低，消费者发现新供应商的能力越强，转向其他供应商的可能性越大，这时企业无疑具有更强的动机来提升第三方物流服务质量以实现网络顾客满意度的提升，即低转换成本很可能会支持企业提升物流服务质量及其对网络顾客满意的正向影响。反之，转换成本越高，意味着消费者转向竞争者的可能性越低，企业改善物流服务质量的动机将明显降低，从而大大削弱物流服务质量对网络顾客满意的影响。由此提出如下研究假设：

H5：转换成本在物流服务质量与网络顾客满意关系中起调节作用，即高转换成本会强化物流服务质量与网络顾客满意的关系，而低转换成本则削弱二者间的关系。

（2）转换成本在网络顾客满意与顾客忠诚关系中的调节作用

近年来，学者们开始关注转换成本在顾客忠诚形成机理中的调节作用，但研究结论并不一致。李等（Lee et al.）发现，转换成本在顾客满意与顾客忠诚间起正向调节作用。[18]塞肯等（Serken et al.）却认为，转换成本起反向调节作用。[19]为系统研究网上转换成本在网上顾客忠诚形成中的调节作用，本文就此作进一步分析。顾客满意度较低时，在较高的转换成本作用下，网络顾客仍然发生重复购买行为，即忠诚度高，此时顾客满意度对忠诚度的影响降低；反之转换成本越低，网络顾客满意度对顾客忠诚度的影响越强。由此提出如下研究假设：

H6：转换成本在网络顾客满意与顾客忠诚的关系中起调节作用，即高转换成本会弱化网络顾客满意与顾客忠诚的关系，而低转换成本则加强二者间的关系。

三、研究设计

1. 量表的形成

依据本文研究目的，物流服务质量的测量必须从顾客感知角度出发，体现物流整体过程质量和服务质量。因此，本文划分物流服务质量维度的依据是物流配送整个过程的顾客感知，而且这也符合蒙特泽（Mentzer）、高梅（Gomes）和凯瑞非（Krapfel）对物流服务应包含的两个方面的理解——物流服务质量应包括实体配送服务质量和顾客营销服务质量。[20]本文将物流服务质量划分为物流便捷质量、物流人员专业质量、货物保全质量、误差处理质量等四个维度；网上顾客满意的题项主要参考汪旭辉的相关研究；[21]网络顾客忠诚包括行为忠诚、态度忠诚两个维度，参考汪旭辉的相关研究；[22]网络转换成本的量表参考塞肯等（Serken et al.）的研究。[23]原始量表经过两轮英汉互译对照，形成初始量表。通过对17名具有丰富网上购物经历的消费者进行深入访谈，增补了一些题项，以弥补现有文献的不足并适应概念框架的需要。本研究所用变量的测量均采用七级李克特量表，共36个题项。在经过相关学者专家的讨论以及17位消费者的预测试后，进行适当修改，最后形成正式调查问卷。

2. 研究样本

调研对象为以具有多次网络购物经历的大学生为主的年轻群体。有研究表明，大学生代表了最活跃的在线购物者，中国互联网络信息中心（CCNIC）2008年的研究报告显示，本科以上学历占6成。已有研究表明，以学生作为电子商务研究的样本能够获得相应的研究成果。2014年1月到3月间，采用"滚雪球"的方式进行便利网络电子问卷调查。共发放问卷1000份，其中纸质版370份，电子版630份。剔除掉没有填写的问卷89份、答案明显有规律的问卷以及明显胡乱填写的问卷194份，共计717份。问卷有效率为71.7%。其中，回收纸质版问卷213份，电子版问卷504份。样本特征见表1。

表1　样本统计特征

	类型	人数	百分比(%)	累计百分比(%)		类型	人数	百分比(%)	累计百分比(%)
性别	男	313	43.7	43.7	网购年龄	1~2年	60	8.4	8.4
	女	404	56.3	100.0		3~4年	300	41.8	50.2
周岁年龄	20岁以下	116	16.2	16.2		5年以上	357	49.8	100.0
	20~25岁	397	55.3	71.5	所选的送货方式	快递	694	96.8	96.8
	25~30岁	148	20.7	92.2		平邮	4	0.6	97.4
	30岁以上	56	7.8	100.0		EMS	19	2.6	100.0
最高学历	大专	125	17.4	17.4	每月网购费用	200元以下	538	75.1	75.1
	本科	441	61.5	78.9		201~400元	82	11.4	86.5
	研究生以上	151	21.1	100.0		401~600元	67	9.3	95.8
购物网站	淘宝	617次	当当网	112次		601~800元	19	2.6	98.4
	京东商城	185次	卓越网	244次		801~1000元	6	0.9	99.3
	聚美优品	321次	梦芭莎	74次		1000元以上	5	0.7	100.0

四、研究结果

1. 信度与效度

各变量的克隆巴赫（Cronbach's）α系数均超过0.7，信度较好。问卷设计参考了相关文献，征求了学术界专家和企业界人士的意见，保证了内容的效度。检验结构效度包括收敛效度和判别效度。进行验证性因子分析，模型整体拟合度较好，指标的因子载荷均在0.5~0.95（见表2），全部指标的t值均达到了较高的显著性水平（$P<0.01$），显示了较好的收敛效度。各变量的AVE均方根都大于与其他潜变量的相关系数，表明各维度间存在足够的区分效度。

模型拟合优度指标：$GFI=0.94$，$CFI=0.98$，$RMR=0.022$，$RMSEA=0.054$，$\chi^2/df=2.33$，$P=0.017$，模型拟合优度较好。物流服务质量、顾客忠诚由子维度构成，有必要进行二阶验证性因子分析。物流服务质量二阶验证性因子分析结果为：$GFI=0.92$，$CFI=0.93$，$RMR=0.041$，$RMSEA=0.071$，$\chi^2/df=3.22$，$P=0.004$。顾客忠诚的二阶验证性因子分析结

表 2 信度与效度分析

变量	题项	载荷	CR	AVE
物流便捷质量 α=0.84	能立即生成订单	0.73	0.82	0.61
	物流发件时间很短	0.71		
	承诺在规定时间送货	0.63		
	能及时查询货物信息	0.83		
	货物跟踪信息准确	0.76		
	预先告知送达时间	0.83		
	退货速度很快	0.78		
货物保全质量 α=0.71	配送商品正确	0.76	0.86	0.57
	能把货送到我手中	0.85		
	配送商品质量完好	0.72		
	主动提醒我验货	0.76		
服务质量 α=0.72	服务过程很礼貌	0.72	0.84	0.62
	有丰富的专业知识	0.84		
	有能力解决问题	0.76		
	处理紧急业务能力强	0.67		
态度忠诚 α=0.73	该网站的忠实顾客	0.85	0.87	0.60
	愿意持续使用该网站	0.87		
	想长久交易	0.76		
误差处理质量 α=0.82	发错货能主动重新发货	0.73	0.83	0.55
	若不满意很乐意答应退货	0.80		
	对送货出错的回应很快	0.66		
	货物有损货能主动承担损失	0.75		
	能将货及时送到	0.77		
	退货后能作出补偿	0.83		
网络顾客满意 α=0.75	该网店的服务令我满意	0.79	0.85	0.65
	该网店购物经历令我满意	0.74		
	整体令我满意	0.77		
	非常愿意在该网站购物	0.79		
行为忠诚 α=0.77	会推荐给该购物网站	0.77	0.79	0.52
	不会更换目前使用的网站	0.82		
	鼓励亲友到此网店购物	0.82		
	另选网店要花费时间精力	0.89		
转换成本 α=0.74	不确定其他网站能提供	0.73	0.80	0.58
	中止关系会感到不适	0.68		
		0.72		
	放弃使用网店会损失优惠	0.69		

果为：GFI = 0.90，CFI = 0.92，RMR = 0.031，RMSEA = 0.067，χ^2/df = 2.75，P = 0.011。上述各变量均通过信度和效度检验，在物流服务质量、顾客忠诚等变量的度量上，以第一级各因素问题项得分的均值作为该因素的值，再由第一级因素作为第二级变量的多重衡量指标，可以有效缩减指标的数目。

2. 描述性统计与相关分析

表3为描述性统计及相关系数表。从相关分析看，物流服务质量与网络顾客满意和顾客忠诚显著正相关，网络顾客满意与顾客忠诚也显示出较强的正相关关系，转换成本与物流服务质量、网络顾客满意与顾客忠诚之间也有显著相关性。这些结果初步支持了本文的研究假设。

表3 变量均值、标准差和相关系数表

变量	均值	标准差	1	2	3	4	5	6	7	8
1 物流便捷	3.92	1.17	1.000							
2 货物保全	3.53	1.04	0.140**	1.000						
3 服务质量	3.81	1.30	0.017	0.004	1.000					
4 误差处理	3.22	1.54	0.127**	0.142**	0.022	1.000				
5 顾客满意	3.94	1.33	0.211**	0.198**	0.275**	0.185**	1.000			
6 态度忠诚	3.68	1.33	0.111**	0.102**	0.202**	0.194**	0.287**	1.000		
7 行为忠诚	3.39	1.38	0.175**	0.134**	0.192**	0.154**	0.219**	0.517**	1.000	
8 转换成本	3.03	1.21	0.123**	0.105**	0.116**	0.109**	0.164**	0.304**	0.163**	1.000

3. 假设检验

参照博朗、凯利（Baron & Kenny）及林亚清等[24]学者的做法，利用层级回归进行假设检验。

(1) 物流服务质量与顾客忠诚：网络顾客满意的中介作用检验。

变量居中化以减少多重共线性的影响。设置若干控制变量，包括年龄、收入和教育。回归分析结果见表4。模型1、模型3为只含控制变量的基准模型，模型2表明物流服务质量对网络顾客满意具有显著正向影响（β=0.195，p<0.001），在控制其他变量的影响之后，物流服务质量可以

解释网络顾客满意 10.7% 的变异,这一结果支持 H2。模型 4 的回归分析结果显示,物流服务质量对顾客忠诚具有显著的正向影响（β = 0.167，p < 0.001）,额外的变异解释量增加了 8.3%，H1 得到支持。模型 5 显示,网络顾客满意对顾客忠诚具有显著正向影响（β = 0.457，p < 0.001）,且能额外解释顾客忠诚 15.5% 的变异量，H3 得到支持。模型 6 将物流服务质量和网络顾客满意同时引入回归方程,发现网络顾客满意的作用仍然显著（β = 0.386，p < 0.001）,但物流服务质量的回归系数变得不显著（β = 0.072，p > 0.05）。这表明,网络顾客满意在物流服务质量与顾客忠诚间起完全中介作用。各变量的方差膨胀因子 VIF 均远小于 10,说明多重共线性并不严重,德宾沃森（Durbin Watson）统计量均在 2 附近,说明残差序列不存在一阶自相关,分析结果是可靠的。

表 4 网络顾客满意的中介作用检验

	因变量：网络顾客满意			因变量：顾客忠诚		
模型编号	模型 1	模型 2	模型 3	模型 4	模型 5	模型 6
年龄	0.055	0.049	0.022	0.019	0.053	-0.033
收入	0.046	0.042	0.006	-0.001	-0.221	-0.217
教育	0.024	0.011	0.017	0.009	0.012	0.015
物流服务质量		0.195***		0.167***	0.072	
网络顾客满意					0.457***	0.386***
F	2.734	5.955***	0.972	3.174**	36.23***	28.77***
R^2	0.366	0.473	0.362	0.445	0.517	0.529
$\triangle R^2$		0.107**	0.083**	0.155***	0.167***	
VIF 最大值	1.754	1.786	1.401	1.486	1.897	1.904
D-W	1.865	1.862	1.858	1.854	1.833	1.946

注：系数已标准化；** 表示 P < 0.05，*** 表示 P < 0.01，截距未列示，下同。

（2）物流服务质量、网络顾客满意与顾客忠诚：转换成本的调节作用。

调节作用检验结果如表 5 所示。

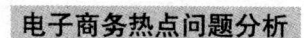

表 5　转换成本的调节作用检验

模型编号	因变量：网络顾客满意			因变量：顾客忠诚			
	模型 7	模型 8	模型 9	模型 10	模型 11	模型 12	模型 13
年龄	0.038	0.053	−0.103	0.077	0.075	0.067	−0.005
收入	0.015	−0.006	0.024	0.043	−0.082	−0.101	0.047
教育	0.027	0.049	−0.039	−0.042	−0.092	0.011	0.062
物流服务质量	0.187***	0.165***	0.198***	0.057	0.063	0.108**	0.089
转换成本	0.289***	0.183***	0.443***	0.208***	0.192***	0.211***	0.101**
物流服务质量×转换成本		0.107***				0.115***	0.078
网络顾客满意				0.438***	0.421***	0.417***	
网络顾客满意×转换成本					−0.037		
F	15.45***	18.73***	11.78***	23.69***	35.87***	12.39***	36.42
R^2	0.139	0.241	0.172	0.295	0.298	0.101	0.233
$\triangle R^2$				0.102***	0.123**	0.003	0.132***
VIF 最大值	1.789	1.801	1.575	1.621	1.775	1.486	1.671
D−W	1.921	1.972	1.907	1.899	1.824	1.924	1.941

模型 7 的结果表明，物流服务质量和转换成本对网络顾客满意均有显著正向影响，回归系数分别为 β=0.187（p<0.01）和 β=0.289（p<0.01），模型 8 加入二者的交互项，交互项系数为 β=0.107（p<0.01），因此转换成本在物流服务质量与网络顾客满意关系中起调节作用，H5 得到支持。

H6 提出，转换成本越高，网络顾客满意对顾客忠诚的影响程度越强。因为这一调节效应是在中介效应之后起作用的，所以是对中介效应的调节，即被调节的中介。参考温忠麟、[25] 刘东等[26] 的方法，先检验中介效应，再检验调节效应。模型 7 显示，物流服务质量对网络顾客满意具有显著正向影响（β=0.187，p<0.01）；模型 9 显示，物流服务质量对顾客忠诚有显著正向影响（β=0.198，p<0.01）；模型 10 显示，网络顾客满意对顾客忠诚有显著正向影响（β=0.438，p<0.01），可见网络顾客满意中介

效应显著；模型 11 作顾客忠诚对物流服务质量、转换成本、网络顾客满意以及网络顾客满意与转换成本的交互项，回归结果显示，网络顾客满意与转换成本的交互项对顾客忠诚的影响不显著（β=-0.037，p>0.05），因此转换成本在网络顾客满意与顾客忠诚的关系中不起调节作用，H6 不成立。

前面已经检验了 H4 和 H5，均得到支持，这里将进一步研究转换成本是否为有中介的调节变量，考察物流服务质量与转换成本的交互项是否会通过网络顾客满意来影响顾客忠诚。先检验调节效应，再检验中介效应。首先，检验物流服务质量、转换成本及其交互项对顾客忠诚的影响，回归分析结果如模型 12 所示，交互项回归系数显著（β=0.115，p<0.01）；其次，模型 8 显示，物流服务质量、转换成本及其交互项对网络顾客满意有显著影响，交互项系数为 β=0.107（p<0.01）；最后，考察物流服务质量、转换成本以及二者交互项在加入网络顾客满意后对顾客忠诚的影响，模型 13 的回归结果显示，网络顾客满意的系数仍然显著（β=0.417，p<0.01），而物流服务质量与转换成本交互项的回归系数不再显著（β=0.078，p>0.05），这说明转换成本的调节效应完全通过网络顾客满意这个中介变量起作用。

由此本文得出结论，转换成本是有中介的调节变量，即转换成本在物流服务质量与网络顾客满意的关系中发挥了调节作用，这种调节作用还会进一步通过网络顾客满意来影响顾客忠诚。但是，转换成本对中介效应的调节作用并不显著，说明转换成本不会明显影响网络顾客满意对顾客忠诚的正向作用。

转换成本在物流服务质量与网络顾客满意关系中的调节效应如图 1 所示，形象地说明了转换成本的调节效应。无论转换成本是高还是低，物流服务质量对网络顾客满意都有显著正向影响，但高转换成本样本组的直线斜率远远大于低转换成本对照组。这说明，在转换成本较高的情况下，物流服务质量对网络顾客满意的积极作用更为明显，这进一步验证了 H5。

五、结论与讨论

近年来，物流服务、网络顾客忠诚已经成为电子商务研究领域的一个热点话题。本文基于物流服务质量、网络顾客满意以及顾客忠诚相结合的独特视角，首次考察物流服务质量、网络顾客满意与顾客忠诚三者间关

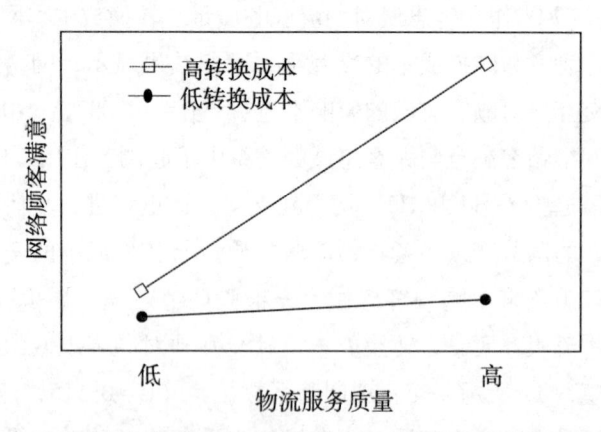

图1 转换成本在物流服务质量和网络顾客满意关系中的调节效应

系，并检验了转换成本在其中所扮演的角色。实证研究发现，物流服务质量显著增强了顾客忠诚，而网络顾客满意在其中发挥了完全中介作用；转换成本在物流服务质量与网络顾客满意的关系中具有显著调节作用，但在网络顾客满意与顾客忠诚的关系中调节作用不显著。

在我国这样的发展中国家，物流基础设施不强，物流服务质量较低。本文首次检验了物流服务质量对顾客忠诚的影响及其作用机制，并揭示了网络顾客满意、转换成本在其中发挥的中介和调节作用，研究结论具有一定的理论意义。其一，本文考察了物流服务质量与顾客忠诚的关系及其作用机制，证实处在电子商务初级阶段的网络零售企业提升物流服务质量具有重要作用；其二，本文对网络顾客满意与顾客忠诚关系的研究显示，网络顾客满意对提升顾客忠诚发挥了关键作用；其三，本文检验了网络顾客满意在物流服务质量与顾客忠诚关系中的中介作用，为物流服务质量影响顾客忠诚的过程机制提供了新的解释；其四，本文验证了转换成本在物流服务质量与网络顾客满意关系中的调节作用，表明提升转换成本对物流服务质量效果具有重要影响，即网络零售业不仅需要提升物流服务质量，还要重视转换成本的构筑。

本文研究结论对企业管理实践的启示：一是本文研究结论表明，对目前国内较为混乱的物流市场而言，以低水平的物流服务质量而大打物流价格战的公司很难赢得顾客的满意和忠诚。二是应同时利用物流服务质量和顾客满意来推动顾客忠诚。以往研究对于如何通过物流配送来推动顾客忠诚缺乏足够的重视，本文发现物流服务质量对顾客忠诚具有显著影响，这意味着网络零售企业必须更加重视物流服务质量的提升。三是企业应加大对转换成本的构筑，如果转换成本低，即使具有良好的物流服务质量，也可能无法实现顾客忠诚。

本研究的局限性，一是非概率抽样限制了本研究结果的可推广性；二是研究使用横截面数据，而物流服务质量产生效果需要经历一定的时间，采用纵向跟踪研究更有利于深入发掘这些变量之间的联系。

未来研究可采用纵向跟踪研究，并扩大数据收集的地区。同时，可考虑东西方企业文化差异，并结合中国市场所具有的转型期新兴市场经济特点，进行中外企业物流服务质量与创新的比较研究。

参考文献：

[1]安贺新. 服务公平对顾客体验、顾客满意与顾客忠诚影响机理的实证研究——基于对北京市部分酒店的调查数据[J]. 中央财经大学学报, 2012 (1)：76-81.

[2]周耀烈, 胡莉. C2C 电子商务中服务质量与顾客忠诚之间的关系研究[J]. 未来与发展, 2009 (6)：43-46.

[3]、[9]、[13]谢佩洪, 奚红妹, 魏农建, 刘霞. 转型时期我国 B2C 电子商务中顾客满意度影响因素的实证研究[J]. 科研管理, 2011, 32 (10)：109-117.

[4]谢佩洪, 宋光兴. B2C 电子商务中信任建立困难的原因及对策研究[J]. 经济体制改革, 2006 (3)：175-178.

[5] BUMHMA T..A., FERLS J..K., MHAAJAN. Consumer Switching Costs：A Typology, Antecedents, and Consequences [J]. Journal of the Academy of Marketing Science, 2003, 31 (2)：109-126.

[6]张初兵. 网购顾客转换成本对购后行为意向影响的实证研究——顾客后悔的中介作用[J]. 当代财经, 2013, 343 (6)：77-86.

[7]、[24]林亚清, 赵曙明. 政治网络战略、制度支持与战略柔性——恶性竞争的调节作用[J]. 管理世界, 2013, 235 (4)：82-93.

[8]、[10]、[14]叶作亮, 蔡丽, 叶振华, 代丽. 物流服务质量与 C2C 顾客满意度的实证研究[J]. 科研管理, 2011, 32 (8)：119-126.

[11]何耀宇, 吕永卫. 物流服务质量影响因素与顾客忠诚度[J]. 中国流通经济, 2012 (7)：79-82.

[12]王海霞. 企业如何赢得网购市场——基于顾客满意与顾客忠诚的研究[J]. 商业经济, 2011：52-53.

[15]、[21]、[22]汪旭晖,徐健. 基于转换成本调节作用的网上顾客忠诚研究[J]. 中国工业经济, 2008, 249 (12): 113-123.

[16] OLIVER, R. L.. Whence consumer loyalty [J]. Journal of Marketing, 1999, 63 (4): 33-44.

[17]唐光海,李琪. 网络消费经济学:对物流服务与顾客忠诚实证考察 [J]. 求索, 2009 (3): 8-10.

[18] LEE, M. K. O., TURBAN, E. A.. Trust for Consumer Internet Shopping [J]. International Journal of Electronic Commerce, 2001, 6 (1): 17-24.

[19]、[23] SERKEN, A., OZER, G., ARESIL, O.. Customer Loyalty and the Effect of Switching Costs as a Moderator Variable: A Case in the Turkish Mobile Phone Market [J]. Marketing Intelligence and Planning, 2005, 23 (10): 77-85.

[20] MENTZER J. T., GOMES R., KRAPFEL R. E.. Physical Distribution Service: A Fundamental Marketing Concept [J]. Journal of the Academy of Marketing Science, 1989, 17 (4): 53-62.

[25]温忠麟,张雷侯,杰泰. 有中介的调节变量和有调节的中介变量[J]. 心理学报, 2006, 38 (3): 448-452.

[26]陈晓萍,徐淑英,樊景立. 组织与管理研究的实证方法 [M]. 北京:北京大学出版社, 2012: 553-590.

虚拟社群中消费者品牌知识分享意愿探析[1]

管玉娟 黄光球[2]

摘 要：网络经济时代，那些具有类似消费兴趣、共同消费体验、趋近品牌认知的消费者聚集于虚拟社群，彼此间通过互联网进行多种形式的互动和信息分享，使之成为品牌传播的新途径，成为不同品牌争夺消费者的主要战场。在虚拟社群中，品牌间亦存在竞争关系，如何赢得消费者持续、有效的关注与认知，是网络经济下企业品牌传播的关键。文章从虚拟社群中品牌为吸引顾客注意而开展竞争的视角进行研究发现，增强消费者与品牌的关系质量能够促进消费者参与品牌相关知识分享的意愿；品牌相关话题圈子的规模会对消费者参与讨论的意愿产生正向影响；虚拟社群中的信任能让消费者认为参与讨论可获得更多利益，从而促使消费者参与虚拟社群中的知识分享活动；消费者会为了满足自身与他人交往的需要而参与虚拟社群中的讨论，贡献自己的知识。因此，为更好地帮助品牌在虚拟社群中树立自身号召力，品牌营销者应在以下方面作出努力：一要在进行社群营销时努力使品牌相关话题的讨论更多，内容更丰富，以增加消费者讨论品牌话题的兴趣，吸引更多消费者进入到品牌知识讨论的圈子中来；二要增强与消费者的互动，提升品牌与消费者的关系质量；三要建立成员

---

[1] 本文系陕西省教育厅科学研究项目计划"基于数据挖掘的C2C电子商务欺诈识别研究"（项目编号：12JK0049）的部分研究成果。

[2] 作者简介：管玉娟（1978—），女，陕西省商洛市人，西安邮电大学经济与管理学院教师，西安建筑科技大学管理学院博士研究生，主要研究方向为电子商务、知识管理、虚拟经济。黄光球（1964—），男，湖南省桃源县人，西安建筑科技大学管理学院教授，博士生导师，主要研究方向为电子商务与网络安全、系统工程理论与应用、复杂系统仿真与控制等。

间的信任关系，使知识分享更流畅。

关键词：虚拟社群；品牌传播；知识分享；社会动机

一、引言

在 Web2.0 技术的推动下，一种新的社会交互形态——虚拟社群（Virtual Community）迅速发展。莱茵戈德（Rheingold）[1]将虚拟社群定义为"一群主要通过计算机网络彼此沟通的人所形成的群体，彼此间在某种程度上认识、分享某种程度的知识与信息，在很大程度上如同对待友人般彼此关怀"。那些具有类似消费兴趣、共同消费体验、趋近品牌认知的消费者聚集于虚拟社群，彼此间通过互联网进行多种形式的互动和信息分享，成为网络经济时代品牌传播的新途径，虚拟社群已经成为不同品牌争夺消费者的主要战场。

当前，国内外学者主要研究了消费者参与虚拟社群讨论的动机，[2]而有关虚拟社群中消费者品牌知识分享意愿影响因素的研究很少。在虚拟社群中，品牌间亦存在竞争关系，如何赢得消费者持续、有效的关注和认知，是网络经济下企业品牌传播的关键。

本研究从虚拟社群中品牌为吸引顾客注意而开展竞争的视角切入，不仅关注消费者是否愿意参与品牌相关讨论，还关注消费者偏好讨论对象特质，以及可帮助品牌吸引到更多注意的特征。本文旨在研究促进顾客参与虚拟社群知识分享的个人特质因素，帮助营销者使品牌在虚拟社群中受到更多关注，吸引消费者就品牌相关话题进行讨论并贡献知识，也即研究品牌如何在虚拟社群中树立自身号召力。

二、理论背景与研究假设

班杜拉（Bandura）[3]基于社会认知理论（Social Cognitive Theory, SCT）的研究认为，人们的行为是由对环境的个人认知决定的，这种认知包括对自身能力的认知和对预期结果的认知。当人们觉得以自身能力实施某种行为能够获得所期望结果时，往往表现出较强的行为倾向。

博克和吉姆（Bock & Kim）[4]整合经济交换理论、社会交换理论、社会认知理论，分别设置预期奖励、预期关联、预期贡献三个前置变量，并以理性行为理论为框架，构建了以态度和行为倾向为中介变量的知识分享行为预测模型。该研究本质上仍是以结果预期来进行行为预测，丰富了对结果预期的理解。

许孟祥（Hsu）等[5]以 SCT 为框架对虚拟社群中的知识分享行为进行研究，将知识分享行为的前置因素分为环境和个人两个方面，其中个人方面指社群成员基于自我效能所产生的结果预期，这体现了 SCT 的基本观点。

邱兆民（Chiu）等[6]在虚拟社群知识分享行为研究中将社会认知理论与社会资本理论相结合，分别从个人认知、关系网络影响两个方面入手对知识分享行为前置因素进行研究，将结果预期分为与个人相关的预期和与社群相关的预期，说明社群成员并非仅以自身利益为重，也具有为社群做贡献的意愿。

社会认知理论强调，人们对自身能力和环境的认知决定了行为倾向，主要包括自我效能、结果预期两个方面，但并未明确说明外部环境是如何影响到消费者心理的。因此，学者们试图引入其他理论框架进行补充，并取得了一定成果。

根据社会认知理论，本研究认为，消费者参与某品牌相关讨论、进行品牌知识分享的主要影响因素来自两个方面：一是品牌在虚拟社群中的影响力，即消费者—品牌认同、话题圈子的网络效应、圈子成员的信任构成了消费者面临的重要环境作用；二是消费者个人的社会动机会影响消费者参与虚拟社群社交互动的行为。

班杜拉（Bandura）[7]的研究表明，人们根据对客观环境和自身能力的认知，对行为结果产生判断，产生结果预期（Outcome Expectation），进而确定行为意向。这说明，结果预期是与行为意向直接相关的前置变量。人总是趋利避害的，实施能够产生积极结果的行为的意愿更加强烈。本研究将结果预期分为个人相关和社群相关两种。需要强调的是，这两种结果预期都是在社群互动中产生的，与社群中的关系连接紧密相关，都属于社群环境下的结果。

博克（Bock）[8]等指出，消费者参加虚拟社群讨论的目的大多是寻求问题解决方案、获取信息、与社群成员交流、建立友好互惠关系、得到认同、寻求尊重。如果消费者认为这些目标都能通过参与社群知识分享达到，对这些与个人目标相关结果的预期就更加乐观，进而知识分享意愿就更强。

假设 H1：个人相关结果预期会对品牌知识分享意愿产生正向影响。

社群成员并不仅仅考虑自身利益，还关注大局，具有无私的一面。科勒科夫斯基和海明格（Kolekofski & Heminger）[9]的研究表明，有些社群成员贡献知识是为了丰富社群知识储备，使社群话题质量更高，保持社群相对于同类的竞争力，使社群得以延续和发展。特别是消费者产生高承诺，关心社群管理，在社群中担当专家、意见领袖等角色时，消费者考虑其行为的初衷就会更多从社群利益出发，而并不仅仅局限于个人利益。这时社群相关成果能给消费者带来极大的效用。

假设 H2：社群相关结果预期对社群品牌知识分享意愿产生正向影响。

品牌—消费者认同指品牌话题圈子中存在的共同认知基础，也即消费者对品牌的了解和偏好。这种共同的认知基础也就是消费者—品牌关系的质量，包括认知、评价两个方面。艾克（Aaker）等[10]指出，认知指消费者对与品牌关系远近的自我估计，评价指消费者如何评价与品牌关系所带来的自我价值提升，也就是说关系质量包括关系的亲疏和是否重要。

社会资本理论认为，当关系网络中存在共同认知基础时，成员从关系网络中获得的资源更多。如果社群成员都对某一品牌有认同情感，说明他们具有某方面的相似性，他们之间的沟通会更加通畅和高效。

假设 H3：消费者—品牌认同对消费者在虚拟社群中的品牌知识分享意愿有直接正向影响。

网络效应与品牌话题圈子大小有关，也即品牌话题的流行性和主流性。参与品牌相关话题讨论的人数越多、频次越高，品牌在虚拟社群中具有的网络效应就越大。这种人数和频次的作用会转变为消费者感知，消费者感觉到某品牌是讨论热点对品牌有着积极的作用。

假设 H4：品牌虚拟社群话题圈子规模对社群中个人相关结果预期有正向影响。

假设 H5：品牌虚拟社群话题圈子规模对社群中社群相关结果预期有正向影响。

假设 H6：品牌虚拟社群话题圈子规模对消费者在虚拟社群中的品牌知识分享意愿有直接正向影响。

品牌虚拟社群关系质量就是品牌话题圈子中成员间的人际关系质量，具体指成员间信任。信任是由于成员间交流互动频繁，理解并尊重对方需要和利益，进而各方都会对他人作出积极、友好的行为。巴塔克里（Bhattacherjee）、[11]格芬（Gefen）、[12]伊斯特利克和洛茨（Eastlick & Lotz）[13]的研究表明，信任就是相信他人能够以恰当的方式行事。

假设 H7：品牌虚拟社群话题圈子成员间信任对社群中个人相关结果预期有正向影响。

假设 H8：品牌虚拟社群话题圈子成员间信任对社群中社群相关结果预期有正向影响。

动机是人们行为的内在驱动因素，代表了对特定结果的需求。当人们受某项动机驱动时，就会因相应需求而产生行为上的努力，达成某种结果使需求得到满足。社会动机是影响人们社会化行为的重要因素，主要包括成就动机、关联动机、声望动机。虚拟社群中的互动也属于人际交往、社会关系的范畴，受社会动机影响。

假设 H9：成就动机对个人相关结果预期有正向影响。

假设 H10：成就动机对社群相关结果预期有正向影响。

假设 H11：关联动机对个人结果预期有正向影响。

假设 H12：声望动机对社群相关结果预期产生正向影响。

本研究理论模型如图 1 所示。

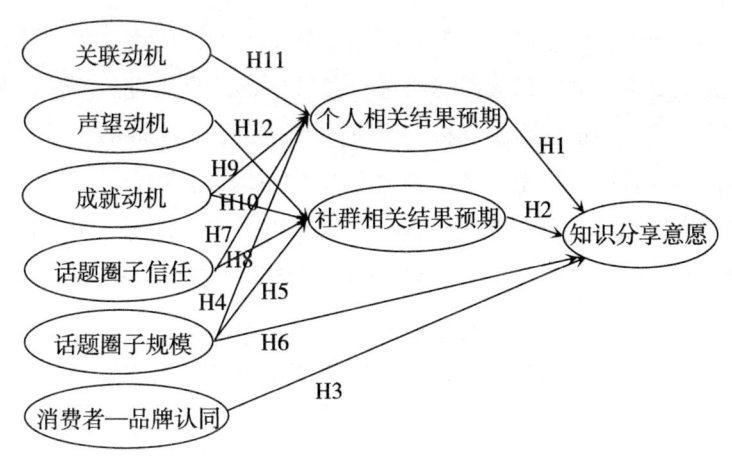

图 1　理论模型

三、数据收集

1. 抽样方法

通过大量阅读相关文献，本研究采用国内外现有文献使用过的题项，并根据本研究假设模型及研究目的对题项进行修正，设计形成适合本研究的问卷。本文采用李克特（Likert）五级量表对题项进行量化，1~5 分别代表完全不同意、不同意、中立、同意、完全同意。本研究样本来源于国内知名虚拟社区及数码论坛的用户，包括人人网、小米社区、安卓论坛等。在调查对象方面，主要是以在校大学生为代表的年轻群体，因为学生是参与虚拟社群互动最活跃的群体。

本研究的问卷调查通过线上、线下两种方式进行。线上通过微信群、QQ 群、电子邮件等进行扩散和发放；线下通过笔者所在高校本科生课堂进行现场数据收集。调查中，被调查者被要求填写所参与虚拟社群的名称，以及在虚拟社群中最感兴趣的话题。这样设计主要基于两方面考虑：一是引导被调查者提供本调查所需数据，提高准确性；二是通过以上两个问题对被调查者进行甄别，以便剔除那些不符合要求的样本或明显没有理解调查意图的样本。2013 年 3 月到 6 月期间，共发放问卷 358 份，回收 286 份，其中有效问卷 227 份，有效反馈率为 63.41%。

2. 验证性因子分析

本研究分为自变量测量模型和因变量测量模型，应用结构方程模型的验证性因子分析，运用最大似然法进行参数估计，对假设的测量模型的合理性进行检验。验证性因子分析主要通过因子负载（Loading）系数、因子负载系数的显著性、模型的信度和效度以及总体拟合性来分析测量模型。

（1）对自变量测量模型进行检验。用 AMOS18 软件对 6 个外生潜在变量进行验证性因子分析，自变量测量模型整体适配指标可见表 1。

表 1 自变量测量模型整体适配性指标

卡方自由度比	卡方值	GFI	AGFI	CFI	RMSEA
1.616	121.227	0.921	0.873	0.968	0.056
	自由度	NFI	RFI	IFI	TLI
	75	0.923	0.892	0.969	0.956

自变量测量模型整体适配指标评判的标准是：卡方自由度比小于2；各类适配指标大于0.9，并且越大越好；RMSEA小于0.05，小于0.08也可以接受。由表1可以发现，自变量测量模型的整体适配指标绝大部分达到了适配标准，只有AGFI、RFI略小于0.9，且都大于0.8，也可以接受，这说明自变量测量模型的整体适配性比较好。

各指标标准化负载可见表2。

表2　自变量测量模型各指标负载、变量组合信度及AVE

变量	指标	负载	组合信度	平均方差萃量（AVE）
成就动机	ACM1	0.709***	0.793	0.660
	ACM3	0.904***		
关联动机	AFM1	0.717***	0.791	0.658
	AFM2	0.895***		
声望动机	PWM1	0.930***	0.828	0.709
	PWM2	0.744***		
品牌话题圈子规模	SCS1	0.824***	0.894	0.740
	SCS2	0.978***		
	SCS3	0.765***		
品牌话题圈子信任	SCC1	0.786***	0.868	0.688
	SCC2	0.773***		
	SCC3	0.922***		
消费者—品牌认同	SCR1	0.774***	0.847	0.649
	SCR2	0.853***		
	SCR3	0.787***		

注：***表示因子负载的显著性水平<0.001。

由表2可知，各指标负载均大于0.7，在$p=0.001$的水平下显著，说明各指标能很好地反映潜变量特质。各变量组合信度都大于0.5，最小为0.791，表明指标组合信度高。各变量平均方差萃取量（AVE）都大于0.5，最小为0.649，表明指标收敛效度高。

本研究将各变量平均方差萃取量的平方根与各变量间的相关系数进行比较，用以判别测量模型区别效度。如果变量平均方差萃取量大于相应的相关系数,则判定模型区别效度过关。由表3可见,各变量平均方差萃取量都大于相应的相关系数,但其中声望动机和关联动机相关系数与声望动机平均方差萃取量接近,这两个变量的区别效度值得怀疑。

表3 各指标相关系数矩阵

	信任	认同	圈子规模	声望动机	关联动机	成就动机
信任	0.805**					
认同	0.551	0.830**				
圈子规模	0.354	0.239	0.860**			
声望动机	0.428	0.409	0.413	0.842**		
关联动机	0.476	0.406	0.296	0.841	0.811**	
成就动机	0.422	0.553	0.428	0.625	0.617	0.812*

注:对角线上标*处已经替换为各变量的 AVE 平方根。

导致这种结果的原因可能是被调查者所参与的虚拟社群不具有极强的专业性,同时又没有明确划分等级。声望动机的满足并不绝对取决于表现出专业性、为社群谋利益等,而更多在于能够与其他成员打成一片,是通过人际交往的认可产生声望,因此关联动机与声望动机会表现出一定的交叉。

为避免这种模糊所带来的偏差,本研究在后面的结构模型分析中会将这两个变量的指标重新组成一个因素,对模型进行修正,并与原设定模型进行比较,从而判定哪种模型更优。

(2) 对因变量测量模型进行检验。用 AMOS18 软件对三个内生潜在变量进行验证性因子分析,估计过程中根据软件提供的修正指数(ModificationIndices)进行部分修正。因变量测量模型整体适配指标如表4所示。

表4 因变量测量模型整体适配性指标

卡方自由度比	卡方值	GFI	AGFI	CFI	RMSEA
1.967	119.961	0.901	0.852	0.962	0.075
	自由度	NFI	RFI	IFI	TLI
	61	0.927	0.907	0.963	0.952

由表4可见,卡方自由度比小于2;大多数适配指标都大于0.9,仅 AGFI 略小于0.9;RMSEA 小于0.08,说明因变量测量模型整体适配指标较好。各指标标准化负载如表5所示。

表5　因变量测量模型各指标负载、变量组合信度及AVE

变量	指标	负载	组合信度	平均方差萃取量（AVE）
个人相关结果预期	POC1	0.814***	0.899	0.642
	POC2	0.812***		
	POC3	0.810***		
	POC4	0.856***		
	POC5	0.708***		
社群相关结果预期	OOC1	0.780***	0.912	0.676
	OOC2	0.804***		
	OOC3	0.881***		
	OOC4	0.776***		
	OOC5	0.865***		
知识分享意愿	KSI1	0.856***	0.885	0.719
	KSI2	0.855***		
	KSI3	0.833***		

注：***表示因子负载的显著性水平<0.001。

由表5可知，各指标负载都大于0.70，且都在 p=0.001 的水平下显著，说明各指标能很好地反映潜变量特质。各变量组合信度都大于0.5，最小为0.885，表明指标组合信度高。各变量平均方差萃取量（AVE）都大于0.5，最小为0.642，表明指标收敛效度高。

从表6可以看出，各变量平均方差萃取量都大于相应的相关系数，因变量具有较高的区别效度，说明因变量测量模型对变量指标的界定明确而清晰，能反映各变量不同的特质。

表6　各指标的相关系数矩阵

	分享意愿	组织结果	个人结果
分享意愿	0.848**		
组织结果	0.515	0.822**	
个人结果	0.536	0.763	0.802*

注：对角线上标*处已经替换为各变量的AVE平方根。

四、结构模型和假设检验

由于在之前的测量模型分析中发现,关联动机与声望动机的区分效度值得怀疑,这里将从两个结构模型的设定来进行全模型的检验。第一种按照原始模型的设定进行,第二种将关联动机与声望动机组合成一个新的变量再进行估计。

1. 原始模型的数据估计

本研究运用 AMOS18 软件对理论模型进行估计。模型适配指标如表 7 所示。

表 7 理论模型整体适配性指标

卡方自由度比	卡方值	GFI	AGFI	CFI	RMSEA
1.934	624.781	0.803	0.753	0.911	0.073
	自由度	NFI	RFI	IFI	TLI
	323	0.833	0.805	0.912	0.895

如表 7 所示,卡方自由度比小于 2,RMSEA 小于 0.08,都达到了适配标准。模型拟合指标中的 CFI、IFI 大于 0.9,达到了较好的水平。其他拟合指标基本都大于 0.8,仅 AGFI 小于 0.8,模型拟合基本可以接受。

该模型各变量间路径估计结果如表 8 所示。

表 8 变量间路径估计结果

	估计值	S.E.	C.R.	P
个人结果←信任	0.548	0.087	6.333	0.001
个人结果←关联动机	0.255	0.085	2.989	0.003
个人结果←成就动机	0.029	0.078	0.375	0.708
个人结果←圈子规模	-0.019	0.055	-0.355	0.722
组织结果←声望动机	0.338	0.094	3.594	0.001
组织结果←信任	0.499	0.092	5.447	0.001
组织结果←成就动机	0.239	0.095	2.528	0.011
组织结果←圈子规模	-0.099	0.068	-1.456	0.145
分享意愿←个人结果	0.330	0.158	2.080	0.038

续表

	估计值	S. E.	C. R.	P
分享意愿←组织结果	0.205	0.130	1.579	0.114
分享意愿←认同	0.281	0.090	3.115	0.002
分享意愿←圈子规模	0.213	0.085	2.521	0.012

各假设检验情况如图2所示。

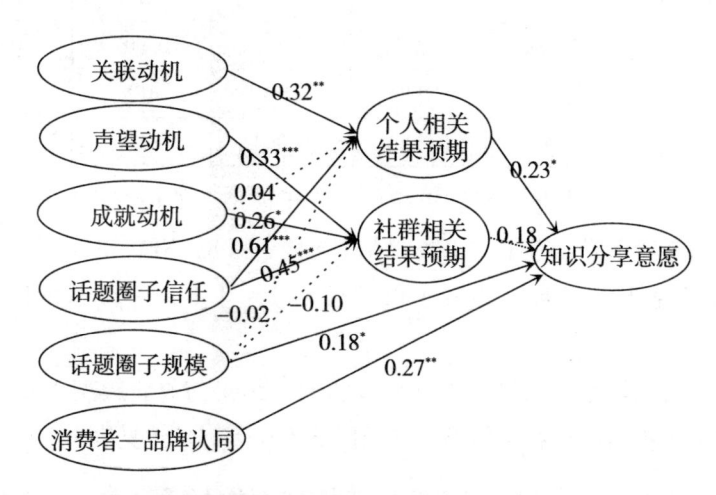

注：虚线表示该假设没有达到显著性水平的要求；实线表示该假设达到了显著性水平的要求；*表示P＜0.05；**表示P＜0.01；***表示P＜0.001。

图2 理论模型设定的估计结果

由图2可以看出，话题圈子规模对社群内部个人相关结果及社群相关结果的影响不显著，且符号与假设相反。成就动机对个人相关结果的作用不显著，社群相关结果预期对知识分享意愿的作用不显著。

话题圈子规模对社群中结果预期的作用不显著，可能是因为虚拟社群的网络效应并不通过改善成员结果预期而对知识分享意愿产生影响。因此，在此考虑将这两条路径去除，简化并修正模型，得到修正模型1。

与理论模型相比，修正模型1的适配指标稍有改善，属于可接受的范围。去除两条路径后其他路径改变不大，成就动机对个人结果预期的影响以及社群相关结果对知识分享意愿的影响依旧不显著，这与样本选择具有一定的关联，将在结果讨论部分进行说明。

· 231 ·

2. 修正模型的数据估计

为解决对区别效度的疑问，本研究进一步将关联动机和声望动机的题项归结到一个共同因素中，并对模型进行修正和重新估计，得到修正模型2。结果如表9所示。

表9 修正模型2整体适配性指标

卡方自由度比	卡方值	GFI	AGFI	CFI	RMSEA
1.947	642.450	0.798	0.751	0.907	0.074
	自由度	NFI	RFI	IFI	TLI
	330	0.829	0.804	0.900	0.804

由表9可见，与修正模型1相比，修正模型2的适配指标没有得到提升，反而有所下降。其中，GFI、AGFI均低于0.8，NFI、RFI、TLI均低于0.9，模型适配性一般，相较于修正模型1，并不是一个适配度更优的模型。

依照修正模型2的设定进行假设检验，结果与修正模型1基本一致，只是成就动机对社群相关结果预期的影响不显著。具体见表10。

表10 修正模型2变量间路径估计结果

	估计值	S.E.	C.R.	P
个人结果←信任	0.528	0.080	6.574	0.001
个人结果←新因素	0.357	0.086	4.179	0.001
个人结果←成就动机	-0.037	0.069	-0.545	0.586
组织结果←信任	0.453	0.089	5.092	0.001
组织结果←成就动机	0.164	0.088	1.871	0.061
组织结果←新因素	0.399	0.106	3.782	0.001
分享意愿←个人结果	0.328	0.160	2.053	0.040
分享意愿←组织结果	0.205	0.130	1.574	0.115
分享意愿←认同	0.285	0.090	3.171	0.002
分享意愿←圈子规模	0.208	0.085	2.458	0.014

各假设检验情况如图3所示。

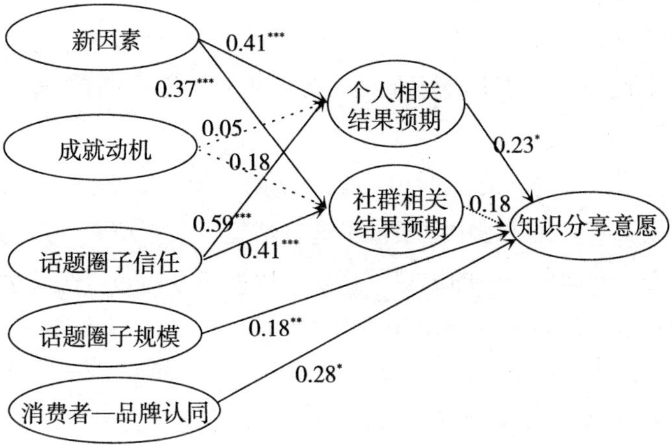

图3 修正模型2设定的估计结果

注：虚线表示该假设没有达到显著性水平的要求；实线表示该假设达到了显著性水平的要求；*表示P<0.05；**表示P<0.01；***表示P<0.001。

3. 数据实证结果讨论

（1）模型适配性讨论。本研究通过验证和修正模型，得到三种模型设定，三者的适配性指标都在可接受范围内。具体指标对比情况见表11。修正模型2适配指标多数都比理论模型、修正模型1差，说明将关联动机与声望动机重组为新的变量并不是一种更优的选择。因此，应保留这两个变量。

表11 三种模型设定的适配性指标

模型	卡方自由度比	GFI	AGFI	CFI	NFI	RFI	IFI	TLI	RMSEA
理论模型	1.934	0.803	0.753	0.911	0.833	0.805	0.912	0.895	0.073
修正模型1	1.929	0.803	0.754	0.910	0.833	0.806	0.912	0.896	0.073
修正模型2	1.947	0.798	0.751	0.907	0.829	0.804	0.909	0.894	0.074

与理论模型相比，修正模型1去掉了两条不显著的路径，在适配指标方面差异不大且略有改善，说明这两条路径对模型拟合度影响不大。而修

正模型 1 比理论模型更加简洁，因此修正模型 1 是更优的设定。

（2）假设检验结果讨论。根据模型对数据的拟合情况进行假设检验，本文理论模型中假设 1、假设 3、假设 6、假设 7、假设 8、假设 10、假设 11 显著，而假设 2、假设 4、假设 5、假设 9 不显著，下面对结论进行分析和说明。

第一，假设 2 提出的社群相关结果预期与知识分享意愿关系不显著。关于这一点，前人在文献中也报告了这种情况，个人结果预期与社群结果预期的作用在不同研究中的表现不稳定。邱兆民（Chiu）等认为，社群结果预期作用显著，而个人结果预期作用不显著；许孟祥（Hsu）等认为，个人结果预期作用显著，而社群结果预期作用不显著。

本研究认为，这可能是所选择虚拟社群不同而导致的。邱兆民（Chiu）等的研究集中于一个社群进行，对该社群成员的调查更为深入。这增加了接触到核心成员的可能性，而社群意见领袖、核心成员对社群的情感更深厚，更偏向于将社群发展作为自己考虑的问题，或者存在这一社群具有很强的社群意识导向的可能性。在许孟祥（Hsu）等的研究中，调查对象来自多个不同的虚拟社群，分属不同种类的话题，包括机械、计算机、政治、科学、人文、娱乐、商业、健康等，所涉及虚拟社群较多，与本研究情况类似。这种情况下，各社群只有相对较少的被调查者，核心成员出现的可能性较低，更多是一种解决自身问题并得到满足的心态，因此呈现出个人相关结果预期对知识分享意愿作用显著，而社群相关结果预期作用不显著的结果。

第二，假设 4、假设 5 提出的话题圈子规模通过个人结果预期和社群相关结果预期的作用关系不显著。那哈皮特和戈沙尔（Nahapiet & Ghoshal）[14]的研究表明，网络规模越大，意味着具有更多获得他人协助的可能，成员从网络中获取的资源也会更多。而话题相关圈子规模对预期结果作用不显著可能与消费者目的有关，消费者会因为一个话题的热度而关注它，但并不确定认为关注这一话题能够带来确切的利益。

林（Lin）等[15]研究指出，网络外部性因素在影响消费者对信息工具软件选择时，是通过影响消费者感知乐趣而产生作用的，而感知有用性的中介作用并不显著。该研究对此所持的观点是，消费者心理倾向的变换导致作出选择时的重点不同。本研究中的消费者也有类似倾向，话题热度并不一定给消费者带来实际效用,但其中乐趣性等因素会起主要作用。

第三,假设9提出的成就动机对个人结果预期影响不显著。吴万益(Wann-YihWu)等[16]研究表明,成就动机指人们通过完成某项任务而获得成就感的需求,这种需求的满足是建立在任务基础上的。本研究所调查的消费者虚拟社群内部所涉及的话题专业性不强,成员讨论更多是人际交往成分大于解决问题成分。因此,成就动机不能通过参与社群讨论而得到满足,这可能是该路径不显著的原因。

五、研究结论与管理建议

1. 研究结论

本研究经过理论推导和实证检验,对品牌如何在虚拟社群中影响消费者参与品牌相关知识分享活动的问题进行了较为深入的探讨,基本结论如下:

第一,增强消费者与品牌的关系质量能够促进消费者参与品牌相关知识分享的意愿。本研究通过实证证明,当消费者—品牌认同更强,即消费者与品牌关系质量更好时,消费者参与虚拟社群中该品牌相关讨论的意愿更大。消费者更愿意在虚拟社群中讨论自己喜欢、熟悉、了解较多的品牌,而对陌生、了解不多的品牌讨论兴趣不高,很难有能力积极参与到高质量的讨论中。这就是说,品牌营销者应将消费者线下、线上对品牌的关注对接起来,形成一个整合的营销传播,使线下的良好关系延续到线上,并通过线上的良好互动促进消费者良好态度的产生,进而促进线上的知识分享以及线上和线下的购买行为。[17]

第二,品牌相关话题圈子规模会对消费者参与讨论的意愿产生正向影响。本研究通过实证证明,消费者更愿意到更加流行和主流的话题圈子中参与讨论。品牌相关话题圈子讨论人数越多,对消费者造成的影响越大。消费者会因与流行接轨、从众心理、感知乐趣增加等原因参与到热门话题讨论中来。品牌营销者应主动在虚拟社群中发动事件营销或者结合其他热点事件进行嫁接宣传,提供可供消费者讨论的话题和素材,保持品牌相关话题在虚拟社群中的热度,让品牌相关话题能够吸引更广泛的虚拟社群消费者参与。[18]

第三，虚拟社群中的信任可使消费者认为参与讨论能够获得更多利益，从而促使消费者参与虚拟社群中的知识分享活动。本研究实证结果表明，虚拟社群中的信任对消费者知识分享意愿有正向作用，且消费者个人相关结果预期在其中起到中介作用。成员间的相互信任为虚拟社群提供了良好的交流互动氛围，消费者相信能从社群互动中获得帮助、结交朋友、获得满足。因此，营销者应主动增进社群中消费者的感情，使消费者对虚拟社群的黏性更强，增加消费者进行知识分享的意愿。[19]

第四，消费者会为了满足自身与他人交往的需求而参与虚拟社群中的讨论，贡献自己的知识。本研究实证结果表明，消费者的成就动机会影响消费者个人相关结果预期，进而影响消费者参与知识分享活动的意愿。社群中的知识分享互动满足了消费者对人际交往的需求，能收获与其他社群成员和谐友好、互惠互利的关系，对这种关系结果的期盼是消费者参与社群讨论的重要原因。

2. 管理建议

本研究为品牌营销者提出以下几点建议：

第一，品牌营销者在进行社群营销时应努力使品牌相关话题讨论更多、内容更丰富，增加消费者讨论品牌话题的兴趣，吸引更多消费者进入到品牌知识讨论圈子中来。具体来说，品牌营销者可更好地利用事件营销、概念包装、消费者教育，并辅之以虚拟社群的同步传播，使消费者有更多可以讨论的内容。例如，耐克通过推出各种纪念版产品、宣传各种球鞋科技、组织草根扣篮赛等措施，引发了运动鞋爱好者的广泛讨论。

第二，品牌营销者应增强与消费者的互动，提升品牌与消费者的关系质量。具体来说，品牌营销者可通过多种网络传播渠道与消费者进行沟通，并采取更加人性化、个性化的沟通方式。例如，原李宁品牌某内部员工以产品专家身份开通博客，分享各品牌相关知识，并与球鞋爱好者进行互动，形成了很高的声望，成为球鞋爱好者圈子中的意见领袖，为李宁品牌在论坛中建立良好口碑作出了重大贡献。

第三，品牌营销者应建立成员间信任关系，使知识分享更加流畅。具体来说，可通过增加网络社群成员间的线下互动，使虚拟社群中的关系延伸到现实世界。例如，耐克在各地组织"球鞋峰会"、球鞋收藏展等活动，邀请网络社群中的成员参加，促进球鞋爱好者间的交流，并在论坛上进行展示，创造了一种友好、真诚的关系氛围。

3. 未来研究展望

第一，未来研究中可继续尝试对知识分享相关研究的理论成果进行整合。除从社会认知理论、社会资本理论视角展开研究外，技术接受模型也是一个可能的方向。随着知识管理的不断发展，将来会有更多手段对消费者知识进行管理和应用，这都会涉及新的管理实践的推广和扩散，而技术接受模型对消费者如何选择接受新的技术有明确阐述。

第二，未来研究中可加入虚拟社群类型的变量，如产品类别、专业性、社群结构等。虚拟社群结构、规模、规范、话题类型的不同都会给成员带来不同的导向，对成员选择起到不同的作用。未来研究者可扩展虚拟社群样本来源，这样既可增加研究的普适性，也可能获得一些新的成果。

第三，未来研究中可尝试在探寻消费者心理之余，研究并运用一些新的知识管理技术来提升消费者知识分享效率。这属于本研究的后续研究，也是提升营销者消费者知识管理能力的另外一个方面。

参考文献：

[1] HOWARD RHEINGOLD. The Virtual Community：Homesteading on the Electronic Frontier [M]. Reading, Massachusetts：Addison-Wesley, 1993：82.

[2] 徐小龙. 国外对消费者参与虚拟社区行为的研究进展 [J]. 广东商学院学报, 2010（4）：61-67.

[3] A. BANDURA. Self-efficacy Mechanism in Human Agency [J]. American Psychologist, 1982, 37（2）：122-147.

[4] G. W. BOCK, Y. G. KIM. Breaking the Myths Of Rewards：An Exploratory Study of Attitudes About Knowledge Sharing [J]. Information Resources Management Journal, 2002, 15（2）：14-21.

[5] M. H. HSU, T. L. JU, et al. Knowledge Sharing Behavior in Virtual Communities：The Relationship Between Trust, Self-Efficacy, and Outcome Expectations [J]. International Journal of Human-Computer Studies, 2007, 65（2）：153-169.

[6] CHIU, C., M. HSU, et al. Understanding Knowledge Sharing in Virtual Communities：An Integration of Social Capital and Social Cognitive Theories [J]. Decision Support

Systems, 2006, 42 (3): 1872-1888.

[7] A. BANDURA. Social Cognitive Theory: An Agentic Perspective [J]. Annual Review of Psychology, 2001, 52 (1): 1-26.

[8] G. W. BOCK, R. W. ZMUD, et al. Behavioral Intention Formation in Knowledge Sharing: Examining the Roles of Extrinsic Motivators, Social-Psychological Forces, and Organizational Climate [J]. MIS Quarterly, 2005, 29 (1): 87-111.

[9] KOLEKFSKI, K. E., A. R. HEMINGER. Beliefs and Attitudes Affecting Intentions to Share Information in an Organizational Setting [J]. Information & Management, 2003, 40 (6): 521-532.

[10] AAKER, J., S. FOURNIER, et al. When Good Brands Do Bad [J]. Journal of Consumer Research, 2004, 31: 1-16.

[11] BHATTACHERJEE, A.. Individual Trust in Online Firms: Scale Development and Initial Test [J]. Journal of Management Information Systems, 2002, 19 (1): 211-241.

[12] GEFEN, D., E. KARAHANNA, et al. Trust and Tam in Online Shopping: An Integrated Model [J]. MIS Quarterly, 2003, 27 (1): 51-90.

[13] EASTLICK, M. A., S. LOTZ. Cognitive and Institutional Predictors of Initial Trust Toward an Online Retailer [J]. International Journal of Retail & Distribution Management, 2011, 39 (4): 234-255.

[14] NAHAPIET, J., S. GHOSHAL. Social Capital, Intellectual Capital, and the Organizational Advantage [J]. Academy of Management Review, 1998, 23 (2): 242-266.

[15] LIN, C., A. BHATTACHERJEE. Elucidating Individual Intention to Use Interactive Information Technologies: The Role of Network Externalities [J]. International Journal of Electronic Commerce, 2008, 13 (1): 85-108.

[16] WU, W., B. M. SUKOCO. Why Should I Share? Examining Consumers' Motives and Trust On Knowledge Sharing [J]. Journal of Computer Information Systems, 2010, 50 (4): 11-19.

[17] 邓朝华, 鲁耀斌, 张金隆. 基于TAM和网络外部性的移动服务使用行为研究 [J]. 管理学报, 2007, 4 (2): 216-221.

[18] 卢俊义, 王永贵. 顾客参与服务创新与创新绩效的关系研究——基于顾客知识转移视角的理论综述与模型构建 [J]. 管理学报, 2011, 8 (10): 1566-1574.

[19] 周涛, 鲁耀斌. 基于社会影响理论的虚拟社区用户知识共享行为研究 [J]. 研究与发展管理, 2009, 21 (4): 79-83.

网络口碑对体验型产品在线销量的影响[1]

——基于电影在线评论面板数据的实证研究

杨扬[2]

摘 要：现代消费者在购买体验型产品时，越来越倾向于通过第三方网站的网络口碑信息来进行购买决策。文章通过格瓦拉网上电影评论的样本面板数据，从在线评论数量、评论分数、星级评论三个角度，对网络口碑和电影票房收入的关系进行实证分析。研究发现，第三方网站在线评论对电影票房收入有显著影响。其中，评论数量对票房收入有显著正向影响，并且影响效应随时间呈现出抛物线的变化趋势。星级评论对票房收入的影响主要发生在第1周，并且一星级的负面评论对票房收入的影响大于五星级的正面评论。电影网络销售商应积极在第三方网站上建立和完善消费者在线评论系统，激励消费者参与在线评论，并对负面口碑进行积极管理。

关键词：网络口碑；在线评论；面板数据；票房

消费者在购买产品时，往往会根据此产品的口碑进行决策。[1]传统意义

---

[1] 本文受国家社会科学基金重大项目"推动文化产业成为国民经济支柱性产业的战略层面及支撑体系研究"（项目编号：12&ZD024）、教育部人文社会科学研究规划基金项目"数字出版内容社会化生产模式及管理机制研究"（项目编号：14YJA860001）、上海市教育委员会科研创新项目"大数据背景下图书在线评论对销售绩效的影响研究"（项目编号：14zs169）、上海市促进文化创意产业发展财政扶持资金重点研究课题"文化创意产业前沿科技应用发展研究"（课题编号：2013020015）的资助。

[2] 作者简介：杨扬（1981—），男，江苏省南京市人，上海理工大学管理学院博士研究生，上海出版印刷高等专科学校教师，主要研究方向为行为管理、传媒管理。

上的口碑是人际间进行的与品牌、企业、产品、服务等相关的口头传播行为,是不以商业为目的的人际口头传播。[2]有研究表明口碑是购买决策最重要的影响因素,这种影响甚至是新闻杂志的7倍、广播广告的2倍。[3]

在互联网时代,消费者在社交网站、电子商务网站等互联网平台上发表自己对产品的评论已经成为消费生活的一部分,口碑从传统的一对一、面对面的口头传播方式发展成为在匿名环境下同时传递给众多潜在消费者的方式。这种由实际的或潜在的消费者通过互联网发布相关正面、负面或中立评论内容的传播形式被称为网络口碑。[4]不仅如此,网络口碑信息还可以被存储、搜索和再传播,而不像传统口碑那样即时和短暂。因此,网络口碑可以通过互联网渠道无止境地扩散出去,具有比传统口碑更强的影响力。

尼尔森(Nelson)[5]在其研究中把产品分为两类:一种为体验型产品,另一种为搜索型产品。其中搜索型产品的质量可以在购买之前通过搜索等来进行确定,通常一般功能性产品都属于这个范畴;而体验型产品的质量只能在购买后得出结论,通常指服务类产品或者娱乐产品,例如音乐会、电影等。贝等(Beietal)[6]的研究发现,购买体验型产品的消费者与购买搜索类产品的消费者相比,前者较频繁地使用网络获取产品信息,并且更倾向接受网络口碑。

近年来,国内电子商务网站发展得如火如荼,其中,格瓦拉网(www.gewara.com)是国内领先的体验型产品第三方网站,不仅可以让消费者发表电影评论信息,而且也提供电影票在线购买服务。本文以格瓦拉网所收集到的电影信息(包括电影评论、票房、上映天数、每天上映场数)的大样本面板数据为研究基础,通过建立计量模型对电影在线评论与电影票房的关系进行实证分析。

一、文献综述与假设

学者们采用各种计量模型和研究方法,从不同维度测量网络口碑对企业的传播效应。最常采用的三个维度为口碑数量(Volume)、口碑效价(Valence)和口碑离散度(Dispersion)。[7]口碑离散度是指口碑在不同网络社区间传播的程度,口碑的离散度越高,说明网络口碑的影响力越广。由于本文的研究仅囿于格瓦拉网这一网络社区内,无法从离散度的维度来测量,因此,本文主要从数量和效价的维度来分析网络口碑对销量的影响。

口碑数量主要指消费者对某一产品的评论数量，反映的是网络口碑的知晓效应（Awareness Effect）。高德斯和梅兹林（Godes & Mayzlin）[8]认为评论数量越多，说明有越多的消费者参与到对产品的讨论中，这不仅反映了该产品消费人群的规模，也反映了消费者对该产品讨论的热度。热度越高，其他消费者知晓该产品的可能性就越大，从而能够产生更多的后续销量。陈等（Chen et al）[9]根据在亚马逊网站上收集的数据，实证研究了消费者的反馈和评价对销售的影响，发现更多的推荐提高了亚马逊网站上产品的销量，同时，消费者的评论数量与销量呈正相关关系。刘（Liu）[10]通过对雅虎（Yahoo）网站收集的数据分析发现，评论数量越多，电影票房越高。段等（Duan et al）[11]在对电影票房的研究中发现，消费者评论的数量对于票房收入有显著的正向作用。由此，本文提出假设H1：

H1：网络口碑数量对电影票房收入有显著正向影响。

口碑效价指消费者对产品评价的好坏或正负性，通常用评论分数及其好坏的比例来衡量，反映的是网络口碑的说服效应（Persuasive Effect）。说服效应是指产品评价越好，越能够引起潜在消费者态度的转变，从而说服他们购买该产品。克莱蒙斯等（Clemons et al）[12]通过消费者对啤酒的网络评论分析，发现评论效价与啤酒的销量呈正相关关系。郝媛媛等[13]认为五星评论的正面影响大于一星评论的负面影响，而中评没有显著影响。汉森（Hanson）[14]研究认为，不满意的消费者会通过网络平台将负面口碑信息传播超过六千人。夏维勒和梅兹林（Chevalier & Mayzlin）[15]发现，一本书评论的改善会增加该书的销量，同时负面口碑对降低产品销量比正面口碑提升产品销量的效果更加显著。但是，也有部分学者的研究结论认为口碑效价对产品销量没有显著影响。段（Duan）[16]通过对雅虎网站上电影评论分数对电影票房的影响分析，发现评论分数对于票房并没有显著影响。陈（Chen）[17]通过亚马逊网站上收集的数据分析，没有发现消费者的评论效价与销量之间有显著关系。刘（Liu）[18]通过正负评论的百分比测量分析，发现口碑的正负性对电影票房的影响没有解释力度。在此基础上，本文提出假设H2、假设H3、假设H4和假设H5。

H2：网络口碑评分对票房收入有显著正向影响。

H3：正面网络口碑（五星评论比例）对票房收入有显著正向影响。

H4：负面网络口碑（一星评论比例）对票房收入有显著负向影响。

H5：负面网络口碑对票房收入的影响大于正面网络口碑的影响。

此外，在研究网络口碑对电影票房收入的影响时，还需考虑其他相关的重要因素，如放映场数、周末效应以及上映天数等。斯瓦米等（Swami et al）[19]研究认为，放映场数与票房收入之间存在显著正相关关系。段（Duan）[20]研究发现周末票房通常会出现周期上的高峰，同时还发现电影上映天数与票房存在负相关关系。由此，本文提出以下假设：

H6：放映场数对当天票房收入有显著正向影响。

H7：周末对当天票房收入有显著正向影响。

H8：上映天数对当天票房收入有显著负向影响。

在网络口碑与产品销量关系的研究中，内生性也是一个重要的因素。因为票房的收入通常会和电影的质量、主演的受欢迎程度、导演的票房号召力等因素有关，这些因素可能同时与网络口碑和票房收入相关，从而产生内生性。

二、数据描述

目前格瓦拉网会员超过1500万，占全国电影票在线选座市场的75%份额，在体验型产品第三方网站中具有较强的代表性。此外，郝媛媛等[21]的研究数据主要来源于雅虎网站，该网站是独立的电影在线评论网站，而不是体验型产品购买网站。因此，选择格瓦拉网作为电影数据来源，可以与他们的研究结果进行比较。

通过编程收集了格瓦拉网站2013年11月、12月上映电影的数据，包括购票人数、评论数量、评论分数、星级评论所占比例、上映天数、每天上映场数等相关数据。由于格瓦拉网站票房统计数据是购票人数，而非直接的票房收入，因此，用购票人数来替代票房收入。根据研究需要，剔除了信息缺失严重的电影，以保证分析结果的有效性，最终确定21部电影为样本。考虑到电影生命周期为6周左右、[22]在线购买服务的周期为4周左右，以及为方便与郝媛媛等的研究结果进行比较，本文以电影上映28天的时间序列为时间观测点。最后得到容量为588（21个截面成员×28个观测点）的面板数据。表1为数据的描述性统计结果。网络口碑的数据包含了每部电影的评论数量、评论分数和各星级的比例。其中，评论数量的均值为2604.32，与中位数1138有较大的差异，说明有部分电影获得了大量消费者评论,最多的一部电影获得了15208条评论。其次,电影评论分数(10分制)的均值为7.38,与中位数7.3接近,最高分为9,最低分为5.5。从电影星级评论的分布比例来看,五星级评论、四星级评论、三星级评论占了总体评论的大多数,分别为36.15%、21.21%和25.91%;二星级评论和一星级评论分别为7.02%和9.5%(见表1)。

表1 样本电影的描述统计

变量	均值	标准差	中位数	最小值	最大值
购票人数	84265.47	5671.36	28058	231	1745187
评论数量	2604.32	145.86	1138	11	15208
评论分数	7.38	0.76	7.3	5.5	9
五星级	36.15%	14.63%	34%	15%	73%
四星级	21.21%	10.45%	22%	0	38%
三星级	25.91%	8.86%	26%	9%	44%
二星级	7.02%	5.09%	6%	0	20%
一星级	9.5%	10.04%	8%	0	41%
放映场数	297.96	578.84	11	0	3136

注:样本量N=588。

三、模型建立

本文建立的面板数据线性回归模型中引入固定效应 μ_i 来控制模型中所有未被涉及因素的影响,如电影质量、导演和主演的票房号召力等因素。因变量购票人数和自变量电影上映场数、上映时间、网络口碑的数量以及评分均取自然对数形式,将潜在的非线性关系转变为线性关系,使回归模型的结果更加稳健。[23]回归模型如下:

$$\ln Revenue_{it} = C + \alpha_1 \ln Vol_{it} + \alpha_2 \ln Val_{it} + \alpha_3 star1_{it} + \alpha_4 star5_{it}$$
$$+ \alpha_5 \ln Time_t + \alpha_6 \ln Cinema_{it} + \alpha_7 Weekend_{it} + \mu_i + \varepsilon_{it}$$

其中,$i=1,\cdots,n$ 为电影样本数;$t=1,\cdots,n$ 为时间;$\ln Revenue$ 为电影第 t 天在格瓦拉网上购票人数的自然对数;$\ln Vol$ 为电影第 t 天评论数量的自然对数;$\ln Val$ 为电影第 t 天评论分数的自然对数;$\ln Time$ 为电影上映天数的自然对数;$\ln Cinema$ 为电影第 t 天放映场数的自然对数;$star1$、

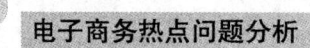

$star5$ 分别为电影第 t 天一星级和五星级评论所占比例；$Weekend$ 为电影放映第 t 天是否为周末的虚拟变量（1 表示周六和周日，0 表示工作日）。μ_i 为固定效应，用于控制电影的质量、主演的受欢迎程度、导演的票房号召力等非观测效应的影响。

四、模型结果分析

通过收集到的 21×28 个样本电影面板数据，采用 EVIEWS6.0 对构建的面板数据回归模型进行分析。在建模过程中，由于各自变量可能存在多重共线性，首先检查单独变量的影响效应，在单独变量影响效应显著的基础上，采用逐步回归的方法来进行分析。由于在模型中假设非观测效应 μ_i 与多个网络口碑变量相关，所以采用固定效应模型取代随机效应模型来进行面板数据的回归分析。[24] 此外，从豪斯曼（Hausman）检验的结果来看，固定效应模型优于随机效应模型。回归模型结果见表2。

表2 模型参数对票房的影响

自变量	模型1	模型2	模型3	模型4	模型5
C	0.8818**	1.7454***	2.6599	5.9521	5.7806
	(0.4464)	(0.5639)	(4.7569)	(5.1430)	(5.1868)
ln$Time$	-0.2415**	-0.1351*	-0.1413*	-0.0755*	-0.0570*
	(0.1044)	(0.1208)	(0.1251)	(0.1310)	(0.1470)
ln$Cinema$	0.9903***	0.7380***	0.7366***	0.7514***	0.7586***
	(0.0656)	(0.0758)	(0.0763)	(0.0767)	(0.0809)
Weekend	0.3520***	0.4382***	0.4395***	0.4416***	0.4379***
	(0.1055)	(0.1165)	(0.1168)	(0.1165)	(0.1174)
lnVol		0.2476***	0.2466***	0.2705***	0.2708***
		(0.0798)	(0.0801)	(0.0812)	(0.0813)
lnVal			-0.4418	-2.1242	-2.0749
			(2.2819)	(2.4918)	(2.5017)
star1				-0.2033*	-0.2082*
				(0.1227)	(0.1240)

续表

自变量	模型 1	模型 2	模型 3	模型 4	模型 5
*star*5					0.1708 (0.6109)
R^2	0.9048	0.9125	0.9125	0.9132	0.9132
Adjusted R-squared	0.9009	0.9059	0.9056	0.9060	0.9058
F-statistic	232.6934	138.5289	132.5880	128.2943	123.1863
Sum squared resid	747.4984	263.2723	263.2413	260.98	260.9155

注：括号中的值为标准误差；* 表示 $p<0.05$，** 表示 $p<0.01$，*** 表示 $p<0.001$。

从表 2 可以看出，网络口碑的相关变量并不在模型 1 中，模型 1 仅将购票人数与控制变量进行回归分析。模型 1 的回归结果显示所有的控制变量均对因变量有显著影响。其中，ln*Time* 的系数是负向显著影响（$\alpha_5=-0.2415$，$p<0.01$），这表示上映天数对当天票房收入有显著负向影响，上映时间越长，当天票房收入越低。H8 假设成立。ln*Cinema* 的系数是正向显著影响（$\alpha_6=0.9903$，$p<0.001$），这表示电影放映场数对当天票房收入有显著正向影响，当天放映的场数越多，票房收入越高。H6 假设成立。*Weekend* 的系数是正向显著影响（$\alpha_7=0.3520$，$p<0.001$），这表示周末对当天票房收入有显著正向影响，即周末票房收入比工作日更高。H7 假设成立。

在模型 2、3、4、5 中，逐步加入评论数量、评论分数、一星级评论和五星级评论 4 个网络口碑的相关变量。在将这 4 个变量逐步加入模型后，R^2 由 0.9048 逐步增加到 0.9132，说明在加入网络口碑变量后模型的解释能力更强。模型 2 回归结果显示，ln*Vol* 的系数是正向显著影响（$\alpha_1=0.2476$，$p<0.001$），这表示消费者在格瓦拉网上对某部电影的评论数量越多，其购票人数越多，即票房越高。H1 假设成立。这一结论与绝大多数文献的研究结果一致。ln*Vol* 的系数还可以解释为评论数量每增加 1%，电影的购票人数增加 0.25%。模型 3 的回归结果显示，ln*Val* 对购票人数的影响不显著，即电影的评论分数对票房收入没有显著影响，这验证了段（Duan）和陈（Chen）的研究结论。H2 假设不成立。模型 4 的回归结果显示 *star*1 的系数对票房收入是负向显著影响（$\alpha_3=-0.2033$，$p<0.05$），表

示消费者在格瓦拉网上对某部电影的一星级评论越多,其购票人数越少,票房越低。H4 假设成立。模型 5 的回归结果显示 star5 对票房收入没有显著影响。H3 假设不成立。由于 H4 假设成立,H3 假设不成立,因此 H5 假设成立,即负面网络口碑对票房收入的影响大于正面网络口碑的影响,尽管这与郝媛媛等的研究结论相悖,但却与汉森和麦准乐、梅兹林的研究结论相一致。

由于样本以电影上映 28 天的时间为观测点,为便于分析网络口碑对处于不同周期的电影票房收入的影响,对电影上映后 4 周内各周的网络口碑对票房收入的影响分别进行回归分析,结果见表 3。

表 3 模型参数对票房的影响

自变量	第 1 周	第 2 周	第 3 周	第 4 周
C	0.8818**	−6.0358**	−21.4030	−1.0072
	(0.4464)	(4.1078)	(14.3804)	(4.2044)
lnTime	−0.7042***	−0.4486*	−0.4465*	−0.0083
	(0.1881)	(0.1575)	(0.2187)	(1.2408)
lnCinema	0.5947**	1.6121***	0.0530**	−8.4087
	(0.2052)	(0.1171)	(0.2275)	(4.4995)
Weekend	0.6476***	0.2885***	0.1854**	0.1554
	(0.1946)	(0.0611)	(0.0553)	(0.2007)
lnVol	0.2996***	3.2414***	5.2282***	1.3089***
	(0.0870)	(0.0910)	(0.3243)	(0.1253)
lnVal	−2.1907	−0.0465	−1.5407	−19.7901
	(3.4319)	(0.1158)	(0.1812)	(34.7189)
star1	−0.3308*	10.9693	11.8170	34.4116
	(0.1499)	(6.7419)	(13.0947)	(55.0808)
star5	0.1178*	0.4280	0.2057	46.9843
	(0.0475)	(0.1498)	(0.2728)	(54.3584)
R^2	0.9271	0.9944	0.9970	0.9421
Adjusted R-squared	0.9106	0.9931	0.9961	0.9290
F-statistic	56.0836	783.2687	1119.133	71.7599
Sum squared resid	125.0758	11.9722	2.6685	75.8316

注:括号中的值为标准误差;* 表示 $p<0.05$,** 表示 $p<0.01$,*** 表示 $p<0.001$。

由表3可知,从电影上映的第1周到第4周,网络口碑数量均对电影票房收入有显著正向影响,第1周对票房的影响为0.2996,第2周的影响增大到3.2414,第3周的影响增大到5.2282,而从第4周开始,影响逐渐衰减到1.3089。H1假设成立。网络口碑数量对票房影响在前几周逐渐增大,最后又逐渐衰减的研究结论基本与郝媛媛等的研究结果一致。对于网络口碑评分,第1周到第4周对电影票房收入均没有显著影响。H2假设依然不成立。对于星级评论,由表2的模型4和模型5已知,一星级评论对28天总票房收入是负向显著影响;五星级评论对28天总票房收入没有显著影响。但是,表3的回归结果显示,在电影上映的4周内,一星级评论仅在第1周内对票房收入是负向显著影响($\alpha_3 = -0.3308$,$p<0.05$),从第2周开始,对票房收入没有显著影响。五星级评论尽管从电影上映的总体时间上来说对票房收入没有显著影响,但是在第1周对票房收入有显著影响($\alpha_4 = 0.1178$,$p<0.05$)。从$star1$和$star5$的系数方面看,电影上映的第1周内,一星级评论对票房收入的影响(-0.3308)要大于五星级评论的影响(0.1178)。即一星级评论每增加1%,票房收入则要降低0.3308%;而五星级评论每增加1%,票房收入会提高0.1178%。因此,在电影上映第1周内H3、H4、H5假设均成立。

五、结论与启示

1. 结论

本文采用国内领先的体验型产品第三方网站——格瓦拉网站电影在线评论的面板数据,通过建立计量模型,对电影在线评论与票房收入的关系进行了实证分析,主要结论如下:

(1)网络口碑数量从电影上映的第1周到第4周均对电影票房收入有显著正向影响,并且影响效应随时间呈现出抛物线的形状。这不仅验证了文献提出的知晓效应,也说明网络口碑的知晓效应随时间表现出抛物线形状的变化趋势。这种变化趋势的可能解释是,随着电影上映时间越久,消费者获得电影信息的其他渠道也越来越多,包括传统口碑、媒体宣传、广告等。这些渠道对网络口碑产生了替代作用,从而减弱了网络口碑的传播效应。

(2)星级评论反映的是消费者对电影质量的个人判断,也即说服效应。星级评论对票房收入的影响并没有贯穿于电影上映的整个生命周期，而是主要发生在第 1 周，呈现出首周效应。即在电影上映的第 1 周，潜在消费者会根据上映电影的星级评论做出购买决策，而从第 2 周开始说服效应逐渐失去了影响力，不再能够引起潜在消费者态度的转变。而且，在星级评论中，尽管五星级的评论占 36.15%，一星级的评论仅占 9.5%，但是一星级的负面评论对票房收入的影响大于五星级的正面评论，即负面网络口碑对票房收入的影响大于正面网络口碑的影响。

2. 启示

根据研究结论，有如下管理启示：

（1）网络口碑对电影票房的影响主要来自知晓效应。因此，电影网络销售商应积极在第三方网站上建立和完善消费者在线评论系统，激励消费者积极参与在线评论，提升消费者对产品讨论的热度，充分发挥网络口碑的知晓效应，推动电影票房的快速增长。

（2）根据研究结论，潜在消费者在电影上映第 1 周内对负面网络口碑信息会做出更敏感的反应。因此，电影网络销售商应认识到与其在网络上炒作好评，不如避免负面口碑在网络上的传播，电影网络销售商尤其应重点关注与跟踪电影上映第 1 周的网络口碑信息，遏制负面口碑在网络上的传播。

参考文献：

[1] KEAVENEY SUSAN M. Customer Switching Behaviour in Service Industries：An Exploratory Study [J]．Journal of Marketing, 1995（2）：71-82.

[2] ARNDT J.．Role of Product-related Conversations in the Diffusion of a New Product [J]．Journal of Marketing Research, 1967（4）：291-295.

[3] KATZ ELIHU, PAUL F. LAZARSFELD. Personal Influence：The Part Played by People in the Flow of Mass Commu-nications [J]．Free Press, 1955（12）：113-115.

[4] HENNING THURAU T., GWINNER K. P., WALSH G., ET AL. Electronic Word of mouth Via Consumer opinion Platforms：What Motivates Consumers to Articulate Themselves on the Internet [J]．Journal of Interactive Marketing, 2004（1）：38-52.

[5] NELSON P.．Advertising as Information [J]．Journal of Political Economy, 1974（81）：729-754.

[6] BEI L., CHEN E. Y.．WIDDOWS R.．Consumers′online Information Search

Behavior and the Phenomenon of Search Experience Products [J]. Journal of Family and Economic, 2004 (4): 449-467.

[7] DELLAROCAS C., ZHANG XIAOQUAN, AWAD N. F.. Exploring the Value of Online Product Reviews in Forecasting Sales: The Case of Motion Pictures [J]. Journal of Interactive Marketing, 2007 (4): 23-45.

[8] GODES D., MAYZLIN D.. Using Online Conversations to Study Word-of-mouth Communication [J]. Marketing Science, 2004 (4): 545-560.

[9]、[17] CHEN, P-Y., S-Y. WU, J. YOON. The Impact of Online Recommendations and Consumer Feedback on Sales [A]. Proceeding of International Conference on Information Systems (ICIS), Washington, D. C. 2004: 711-724.

[10]、[18] LIU YONG. Word of Mouth for Movies: Its Dynamics and Impact on Box Office revenue [J]. Journal of Marketing, 2006 (3): 74-89.

[11]、[16]、[20] DUANWENJING, GU BIN, WHINSTON A. B.. Do Online Reviews Matter? An Empirical Investigation of Panel Data [J]. Decision SupportSystems, 2008 (4): 1007-1016.

[12] CLEMONS E. K., GAO GUODONG, Hitt L. M.. When Online Reviews Meet Hyper Differentiation: A Study of the Craft Beer Industry [J]. Journal of Management Information Systems, 2006 (2): 149-171.

[13]、[21] 郝媛媛, 邹鹏, 李一军, 叶强. 基于面板数据的在线评论情感倾向对销售收入影响的实证研究 [J]. 管理评论, 2009 (10): 95-103.

[14] HANSON W. A.. Principles of Internet Marketing [M]. Ohio: South Western College Publishing, 2000: 4.

[15] CHEVALIER J., D. MAYZLIN. The Effect of Word of Mouth on Sales: Online Book Reviews [J]. Forthcoming in Journal of Marketing Research, 2005: 345-354.

[19] SWAMI S., J. ELIASHBERG, C. B. Weinberg. Silver Screener: A Modeling Approach to Movie Screens Management [J]. Marketing Science, 1999 (18): 352-372.

[22] ELBERSE A. J. ELIASHBERG. Demand and Supply Dynamics for Sequentially Released Products in International Markets: The Case of Motion Pictures [J]. Marketing Science, 2003 (22): 329-354.

[23]、[24] 龚诗阳, 刘霞, 赵平. 线上消费者评论如何影响产品销量?——基于在线图书评论的实证研究 [J]. 中国软科学, 2013 (6): 171-183.

电子商务管理

我国电子商务立法面临的挑战

——关于两极之间的抉择

李红升[1]

摘　要：我国电子商务立法面临着巨大的挑战：一是技术的快速变化和创新的持续不断，使得电子商务成为一个内涵和外延都在不断扩展的概念，无法对其活动边界做出精确界定；二是电子商务的不同利益相关者之间存在着广泛的、多元的利益冲突。目前立法主要面临急进与缓进、综合与分立、电子商务与传统商务、国际接轨与中国特色、自我治理与法律治理、自下而上与自上而下等六个方面的问题，这些问题涉及不同观点之间由来已久的激烈争议，以及立法者如何在不同的观点之间加以选择或者进行平衡。相对于大多数立法领域，互联网和电子商务领域不同观点之间的差异和对立更为突出，也更难达成共识，而这也使得立法者所面对的抉择和平衡更加困难。

关键词：电子商务；立法；自我治理；法律治理

据新华社报道，2013年12月27日，全国人民代表大会（以下简称"全国人大"）财政经济委员会召开电子商务法起草组成立暨第一次全体会议，宣布由领导小组、专家小组和工作小组组成的立法起草组成立，同时提出一个三年期分两阶段的"时间表"，以及"开门立法、民主立法"的工作原则。对于关注中国电子商务发展尤其是电子商务立法的社会各界人士而言，这无疑是一个振奋人心的消息。

---

[1] 作者简介：李红升（1963—），男，陕西省岐山县人，国家信息中心信息化研究部信息社会研究室主任，高级经济师，主要研究方向为产业组织理论、信息化。

振奋之后随之而来的就是挑战。对于大多数法律草案的起草而言，三年时间是比较充裕的，但是对于电子商务法而言，情况可能就大不一样了，因为要起草一个高质量的电子商务立法草案所面临的困难之大超乎想象。一是技术的快速变化和创新的持续不断，使得电子商务成为一个内涵和外延都在不断扩展的概念，无法对其活动边界做出精确界定。事实上，对电子商务内涵五花八门的界定不仅困扰官方统计机构、经济学家和企业界人士，同样也会持续地困扰法律专家。电子商务这种高度的流变性使得立法者很难跟上技术和商业变化的步伐，一个法律草案在它正式成文之时可能就已漏洞百出，并且不得不同时考虑下一次该如何修订。二是电子商务的不同利益相关者之间存在着广泛的、多元的利益冲突。这一冲突不仅出现在监管部门与电子商务企业之间、电子商务企业与消费者之间、传统商家与电子商务企业之间，也出现于不同监管部门之间、平台企业和商家之间，要在众多利益群体错综复杂的利益诉求之间达成必要的共识和平衡无疑是十分困难的，立法过程难免充斥无休止的争论、媒体的喧嚣、利益相关者之间的博弈和讨价还价。最糟糕的情况可能是没有一个群体对立法草案满意，因为没有哪一个群体的诉求能得到完全的满足。

本文着重分析电子商务立法所面临的六个方面的问题（问题清单还可以变得更长），这些问题涉及不同观点（而且经常是相互对立的观点）之间由来已久的激烈争议，以及立法者如何在不同的观点之间加以选择或者进行平衡。相对于大多数立法领域，互联网和电子商务领域不同观点之间的差异和对立要大得多，也更难达成共识，而这也使得立法者所面对的抉择和平衡更加困难。

一、急进与缓进

与启动其他任何一部立法一样，人们都会问这样一些问题，那就是电子商务立法的启动是否已经刻不容缓？立法的时机和条件是否成熟？归根结底，就是应该在当下启动还是等待未来某一个更合适的时机再启动？

从急进论者的角度看，现行法律体系已经很难适应电子商务快速发展的需要。这种不相适应既与电子商务现行法律体系的不完善尤其是诸多"法律真空"问题有关，也与现行的以部门和地方为主导的立法体系所带来的各种问题有关。从现行的电子商务法律体系来看，虽然出台了《中华人民共和国电子签名法》❶和具有法律性地位的文件——《关于加强网络信息保护的决定》，并且通过对《侵权责任法》《消费者权益保护法》的修订以使之适应电子商务活动，但总体而言，电子商务活动的绝大多数领域要么处于"法律真空"地带，要么由于相关的法律条文过于简略而处于"法律半真空"状态。这里可以列出一个长长的且并不完整的清单，如电子商务市场的准入、特殊产品和服务的许可、电子交易的税收、电子合同和电子票据、交易主体的真实性、电子支付、网络交易平台、交易的安全保障、隐私保护和消费者权益保护、虚拟财产和虚拟货币、搜索引擎和网络广告、团购行为、不当竞争、跨境交易等。

当然，法律"真空"或"半真空"状态是就高位阶法律（由全国人大制定）而言，并不意味着电子商务活动的多数领域处于"无法可依"的状态。事实上，由行政部门和地方政府所制定的大量低位阶的法规和规章，虽然不是全部，但也在很大程度上填补了法律的空白。然而，这种替代性安排所带来的问题也是显而易见的：一是相对于全国人大所制定的法律而言，法规和规章的制定周期更短，也更具灵活性，但其效力要比法律低得多，其适用范围和约束力也都严重不足；二是法规、规章往往同部门和地方利益相联系，而部门和地方利益之争所引发的管辖权之争，又进一步导致法规、规章之间的冲突和不协调，致使企业无所适从；三是法规、规章制定的一个重要出发点是将部门和地方的监管权限从传统领域延伸到网络领域，这势必导致传统条块分割的监管模式被复制到互联网领域，这与互联网的开放性、跨地域性和统一性背道而驰，会严重抑制网络及电子商务的活力和创新。

与急进论者相反，缓进论者认为，即使存在上述问题，但也不意味着电子商务立法已经到了刻不容缓的地步。在立法时机和条件并不成熟的情况下，匆匆出炉的法律难免会出现欲速则不达的情况——要么成为一部抑制电子商务发展活力的"恶法"，要么成为一部不会产生实质性作用、形同虚设的"纸面法律"。从立法时机和条件来看，快速的技术变迁与商业模式创新，使得电子商务的概念和边界模糊，进而使立法的边界变得捉摸不定。电子商务活动这种高度的流变性和不确定性，与立法者追求的法律

---

❶ 为方便起见，文中所涉我国法律均略去"中华人民共和国"字样，而用简称。

条文的明晰性和稳定性之间存在着不可调和的矛盾冲突。如果一项法律朝令夕改，以适应快速变化的形势，法律的权威性也就荡然无存了，这可能是仓促制定电子商务法所难以避免的窘境。

与其仓促立法，还不如在现行法律、法规和规章的基础上，通过修修补补和拾遗补阙的方式，逐步地填补法律的"真空"和"半真空"，修补漏洞。这种谨慎甚至有些保守的态度不仅可以有效避免"恶法"和"纸面法律"的出现，也可以为市场自发秩序的形成和行业自治留下更大的空间，鼓励像淘宝这样的第三方交易平台去更加自由地探索电子商务的治理规则。事实上，作为第三方交易平台的"淘宝规则"以及众多网络平台所制定的类似"网规"，在建立电子商务交易的秩序方面扮演着正式法律曾经扮演的角色，而且扮演得更好。随着这些规则的不断演化和成熟，正式的法律也就可以水到渠成，在诸如此类的网络平台规则的基础上轻而易举地加以建构。

二、综合与分立

即使启动了电子商务立法按钮，立法者仍然会面对这样一个定位问题，将要起草的电子商务法应当是一部无所不包、大而全的综合性法律，以涵盖电子商务活动方方面面的法律问题，还是针对不同问题和对象的诸多的、分立的单项法律，抑或二者之间的一种折中？

立法者有多个理由支持制定一部综合性法律。其一是必要性。电子商务领域所面临的法律真空和半真空问题实在是太多了，绝非修修补补所能解决。其二是可行性。电子商务法律并非凭空而生，无论是由部门和地方政府制定的大量法规、规章、规划和指导意见，还是由众多网络平台所制定的各种"网规"，抑或其他国家和地区所制定的综合性电子商务法律，都为电子商务的综合性立法提供了坚实的基础和可资借鉴的经验、标本。其三是与立法者的"雄心壮志"有关。长期以来，我国在互联网和电子商务立法领域，无一例外都是国外的追随者和模仿者，但现在情况正在发生倒转。由于中国已成为全球电子商务规模的领先者，并且其扩张依然十分迅猛，因而中国也应当成为电子商务立法方面的领先者，并为其他国家的电子商务立法树立样板。

立法者也可以找到反对制定一部综合性法律的理由。其一是电子商务立法涉及范围过于宽泛，远非一部法律所能完全涵盖。由于电子商务活动能够覆盖所有的传统商业交易活动，因而有关传统商业交易活动的立法无疑具有重要的参照价值。事实上，传统的商业交易活动所面临的法律问题并不是靠单一的综合性法律，而是通过一组分立的法律如《合同法》《侵权责任法》《消费者权益保护法》《产品质量法》《反不正当竞争法》《商标法》《广告法》《食品安全法》，以及民商法、经济法中的大量相关条款加以规范的。其二是电子商务活动涉及太多的利益相关者及其盘根错节的利益关系，很难设想能够在一部法律里加以协调。姑且不论监管部门与电子商务企业之间、电子商务企业与消费者之间、传统商家与电子商务企业之间的利益协调，单就电子商务涉及的监管部门——工商行政管理、商务、税务、质量监督检验检疫、食品药品监督管理、海关、通信、金融、交通、知识产权等——之间的协调可能就是一个让人望而却步的挑战。

当然，上述的两种看法也许过于极端。立法者既不可能制定一部大而全、覆盖电子商务活动方方面面的法律，但也不会像针对传统的商业交易活动一样，制定一组相互分立的法律，而是在二者之间取得平衡。也就是说，针对电子商务交易流程，从市场准入、交易许可、第三方交易平台的法律责任、产品质量、广告和宣传、公平竞争、电子合同和票据，到消费者权利、争议解决、隐私保护、网站和交易安全等问题，制定一部综合性法律，而将税收、互联网金融、物流配送、电子支付体系、虚拟财产和虚拟货币、跨境电子商务交易和网络犯罪等问题留给专项法律去解决。即使如此，哪些问题应纳入综合性法律，哪些问题应留给专项法律去解决，也仍然面临着边界划分的问题，并非一清二楚。

三、电子商务与传统商务

在制定电子商务法的时候，传统商务的问题将是无法绕开的。相对于传统商业交易活动而言，由于政府部门难以对电子商务交易的复杂性、特殊性和快速发展及时应对，致使电子商务经营领域由于无章可循和征缴困难而成为"避税天堂"，大量的关税、消费税、增值税、所得税、印花税被电子商务经营者正当合法地逃避了。与此同时，电子商务经营者的活动更多遵从的是第三方交易平台制定的"网规"，而不是政府部门的监管——经营者的登记注册、经营范围的划定及基于部门、行业和地域的监管。这一结果不仅仅影响到国家的税收，也不仅仅是第三方交易平台对政府部门监管权力的僭越，而且也会损害电子商务经营者与传统商务经营者之间的正当竞争与利益平衡问题。

由此引发的一个问题就是法律的公平性和普适性问题。仅仅由于交易方式的不同，一个电子商务经营者就可以因无章可循而逃税避税，并且在很大程度上避开政府的各种监管，而一个传统的商务经营者就需要照章纳税，并且接受政府有形之手的监管？因此，立法者在考虑电子商务立法问题时势必面临一个艰难的选择：是在承认电子商务现状的基础上继续坚持电子商务立法的特殊性（相对于传统的商业交易立法而言），还是以公平性和普适性原则为导向，考虑电子商务活动和传统商务活动之间的平衡？

支持前一种立场的理由，一是电子商务交易的技术性特征（主要与网络的虚拟性、全球性、复杂性和隐蔽性等有关）所带来的交易者身份、交易场所、交易方式、交易过程的虚拟化以及多种商品和服务的融合，使得传统的以部门、行业和地域为基础的法律框架——从税制和税收征缴，到市场准入的监管，到交易产品和服务的监管等——难以适用于电子商务活动。因此，电子商务这种与生俱来的特殊性，决定了电子商务立法必然有其特殊性，由此造成的对传统商务活动的歧视是"技术"导致的结果，而非立法者主观意愿的结果，这样的一种结果因而也是可接受的；二是从鼓励电子商务发展、鼓励技术与商业创新出发，在电子商务发展初期将税收和监管问题搁置也是一种明智的选择，而且这一选择也与国际社会对网络和电子商务活动的税收豁免（或税收优惠）以及放松监管的通行做法相一致。试图将传统商业交易的法律延伸到电子商务领域，不仅面临无法克服的技术性障碍，而且会妨碍技术和商业创新，进而阻碍国内和跨境电子商务的发展。

支持后一种立场的理由，一是电子商务交易活动的技术性特征，并不意味着电子商务交易活动监管所面对的困难是不可逾越的。以税收为例，通过对电子商务交易和服务活动经营者的备案登记、对交易和支付过程的监控和稽查、电子发票，以及税务、银行、工商、海关等部门之间的协同，尤其是通过对现行税收法律的修订，是可以解决电子商务税收无法可依和难以征缴等问题的。二是对电子商务发展、技术和商业创新的鼓励不应以牺牲法律的公平和普适原则为前提，更不应该以电子商务尚处于发展的初级阶段为借口，而听任对电子商务交易活动的优待和优惠（尤其是税收）。由于电子商务交易方式与传统的商业交易方式相比，本就享有效率和成本上的巨大优势，听任电子商务交易对税收和监管的规避，必然会进一步放大这一优势，从而使传统的商业活动在竞争中处于更加不利的地位。随着电子商务的超常增长和对传统商务活动空间的侵蚀，电子商务对税收和监管的规避所导致的不公平竞争，以及因此所带来的各种利益冲突问题也将会不断加剧，势必困扰监管部门和立法者。

四、国际接轨与中国特色

在经济全球化和中国作为世界贸易组织成员方的背景下，讨论电子商务的立法问题使得另一个问题凸显出来，那就是如何在国际接轨和中国特色之间做出权衡取舍。由于互联网与生俱来的全球性、超国界、开放性特征，这一问题变得更加突出。

应该承认，目前国际社会关于互联网和电子商务的法律和政策取向，是自由放任主义占主导地位。这种取向与经济全球化和互联网的全球性特征之间的高度耦合和相互强化有关，也与西方发达国家在全球经济中的影响力有关，这种影响力甚而扩展到世界贸易组织、联合国贸易与发展会议、国际贸易法委员会等国际组织，进而影响到发展中国家在互联网和电子商务领域的立法。按照主流的自由主义取向观点来看，为了保障电子商务的数据流、资金流和货物流在全球性范围自由流动，各个国家和地区都应当放弃对跨国电子商务活动最好也包括国内电子商务活动的管制，即使施加管制，诸如对电子通信和电子签名的规制、隐私保护、消费者权利保护、网络犯罪等问题，也应当遵从相对统一的规范，否则会导致法律之间的冲突并带来新的贸易壁垒，危及跨国电子商务的效率。自由放任主义观点不仅反对主权国家对跨国性电子商务活动的干预和监管，而且还认为，主权国家对传统贸易活动的法律和监管框架很难被移植到跨国性电子商务活动中，特别是在线的数字产品和服务贸易活动。

由于当前国际社会关于互联网和电子商务的立法受美国和欧洲主导的自由放任主义取向的支配，因而与国际接轨也就意味着欧美之外的其他国家在制定国内的互联网和电子商务法律时，也应该遵循欧美及受其支配的国际组织所确立的立法准则和框架，而这也就意味着放弃作为国家主权一个重要组成部分的独立自主的立法权。因此，即使从国家主权的角度看，也应当慎重地看待与国际接轨问题——与国际接轨是否符合国家利益的需要，尤其是在制定国内法律时更需要慎之又慎。事实上，在互联网和电子商务领域的自由放任主义与发展中国家的利益并非一致，尤其是发达国家所倡导的跨境电子商务的免税和市场准入的自由化，会损害许多发展中国家的财政收入，并危及发展中国家对国内产业的保护。同时，互联网和电子商务的自由化也必然伴随在线的数字内容产品和服务的自由输入（尤其是与文化有关的产品和服务，如电子图书、报刊、电影，与色情和宗教有关的内容和服务等），从而可能与许多国家对文化内容的管制法律相冲突。

五、自我治理与法律治理

电子商务立法的一个根本出发点是通过成文的、正式的法律条款来规制电子商务交易行为，以保障所有利益相关者的权利，并对违法和侵权行为进行惩戒。但是，对电子商务的治理而言，立法和法律并不是唯一途径，甚至不是不可或缺的。相反，以社会规范、商业惯例、商家自律以及非国家的第三方机构为基础的自我治理机制，同样也可能达成法律及其执行机构所追求的目标，以保障电子商务交易活动的正常进行。换言之，自我治理也可以作为法律治理的替代物。

按照法学家的一般看法，自我治理和法律治理二者之间的替代性并非意味着一种完全的竞争性关系，也并不是一种非此即彼的选择，而包含着一种互补、共生和相互加强的关系，因为法律治理和自我治理都有其特定的局限性。就法律治理而言，这种局限性与法律的不完备性（法律难以对所有的电子商务交易和服务行为做出明确规定）及法律的调整难以跟上经济、社会和技术的快速变化有关，在很大程度上限制了法律治理的效果。就自我治理而言，无论是基于社会规范的商家、行业自律和非政府的第三方机构，事实上都缺乏法律所具有的强制力。因此，任何一种单一的治理方式都不是最佳治理方式，最佳的治理是让二者共同发挥作用。因此而带来的一个问题就是，在二者存在替代和冲突的情况下，如何划定二者作用的边界，即哪些领域应该由法律来规定，哪些领域应该留给自我治理？如同政府与市场的边界划分曾经在经济学家中争论了数百年至今亦无定论一样，法律治理和自我治理的边界也是一个没有定论的历史遗留问题。

我国电子商务立法面临的挑战

从电子商务发展史来看，由于电子商务法律存在大量"空白"，导致电子商务的治理主要依赖的是自我治理机制的演化和发展。其中，由于大多数电子商务交易活动通过第三方交易平台完成，因而第三方交易平台的自我治理机制尤其值得关注。第三方交易平台不仅提供交易的基础设施、技术支撑，提供与交易有关的服务如商品配送、电子支付等服务，而且为了保证交易的正常进行也会对交易过程进行规制，并制定交易规则。从这种意义上而言，第三方交易平台就像一个独立商业王国的政府，制定自己的法律即通常意义上的"网规"，并通过"网规"对商业王国进行监管。

在诸多第三方交易平台中，阿里巴巴商业王国是最具代表性的，为了对平台上巨量的商业交易活动进行规制，它发布了一系列规则。其中，"淘宝规则"最为著名。截至2012年5月，经过多次扩充修改的"淘宝规则"共计有76条，内容涉及会员注册、经营活动、会员信用评价、交易行为管控、违规行为处罚和程序、受政府许可限制的商品和服务管理，以及规则的修改等。除了"淘宝规则"，阿里巴巴还针对旗下的其他交易平台如天猫、聚划算也制定了相应的规则。与这些规则相配套，阿里巴巴还发布了大量的实施细则以及补充性的规则。阿里巴巴所扮演的"政府角色"除了其像政府一样致力于制定治理商业王国的绵密的规则体系外，还在于其像政府一样可以单方面决定规则，并将这些规则强制性地施加给平台中的买卖双方，除非他们选择退出这一交易平台。

由于阿里巴巴这样的第三方交易平台能够像政府一样治理其商业王国，并能够通过对网规的快速修订，及时对市场、技术的变化和用户的需要做出反应，最重要的是这些基于第三方交易平台的商业王国，已经通过自身的巨大成功证明了通过"网规"的治理是高效的、充满活力的，那么就没有理由认为需要通过政府立法这一有形之手去干预其自我治理，特别是这种干预有可能会导致"网规"作用空间的大幅压缩，进而损害交易平台的运行效率。因此，支持自我治理的人会认为，立法者在制定电子商务法时，涉及的范围越小越好，条款越简单越好，只有这样才能为自我治理留下空间。

但是，即使像阿里巴巴这样的第三方交易平台能够像政府一样去治理其商业王国，但这样的一个商业王国的自我治理也必须置于国家法律的约束之下。第三方交易平台往往是由一个商业公司运行的，本质上有其自身的商业利益追求，而这一商业利益并非与公共利益相一致，也可能会损害交易平台上的消费者、商家以及未参与这一平台的其他相关者的利益。这些利益冲突，显然需要法律的介入和规范。以消费者为例，比较突出的是平台通过免责条款，如规定对系统错误和系统故障所导致的损失免责，对卖家出售的假冒伪劣商品的免除担保来规避应对消费者承担的责任。免责条款可能导致第三方交易平台的道德风险，即不能尽力地为消费者提供安全的交易环境和商品质量的保证。对消费者可能造成损害的另一个问题是第三方平台所拥有的强大的数据采集、分析和处理能力，这一能力能够极大地改进营销，但也可能损害消费者的隐私。再以平台上的商家为例，淘宝网在2011年年底单方面大幅增加会员年费和买家保证金所引发的抗议事件，以及提升卖家准入门槛的规定引发的广泛争论，焦点是淘宝网是否在不正当地使用其强大的市场控制权，是否履行对依赖其平台的数以万计的小商家的社会责任。另外，交易平台往往以侵犯他人商标权的假冒商品是某个卖家所售为由，拒绝承担责任，从而可能对平台之外的利益相关者造成损害。

无论是对消费者、平台上的商家和平台之外的相关者的利益保护，还是对平台所拥有的市场力量的制衡，都需要将平台的规则置于正式法律的监督、审查和约束之下。同时，出于对平台所提供的互联网信息服务的监管、平台网络安全的监管，以及工商、税务、商务、海关、质检、知识产权等诸多部门的监管需要，也需要通过电子商务的专项法律来整合、替代大量分散、重叠、低层级的法规、规章。

六、自下而上与自上而下

电子商务立法的一个根本目的是在利益相关方的诉求之间取得平衡，这种平衡应当基于公平、公正的原则。但是，从政府监管部门、电子商务企业和第三方服务机构、传统商家到消费者等，各利益相关方的诉求并不一致，有时甚至会激烈冲突，那么如何实现上述目标呢？

可以按照一种简单的二分法，将实现上述目标的途径分为两种：一种是自上而下的方式（或可称之为闭门立法），即由立法者（通常是在法学专家的协助下）根据其对利益各方的考量，基于公平、公正的理念，在利益相互冲突的各方之间找到利益平衡点，起草法律草案并进入审议、批准程序；另一种是自下而上的方式（或可称之为开门立法），即给予利益相关方充分的表达诉求的机会，而后由立法者（通常也是在法学专家的协助下）聚合这些诉求并做出权衡，形成法律草案并进入审议、批准过程。

两种方式各有利弊，一种方式之利同时也是另一种方式之弊。自上而下方式的有利之处在于可以避免众多电子商务监管部门的干预、掣肘，主要电子商务利益集团的游说，以及来自喧哗的公共舆论和纷争的干扰，从而加快立法过程。但局限也显而易见：立法者（包括法律专家）并非全知全能，难以充分理解利益相关方的诉求；立法者也是"经济人"，对各方利益的判断和权衡难以保证中立性和超然性，从而影响其权衡的公平和公正性。而且，在一个民主立法和社会参与呼声日益高涨的年代，自上而下的方式显然是背道而驰，这很容易招致广泛的非议，并影响法律的实施。

自下而上方式的有利之处是：通过让利益各方充分地表达诉求，立法者能更充分地了解利益诉求点和利益冲突的症结，进而能够更恰当地平衡利益冲突，尤其是通过搁置存在重大冲突的议题，以避免可能的争议和法律执行中可能遇到的障碍。但局限同样也显而易见：容易招致监管部门的掣肘，容易受到主要利益集团游说的影响，并被公共舆论和纷争所干扰，这将导致法案起草过程缓慢甚至被搁置。

上述的二分法有些极端，实际的立法过程是两种方式的结合。无论是自上而下还是自下而上，在正式法律条文的起草中，都需要立法者做出最终的决定，而这一决定都需要考虑和权衡许多因素，这显然不是一个简单的权衡和抉择。

电子商务监管体系中的公共主体作用

王肃元[1]

摘 要：随着电子商务的纵深化演进，现有监管体系中的漏洞日益扩大，其根源在于监管主体经济人的身份属性，追求经济利益最大化的监管行为准则制约了电子商务发展，将公共主体如政府纳入电子商务监管体系成为占优选择。应着力完善电子商务系统的主体进退机制，推进监管买卖双方的公平化，引导电子商务系统完善网络技术安全支撑体系，加强第三方支付平台上的沉淀成本管理，确定第三方管理运营的合理利润区间。

关键词：电子商务；监管体系；公共主体；政府

一、引言

随着互联网等信息技术的普及、深化，以电子商务为代表的虚拟经济突飞猛进，对传统商业模式形成巨大冲击。经过十多年的发展，凭借庞大的市场规模和多元化的需求，我国的电子商务赢得跨越式发展，已经形成了淘宝、京东商城、当当等一批发展势头良好的电子商务平台，《2013年度中国电子商务市场数据监测报告》显示，截至2013年年底，我国电子商务市场交易总额达10.2万亿元，同比增长29.9%。其中，商家对商家（B2B）电子商务市场交易规模达8.2万亿元，同比增长31.2%；网络零售市场交易规模达1.9万亿元，同比增长42.8%。[1]电子商务行业的快速发展为经济社会提供了大量就业岗位和择业机会，更好地满足了消费者多样

---

[1] 作者简介：王肃元（1955—），男，甘肃省天水市人，兰州商学院教授，硕士生导师，主要研究方向为经济法。

化的需求。同时，在速度与数量的比拼中，很多掣肘电子商务行业可持续发展的短板逐一暴露，如商品质量、电子商务物流、技术保障、支付安全、法制滞后、客服寻租等问题已经严重危及电子商务平台上买卖双方的权益保障，诸多学者认为这些问题显著地折射出我国电子商务监管体系的缺陷，提出监管是否合理是影响和制约电子商务应用与发展的关键因素。[2]然而由谁来监管，学者们莫衷一是。结合发达国家和地区的经验，立足当前我国电子商务监管主体的经济属性，笔者认为，将具有绝对权威的公共主体（如政府）引入电子商务监管体系，使其以适宜的方式与第三方中介合作，突破当前发展瓶颈，提升电子商务信誉水平，既是我国电子商务可持续发展的需要，也符合电子商务经济发展规律。纵观现有研究，学者们大多已经注意到公共主体在电子商务平台上的重要性，但是对其作用的方面、方式、路径等具体层面的研究涉及较少，这是本文试图去填补的方面，也是本研究的意义所在。

二、现有电子商务监管主体的属性界定

作为现代新技术集成的新型商业模式，电子商务以井喷之势扩大我国虚拟经济市场规模，拉动消费，增进就业，带动企业革新，助推中小企业开拓市场，形成B2B、商家对客户（B2C）、客户对客户（C2C）、线上线下融合（O2O）等多种电子商务模式。类似于实体经济，无论哪种电子商务模式下的买卖双方都需要信息交互平台，为此，阿里巴巴、京东商城等第三方中介机构出现，担当平台之职。2013年，B2B模式下，阿里巴巴占有44.5%的市场份额；B2C模式下，淘宝商城以50.1%的市场份额居首，京东商城以22.4%的份额位居第二；C2C模式下，淘宝零售市场占有份额高达96.5%；O2O模式下，美团、糯米、携程等群雄逐鹿，竞争非常激烈。[3]这些第三方中介在提供服务的同时，也承担着提供监管等公共产品的职责。传统经济理论表明，由于公共产品以社会福利最大化为首要目标，所以其供给者一般为公共主体。可见，目前明晰电子商务监管主体的属性，对衡量监管程度、覆盖面等至关重要，在此，本研究以电商为例深入分析。

从本质上看，A企业是一个为电子商务企业提供信息的商业服务平台，但是这种服务是以其会员制度为前提的，即只有会员才能获取源于这一平

台的市场信息，从而有效把握有利的市场契机，提升产销、供求对接效率，多渠道降低多种成本，拓宽利润空间。需要强调的是，目前，该会员制度的制定者、执行者、监督者均为 A 企业，而其身份属性是典型的"经济人"，企业的本质决定了 A 企业任何行为的首要目标是经济利益最大化，因此，制定了一系列有利于增加其服务收益的规则，例如，收取会员费、网络广告收费、预付交易款等，而对企业资质、产品质量等重视不够。在实践中，这样的规则虽然使很多中小企业进入大市场、很多个体获得择业就业机会，但是随着电子商务发展的深化，网络经济纠纷就会激增，而由于监管主体仍是以获利为先的 A 企业，所以监管的公平性和效率备受质疑，且漏洞越来越大，任何可能导致其经济利益损失的监管都可能被轻视甚至忽视。同时，为了进一步提高收益，A 企业对同样借助其发展的不同企业进行着歧视性监管，如准入门槛、扣点收费均不同。电子商务监管主体的经济人属性决定了其监管目标是增加服务收益，若关于某一监管引起社会目标与经济目标冲突时，电子商务监管主体的决策必然是社会目标服从于经济目标，尤其是涉及公共领域时，其各种决策的趋利偏向完全显性化。如果不改善这一状况，而由经济人属性的监管主体自我完善，则在缺乏公平性监管的隐含前提和趋利的监管本质下必然引发更多的网络经济纠纷，而关于纠纷的解决，会滋生电子商务行业中的"灰色地带"，且由于缺乏监督经济人属性的电子商务第三方中介的监管主体，这一"灰色地带"就会毫无约束地延伸拓展，从微观的角度看，这已经背离了设立电子商务监管的初衷，从宏观的角度看，这埋下了阻滞我国电子商务可持续发展的隐患。

三、电子商务监管主体和监管漏洞分析

经济人的身份属性是电子商务监管主体成为"裁判员"和"运动员"的合体，对威胁自身经济收益的问题难以客观公平审视，致使很多违规行为得不到惩罚，而没有惩罚机制的规则体系是不完整且无效的，久而久之，现有监管体制下的漏洞日益凸显并扩大。然而，网络经济中，交易存在的基础是信任，这源于搜集到的代表过去的信息，其中隐含着买家据此对其作出的具有未来向度的信任，但是监管漏洞会以倍增的加速度消除买家对电子商务企业的未来信任。

1. 不同电子商务平台的监管歧视

目前,我国拥有多个大型的电子商务平台,面对激烈的市场竞争,差异化是各电子商务平台存在的根基。在市场经济机制下,这种差异应当体现在平台服务类别、产品种类、主打产品、组织结构等构件上,绝非在服务态度、产品质量、价格歧视等方面,而后者正是我国电子商务平台差异化的表现。以 T 电商企业和 J 电商企业为例,二者均为 B2C 模式平台,但在产品价格、客服态度、物流质量、产品质量保证、支付便捷性和安全性等方面差异显著,由于它们由各自的法人进行监管,因此,这些本应消除的差异性,在我国则以合理的、被人们默认接受的状态而存在。在价格方面,二者均以正品为宣传重点,但同类产品价格差别较大。例如,J 电商企业的数码类产品价格普遍高于 T 企业,尤其是 J 电商企业参与推出的产品;客服态度方面,买家在 T 企业平台上能够快捷高效地向客服咨询产品情况,解决交易纠纷的效率也较高,而在 J 企业平台上解决这些问题则较为困难;物流方面,J 企业拥有自建物流体系,能够有效应对节庆日成交量的波动,送达快捷,大幅降低买卖双方的物流成本和时间成本,因为物流问题投诉电子商务企业的纠纷较少,而 T 企业主要依赖第三方物流,在这一方面劣势明显;产品质量保证方面,T 企业会员大都支持七天无理由退货,而 J 企业通常不支持,一定要退货则需要翔实说明产品所涉及问题;支付方面,T 企业由于依赖第三方物流,一般不支持货到付款,默认接受在线预付款,而 J 企业由于其物流优势,在线支付和货到付款均可。显然,这些差异源于电子商务平台所有者的不同,其各自按照自身的利益诉求制定管理规则,选择监管方式等。因此,相同的商家、消费者和产品在不同的电子商务平台有不同的境遇就不足为奇,这直接使买卖双方将选择交易平台的主要标准锁定为差异性信息和规则,忽略了产品质量和服务质量等信誉构件是电子商务时代的关键,这种本末倒置的现象使电子商务监管规范化进而行业标准化进程缓慢,资源配置效率低、浪费严重,以一种与帕累托最优标准背离的方式演进。

2. 电子商务平台的网络技术安全难以保障

网络技术是电子商务存在的基石,安全性和可靠性是衡量电子商务平台运作质量的重要指标。[4]但由于网络技术的开放性使电子商务领域遭遇

· 267 ·

各种风险的概率较大,安全性、可靠性、稳定性较差,直接威胁着资金流、信息流、物流等电子商务要件的安全。在资金安全方面,电子商务平台的交易大都通过在线支付资金实现,其中隐含着由于软硬件设计缺陷和更新升级不及时而遭到病毒恶意攻击引发的系统风险,以及由于开户审查宽松致使二次清算屏蔽资金流向导致的洗钱风险;在信息安全方面,各电子商务平台均掌握着在平台从事交易的客户信息,一旦发生黑客入侵数据库的情况,商业信息、个人信息就会外泄,从而导致账户被盗、资金被非法转移等风险;在物流安全方面,电子商务平台上的交易都依赖信息传递,买家在付款后对货物运输情况的了解只源于物流信息,但是近年来,时有卖家因自身和外部原因没有或不更新物流信息的情况,增加了买家的等待成本和时间成本。这些问题是任一电子商务平台监管体系中都存在的,也是现有技术手段能够解决的,但由于电子商务监管主体是企业,考虑到应用新技术、更新软件等需要大量的人力、物力、财力投入,所以各电子商务平台必然会权衡维系网络技术安全的投入与产出,只要现存问题还未危及其根本利益,各电子商务平台都会尽量忽略此类问题。

3. 相关法律法规监督不到位

从我国电子商务立法来看,只有一些类似于《中华人民共和国电子签名法》《非金融机构支付服务管理办法》等专业性法律、法规,另外在一些地方性法规中有所体现,但上升到国体法层面的电子商务立法是空白的,即我国没有完整的电子商务立法体系,很多电子商务领域的问题还要依照适用于传统商业模式的《中华人民共和国合同法》《中华人民共和国海关法》等来解决。由于缺乏国体法支撑,现有的电子商务法律法规均由各自主管部门制定,而一个电子商务交易问题常常涉及多个方面,此时,电子商务立法各自为政、多头管理,从而使问题搁置的弊端彰显无遗。对于问题的解决,电子商务领域开辟了自己的途径,买卖双方大多会私下解决,即使因为不满意给出差评,卖家也会在一定期限内联系买家以各种手段使其修改评价,这就使以后的买家不能看到真实的商家信息,难以保障自身利益最大化。此外,我国电子商务立法主要集中于计算机网络管制方面,可以说在一定程度上忽略了电子商务首先且根本上是一个经济事物,是经济演进中的新模式,计算机、软硬件等只是其存在的介质。当前我国电子商务立法多以规范这一介质为目的,从而使网络经济纠纷处于无法可依状态，所以常常出现在新型商业模式下以不规则的较为原始的私下解决的方式处理电子商务经济纠纷的现象。

4. 售后服务保障缺失

电子商务的显著特点是网店替代实体店，缩减生产经营环节，降低运营成本，这也使得售后服务成为电子商务发展伊始就存在的一个短板，因此，即使在电子商务发展日新月异的当下，很多消费者选购有可能需要售后服务的商品时依然以实体店消费为主，如耐用消费品，除非电子商务企业承诺在买家所在地区的专卖店等能够正常维修。总体而言，我国电子商务领域的售后服务问题主要有两类：一是大企业普遍在一、二线城市建立了属于本企业产品的售后服务点，而多数较偏远地区尚未建立，形成售后服务断层的现象；二是部分中小企业有能力斥资建立少数售后服务点，但不能满足市场需求。显然，电子商务平台上的售后服务存在供不应求的缺口，但需要说明的是，购买商品时，买家可以通过即时通信工具在虚拟空间了解商品信息，凭借之前消费者的使用体验做出购买决策，可是商品的售后服务大多需要在实体店实现，开办网店和实体店的成本相差悬殊，因此，这一短板时至今日在电子商务领域都未得到拉升。一些资金实力强的大企业布设的售后服务网点较多，生产经营业绩好，很多中小企业也希望建立售后服务网点。据调查，约有92%的企业认为提升售后服务质量能够增加消费者黏性和消费者数量，[5]然而，由于市场竞争加剧、企业规模限制、资金能力不足等方面制约，中小企业面对售后服务的市场机遇却是有心无力，从而将现实中不同规模企业之间的差距引入网络经济，且快速倍增，不断拉大。

5. 第三方支付监管缺失

在电子商务平台上，交易的根基是信任，信任除依赖信息真伪、惩罚机制等变量外，还需解决支付安全问题，为此，第三方支付出现，这在很大程度上规避了网络经济中的信用缺失、商业欺诈，保障了买卖双方的权益。但是"谁监管第三方支付"一直未明晰，尽管政府对第三方支付给予强有力支持，可是是否同时兼有监管职责并不明确。在这一背景下，以支付宝为代表的第三方支付平台的诸多规定没有参照标准且不透明。例如，在网络交易中，一般买家先将货款打入支付宝，待收到货后，支付宝再将货款打入卖家账户，资金在支付宝平台会滞留一段时间，买卖双方都不能获得这部分沉淀资金的收益，而支付宝也不会透露在这一时间段内这些资金的去向和收益。据调查，淘宝最核心的盈利不是会员会费，而是支付宝的巨额预收款，以此开展放贷业务。由于从银行办理各项贷款业务手续繁杂且周期较长，电子商务平台则根据不同商家信誉设置放贷标准，无须其他担保，因此，沉淀资金利用率很高。这部分资金并非支付宝所有，而其借此获得巨额收益是否合理合法，值得深思。此外，依据电子商务平台自身规定，支付宝在网络交易中只起暂时管理资金的作用，对已经支付的商品不具有掌控能力，而有些商品买家收到货后或不会立即使用，或因效果需要一段时间才能显现，待支付宝付款后发现商品有问题，支付宝就难以处理买家发出的退款申请，此时，买卖双方更多的是相互诋毁，却忽略了这也是支付宝管理体系不完善导致的结果。可见，第三方支付在电子商务平台上一直扮演着权威角色，监管其行为的主体尚处于缺失状态。

6. 忽视电子商务平台的物流垄断

没有时空限制是电子商务的优势，可以更好地满足消费者的个性化需求，但跨地区的运输又使这一优势演化为电子商务行业的劣势。尽管电子商务与物流业发展互为基础、互促互进，但是不容忽视的是，目前在电子商务平台上，电子商务企业数量众多，竞争十分激烈，而物流企业数量则有限，物流对电子商务企业已经形成一定程度的垄断，这从买家网络购物时会在较大选择空间中挑选商品而基本无从选择物流就可见一斑。浏览各大电子商务平台，对电子商务企业的差评大多都因物流问题引起，收到货后，物流弊端给买家造成的损失有时使其已经无法客观评价商品，甚至会出现因为物流效率低而退货的情况，买家只能将这些失误归咎于卖家，后者即使更换物流，可选择空间依然狭小。这种物流现状使节庆活动时的"爆仓"成为常态，买卖双方都会尽力寻找避开"爆仓"的应对方案，但基本都以卖家损失销售额、买家减少消费者剩余告终。为避免这一问题，有的电商企业自建物流体系，虽然提升了物流效率，但随着业务规模的扩大，自建物流的投入已经占据70%以上的运作成本，即使如此，三线及以下城市和地区依然还要借助第三方物流，而如此大的成本投入必然严重制约交易平台质的跃升。可见，物流已经成为我国电子商务发展的重大短板。

四、公共主体介入电子商务监管的必要性

我国电子商务监管主体的经济人属性已经使电子商务领域漏洞多多，改善这一监管现状极为必要。笔者认为，引入有别于当前电子商务监管主体属性的主体是突破瓶颈的有效途径之一。结合发达国家的发展经验，引入公共主体较为适宜。德国强调政府应强化电子商务市场监管，以政府公共职能促进信息自由流动，使消费者深刻了解自身所处市场环境，并进一步提高政府监管透明度；[6]英国电子商务市场的监管主体主要为公共机构，特定公共机构具有一定程度权限对电子商务进行必要监督与管理，以实现电子商务市场公平、稳定发展。[7]考虑到我国实际，在众多公共主体中，政府是占优选择。

1. 公共主体与经济人的发展目标不同

比较经济人与公共主体，经济人在经济社会发展的任何环节都以实现自身经济利益最大化为目标，因此，电子商务平台在发挥监管作用时，任何不提升经济收益的投入都是不许可的，而公共主体的发展目标是实现社会福利最大化，因此，其介入电子商务平台投入各种成本，旨在推进电子商务可持续发展，提升网络经济质量，不会以投入产出是否经济利益最大化为标准。显然，后者的目标正是我国电子商务监管体系中最为稀缺的。

2. 政府能够有效分摊电子商务发展成本

伴随着网络经济的纵深化发展，电子商务平台必须顺应技术更新潮流，加大对电子商务的全方位投入（如在监管服务质量、产品质量检查、信息技术等方面的投入），如果这些成本均由电子商务平台承担，则其一定会转嫁于电子商务企业，最终叠加于消费者，而网店与实体店竞争的最大优势就是价格，这不利于电子商务平台价格优势的维系，因此，只有在迫不得已的情况下，电子商务平台才会增加成本，完善自我。政府的公共主体身份使其不受经济目标约束，其介入电子商务监管体系可以有效分摊发展成本，且不会转嫁于电子商务平台，从而不会增加消费者负担，同时推进电子商务可持续发展。

3. 政府有助于提升电子商务监管的权威性和平衡性

在经济社会中，政府的权威性是毋庸置疑的，政府介入电子商务监管

体系有助于提升监管的强制执行力，优化监管成效。同时，由于电子商务监管主体的服务收益主要源于电子商务企业，故现有监管细则趋向维护电子商务企业利益，政府加入监管体系，通过完善信用规则平衡电子商务系统涉及的各利益集团，从而增强消费者参与电子商务交易的信心。

4. 政府可以填补电子商务平台的监管空白

由于现有电子商务监管主体是经济人，监管目的是自身经济利益最大化，因此对监管漏洞视而不见。例如，第三方支付平台无须说明交易预付款规则的依据、沉淀资金的用途及其收益等，甚至对电子商务平台与电子商务企业联合欺骗消费者的行为都缺乏监管惩罚机制，致使"淘宝小二"腐败、暗箱操作等行为出现，且大有加剧蔓延之势。长此以往，必然摧毁人们对电子商务的信任。政府介入监管体系填补这些监管空白，是完善电子商务信誉体系的关键。

5. 政府可以推进电子商务的国际化进程

电子商务不受时空约束，更容易达成国际贸易，同时，也会面临更复杂的经济问题，政府介入电子商务监管则有助于其较快地融入国际市场。一是政府参与制定电子商务的监管规则，有助于加速规则的规范化、国际化进程；二是面对国际电子商务问题，由政府出面进行国家之间的协调与合作，则可以为我国电子商务企业争取最大利益。

五、电子商务监管体系中的公共主体作用路径

1. 完善电子商务系统的主体进退机制

电子商务系统主体包括电子商务平台提供者、电子商务企业、消费者，由于电子商务相关法律法规尚不完善，因此，电子商务平台提供者的权力很大，且无约束，买卖双方进入或退出电子商务平台只需电子商务平台提供者同意，疏于对主体资质进行严格审核。公共主体如政府介入，能够限制电子商务平台提供者权限，通过抬高主体进退门槛，真正维护买卖双方权益。为了达到这一目的，公共主体面临的首要问题是设置统一的进入门槛，建立淘汰机制。就主体进入机制而言，加强实名认证、资格认证，建立处罚机制、奖励机制、信用实时查询机制等，从源头上保障电子商务市场有良好的发展基础。就退出机制而言，实行电子商务企业淘汰机

制,对于在交易过程中有欺诈行为的企业必须严格实行处罚,达到一定阈值直接淘汰,并记录入档,以保障电子商务市场健康运行。对于电子商务平台提供者进行行为规范约束,实施全程监管,一旦出现联合欺骗、隐瞒电子商务企业违规操作等严重违反市场经济原则的问题,立即由政府指定部门取消其经营资格。

2. 推进监管买卖双方的公平化进程

买卖双方必须进行公平、自由交易,任何一方都不应该成为特权阶级。我国电子商务的井喷发展态势在为市场经济注入活力的同时,其自身存在的问题也以喷涌之势出现,其中既有消费者对电子商务企业恶意差评致使后者信誉受损的情况,也有电子商务企业公布虚假商品信息欺诈消费者的现象,而这些问题均很难在现有的电子商务监管平台上快捷地解决,也是仅依靠电子商务平台短期内无法解决的。政府介入监管,则可以依托其绝对权威和资金实力协助电子商务平台建立一整套完善的电子商务监督和评价体系,规范买卖双方的经济行为,为消费者和电子商务企业营造公平的市场环境。同时,政府以权威的中立者身份仲裁网络交易纠纷,能够高效率地保障各方利益。

3. 引导电子商务系统完善网络技术安全支撑体系

电子商务可持续发展离不开网络技术的支持,基于成本的考虑,我国电子商务网络技术安全问题已经十分严重,亟须强化网络技术支持。立足我国电子商务发展现状,政府应当从三方面引导电子商务监管主体完善网络技术安全体系。第一,大力倡导使用安全套接层(Secure Sockets Layer,SSL)网络协议。比较因特网互联(Transmission Control Protocol/Internet Protocol,TCP/IP)协议与安全套接层协议,后者安全性更高,[8]而我国电子商务系统基本还停留在因特网互联协议层面。因此,政府应当推荐、支持、帮助电子商务平台使用安全套接层协议。第二,引进国外先进网络安全技术,统一行业标准。依托政府平台引进国外先进网络安全技术,统一电子商务行业安全标准,对于采用高新网络安全技术的电子商务企业给予一定的税收优惠或技术支持,健全网络安全体系。第三,节省电子商务监管主体成本,增加网络安全技术研发投入。政府介入电子商务监管体系,在很大程度上降低了原有监管模式下的运行成本,使电子商务平台拥有结余资金，政府应当引导电子商务监管主体将资金用于网络安全技术研发。

4. 强化第三方支付平台上的沉淀资金管理

我国电子商务规模庞大，仅2010年12月日交易额估算，每天在淘宝上发生的交易额达9亿元，交易笔数达850万，都是通过支付宝完成的，若按付款滞后四天计算，滞留在支付宝的沉淀资金约36亿元，[9]如此庞大的沉淀资金若不加合理利用将会存在巨大滥用风险，第三方支付缺乏监管主体是这一风险存在的根本原因。政府出面监管第三方支付，一是政府的绝对权威性使其成为监管主体的占优选择；二是政府的公共主体身份能够有效弱化其对经济目标的追逐，同时降低现有经济属性监管主体的道德风险，具有管理沉淀资金的资格。在实际操作中，政府必须制定严格且切合实际的第三方支付机构管理准则，降低沉淀资金流失风险，合理划分经济收益归属，使沉淀资金的用途及结果透明化，以保障电子商务系统各利益集团的权益。

5. 确定第三方管理运营的合理利润区间

现有电子商务平台的任何行为均为增加平台经济收益，并为此设立很多有利于这一目标实现的没有依据的规则，如会员费标准、网络广告收费、第三方支付中介沉淀资金无效率等规定，这些均成为电子商务平台的巨额收益，但是在市场机制下，电子商务平台作为经济人应当有较为公开、透明、合理的利润区间，而这是其自身无法明晰的。为此，政府介入电子商务监管体系后，应当在电子商务、物流、民间信贷等领域进行大量有效的调研，在宏观层面综合各电子商务平台差异，制定较为合理的利润区间。一方面可以防止商家利用信息优势变相对消费者实行歧视性价格，获取非正常利润；另一方面，明晰第三方支付中介沉淀资金的用途，将相应的经济收益在买方、卖方、平台三方合理划分，同时规范第三方支付放贷标准，降低金融风险。

参考文献：

[1]、[3]中国电子商务研究中心. 2013年度中国电子商务市场数据监测报告[EB/OL]．(20130305) ．http：//www.100ec.cn/zt/2013ndbg/.

[2]罗鸣，陈浩. 完善中国电子商务监管的思考[J]．电子商务世界，2004 (1-2)：86-88.

[4]姚曙光.电子商务平台的可信网络信息安全技术［J］.电子科技,2014（1）:153-156.

[5]齐莉丽,彭华伟.中小企业电子商务售后服务的现状分析与对策［J］.天津经济,2013（10）:73-76.

[6]阿拉木斯.德国与欧盟电子商务监管研究［J］.海外视点,2011（7）:91-92.

[7]李成军.英国电子商务监管和消费者保护［J］.网络交易监管,2012（2）:41-44.

[8]、[9]沈二波.电子商务安全协议分析［J］.开封大学学报,2012（3）:90-93.

网络零售市场信用机制优化研究

李敬泉[①]

摘　要：随着电子网络交易规模的扩展，信用风险阻碍网络经济进一步发展的问题日益凸显。尽管现行的一些网络零售网站设计的信用评价体系在一定程度上降低了网络交易的信用风险，但仍然存在明显不足。借鉴以往研究成果，基于信任传递原理改进信用计分机制，可有效改善我国网络零售商信用评价机制，有效降低用户虚假评价及其他蓄意破坏行为对我国网络零售市场信用系统的影响，反映店铺真实的信用度，降低买家因信息不对称和时空分隔带来的不信任，降低消费者购买的信用风险，同时为卖家提供一个公平的竞争环境，为我国网络零售市场健康发展奠定一个良好的信用基础。

关键词：网络零售市场；信用风险；信用评价；信用评价体系；信任传递

一、引言

近年来，随着我国信息技术的进一步发展、互联网的日益普及和电子商务的不断壮大，网络零售交易模式逐渐为广大消费者所接受，网购用户规模与交易额逐年增长。中国电子商务研究中心发布的《2012年度中国网络零售市场数据监测报告》显示：截至2013年12月，我国网购用户规模

[①] 作者简介：李敬泉（1966—），男，江苏省徐州市人，南京大学工程管理学院副教授，硕士生导师，日本大阪市立大学商学博士，主要研究方向为流通产业、物流与供应链。

达3.12亿人,而2012年我国网购用户规模为2.47亿人,同比增长26.3%;截至2013年12月,中国网络零售市场交易规模达18851亿元,2012年为13205亿元,同比增长42.8%。❶但与此同时,消费者关于网络零售商诚信问题的投诉次数却居高不下,虚假促销、网络诈骗等现象在我国网络零售市场中时有发生。事实上,由于网络交易的虚拟性,买卖双方在交易过程中通常处于非面对面的环境,商品质量、价格以及售后服务信息完全来自买方自身的判断。因此,网络零售系统具有明显的信息不对称性,潜在风险巨大。在这样信息不对称的环境中,要保证交易的顺利进行,降低风险,交易双方的信用显得尤为重要。当前,信用风险已经成了阻碍我国网络零售市场进一步发展的主要因素。为降低信用风险,我国网络零售电子商务网站纷纷建立了信用评价体系,但由于其评价等级设置过于简单,信用评价算法缺乏对用户信用度的考虑,没有涉及交易金额,存在大量用户虚假评价等问题,各网络零售电商网站当前的信用评价方法不能反映店铺真实的信用水平,不能为买家提供可靠的参考。对此,理论界针对网络零售信用风险问题提出了各种解决办法,但均存在一定的不足。本文将以信任传递为基础,结合前人研究成果提出一种改进的信用计分机制,改善我国网络零售商信用评价机制,降低消费者购买的信用风险,促进我国网络零售市场进一步发展壮大。

二、国内外相关研究现状

目前,国内外有关电子商务系统中信用问题的研究较多。国外关于网络零售信用机制的研究,如张杰(Jie Zhang)[1]对卖家和买家的信用度进行量化,并提出了相应的函数模型。该研究认为,卖家的信用只与其卖出的记录有关,而与其作为买家时的买入记录无关,并利用易贝(Ebay)的数据对自己的结论进行了验证,不过该模型并没有考虑一些恶意破坏信用系统行为的影响。牟(Mui)[2]基于贝叶斯概率方法,构建了Mui信任模型,利用交易双方历史信息及历史信誉来推导用户信用值,但Mui信任模型难以准确地为互惠、信誉变量初始化赋值,并且该模型仅适用于简单的并行社会网络,难以消除恶意推荐的影响。阿卜杜拉赫曼(Abdul-

---

❶ 数据来源于中国电子商务研究中心(www.100ec.cn)。

Rahman）等人[3]提出了基于信誉机制的信任模型，但该模型仅采用单一数值来表示信任度，难以准确描述信用的多维特性。此外，由于该模型忽略了评分人的信用度，难以区分恶意用户与诚实用户，无法解决恶意推荐的问题。

针对我国网络零售市场信用评价体系存在的不合理之处，国内许多学者进行了研究并提出了改进意见。朴春慧、安静和方美琪[4]建立了改进的电子商务网站信用评价模型，提出了新的信用评价算法，通过权衡考虑交易对方的信用度和交易次数、交易金额来计算被评用户的信用加权平均分和信用度。甄磊、郑力、吴姗姗[5]提出，利用初始静态信用评价、加权平均、构建信用度函数图等方法，来更加科学合理地计算信用度。李瑞轩、卢正鼎等[6]提出了一种改进的信用计分算法，采用商品价格的区间分布和信用等级的扣分系数对交易成败进行加减分，并设计了一种网上交易的风险计算方法。国内学者建立的网络零售市场信用模型大多采用模糊综合评价法，综合考虑影响信用的各种因素，并在此基础上计算信用度，信用度 S 的计算过程如下：

$$S = W_1V_1 + W_2V_2 + \cdots + W_nV_n \quad [7]$$

其中，S 代表信用度，W_i 代表权重，V_i 表示影响因素。

这种方法虽然可在一定程度上对当前的信用评价机制进行改进，弥补电商平台信用影响因素的不足，但没有考虑到大量用户虚假评价带来的影响，而事实上，用户的虚假评价让店铺的信用度大大偏离了它真实的信用度。本文将提出一种基于信任传递原理进行改进的信用评价机制，以反映店铺真实的信用度。

三、网络零售市场信用评价体系发展状况

近年来，为解决信用带来的问题，我国网络零售网站纷纷建立了信用评价体系。以当前阿里巴巴旗下的淘宝网和天猫商城为例，买家和卖家每成功交易一笔，就可以对对方进行一次信用评分。评价分为好评、中评、差评三种，其中好评加一分，中评不加分，差评减一分。我们可以利用下面的公式来表示这种信用评价机制。

$R_{t+1} = R_t + 1$，$N_{t+1} = N_t$（好评）

$R_{t+1} = R_t$，$N_{t+1} = N_t$（中评）

$R_{t+1} = R_t - 1$，$N_{t+1} = N_t + 1$（差评）

$$Z_t = \frac{R_t + N_t}{t}$$

其中，R_t 表示信用等级，N_t 表示差评数，Z_t 表示好评率。[8]

在这种信用评价规则中，系统累计计算卖家得到的好评、中评、差评次数，卖家的信用度等于好评数与差评数之差，好评率为好评数占所有评价数的比率。[9] 由上可知，我国网络零售市场信用等级计算采用的是一种累加的信用模型，鉴于我国网络零售市场好评率普遍较高的情况，这种信用评价机制主要反映了一个卖家经营的资历，卖家经营的时间越久，其信用等级越高，这样一来，新卖家的信用等级大多不如资历老的卖家，这对那些后进入市场的卖家而言是极为不利的。这样的信用评价机制既不利于公平竞争，也不能反映卖家真实的信用状况。有不少网购过的买家表示，自己曾经在一些经营资历老、信用等级高的店铺买到过假货。

为弥补信用等级评价存在的不足之处，淘宝网和天猫商城还设定了店铺最近半年的动态评分，包括买家对物品真实度、卖家服务和发货速度的评分。买家可根据自己的满意程度打1~5分，然后由系统计算出卖家所得到的平均分，并与同行业平均水平进行比较。

店铺的好评率和动态评分是所有买家评价的算术平均值，每个买家的评价对店铺信用的影响是相同的，并没有考虑到买家自身的信用度，这就给一些卖家提供了可乘之机。为提高信用等级或动态评分，有的店铺不惜花重金雇人进行"信用炒作"，或对竞争对手给予"恶意评价"，从而在竞争中获得优势。于是，在买家对店铺的信用评价中充斥着大量的虚假评价，严重影响了店铺真实的信用度。

四、基于信任传递对我国网络零售市场信用机制的改进

1. 模糊综合评价法及信用评价指标的确定

（1）模糊综合因素分析法。模糊综合评价法是一种基于模糊数学的综合评价方法。该综合评价法根据模糊数学的隶属度理论把定性评价转化为定量评价，即利用模糊数学对受到多种因素制约的事物或对象作出一个总体的评价。将模糊综合评价法用于我国网络零售市场交易主体的信息评价，可综合考虑影响店铺信用的各种因素，并根据这些因素的重要程度以及对它的评价结果，把原来的定性结果定量化，较好地处理买卖过程中存

在的多因素以及主观判断等问题，建立一套科学的综合信用评价体系，为买家提供店铺综合信用判别比较的依据，降低交易的风险性。

（2）我国网络零售市场信用评价指标的确定。根据我国零售市场交易主体信用指标评价设置的原则，本文将信用评价指标分为商家基本状况、动态交易状况、商家服务情况三大类指标，以更加全面地反映店铺的信用状态。零售店铺的信用评价指标体系如图1所示。

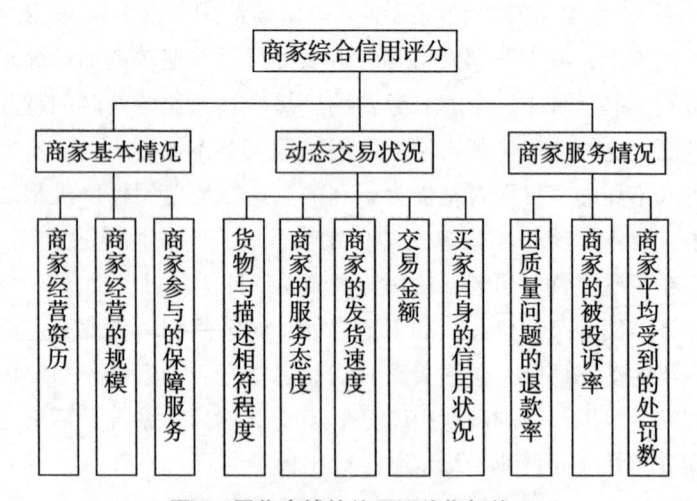

图1 零售店铺的信用评价指标体系

零售店铺信用评价指标的说明：

①商家综合信用评分：表示商家的综合信用度，用 S 表示。

②商家基本状况：商家基本状况的信用评分用 S_0 表示。商家经营的资历即商家的经营时间（V_{01}）越长，S_0 越高；商家经营的规模（V_{02}）越大越可靠，S_0 也越高；商家参与的保障服务（V_{03}）越多越可靠，失信的风险越小，S_0 越高。

③动态交易状况：动态交易状况的信用评分用 S_1 表示。货物与描述相符程度（V_{11}）越高，S_1 越高；商家的服务态度（V_{12}）越好，S_1 越高；商家的发货速度（V_{13}）越快，S_1 越高；交易金额（V_{14}）越大，S_1 越高；买家自身的信用状况（V_{15}）越好，S_1 越高。

④商家服务情况：商家服务情况的信用评分用 S_2 表示。因质量问题的退款率（V_{21}）越低，S_2 越高；商家的被投诉率（V_{22}）越低，S_2 越高；商家平均受到的处罚数（V_{23}）越少，S_2 越高。

2. 基于信任传递改进的商家动态交易状况信用评分

在商家综合信用评价指标体系中，商家的基本状况属于静态评价指标，商家的服务情况由第三方监督管理，商家很难做手脚。但在对商家动态交易状况进行信用评分时，由于买家信用评分数目有限，有些店铺中买家给予的信用评分数目甚至不足百条，再加之买家信用度设计得并不合理，给一些商家在有限的买家评价中进行信用炒作提供了可乘之机。下面拟利用信任传递原理，扩大参与信用评分的用户数，让一些商家的信用炒作行为变得徒劳。

（1）信任传递原理。信任在人与人之间是可以相互传递的。在生活中，当人们面临多个选择时，如在众多电子商家中选择购买一部手机，选择一家可靠的驾校，人们总会征求自己身边人的意见，参考他们对商家或驾校的信任程度，然后作出选择。根据信任路线，可以得到一个人对另外一个与自己不发生直接信任关系的人的相对衍生信任度。信任传递原理（Trust Transitivity Principle）[10]描述的是 A 直接信任 B、B 直接信任 C 时，A 对 C 会产生衍生信任，所产生的衍生信任度与 A 对 B 的信任度有关，如图 2 所示。

图 2 信任传递原理

（2）买家直接信任系数。通过与买家直接发生信任关系的买家，可以得到买家对陌生卖家的衍生信用度。在我国网络零售市场中，与买家直接发生信任关系的"周围人"主要包括卖家的朋友、与买家发生过交易的卖家（在网络购物中，卖家也是买家）、购买资历老且信用等级高的买家（这类买家极少，设定标准较高）。

假设共有 j 名用户与买家 A 发生直接信任关系，我们用 P_{Aj} 表示 A 对 j 的直接信任度（$1 \leq P_{Aj} \leq 5$，如果 j 为卖家，则 $P_{ij}=Q_{ij}$，Q_{ij} 表示买家 i 对店铺 j 动态交易状况的信用评分）。C_{Aj} 表示 A 对 j 的直接信任系数。

$$C_{Aj} = \frac{P_{Aj}}{\sum_j P_{Aj}}$$

很显然，$0 \leq C_{Aj} \leq 1$，所有的直接信任系数之和为1。直接信任系数不能直接表示信任度，只有在确定了买家A时，直接信任系数才有意义，我们不能通过直接信任系数判断信任度的高低，这也是直接信任系数的一个不足之处。

（3）基本信任传递计算出衍生信用评分。现将信任传递原理用于我国网络零售市场信用体系。如买家A在陌生网店K购物时，看到了众多买家给予的评价，他无法识别哪些买家给予的评价是真实可信的，也无法得知店铺K的真实信用度。买家A需要在众多的买家评论中挑选出那些真实可靠的评价，剔除掉那些炒作的恶意评价。对买家A而言，在众多的买家评论中，买家A的朋友、与买家A有过交易记录、购买资历老且信用等级高的买家评价无疑是最真实可靠、最具有参考价值的。根据买家A的直接信任系数和"周围人"对店铺K的信用评分，可以计算出买家A对店铺K的衍生信用评分。

$$P_{AK} = C_{Aj} P_{jK}$$

我们也可以把它写成向量的形式。在此，我们定义：

$$\vec{C}_{Aj} = (C_{A1}, C_{A2}, C_{A3}, \cdots, C_{An})$$

$$\vec{P}_{jK} = (P_{j1}, P_{j2}, P_{j3}, \cdots, P_{jn})$$

那么：

$$P_{AK} = \vec{C}_{Aj} \vec{P}_{jK}$$

这看起来似乎是一种计算衍生信用评分很有效的方法，而事实上，由于个人的局限性，当他准备在陌生店铺购物时，此前他的"周围人"大部分也未曾光顾过该店铺，这样可供参考的"周围人"就很少了。因此，我们需要扩大范围，利用信任传递原理把"周围人"的范围扩大到"周围人"的"周围人"。

"周围人"的范围扩大一次：

$$P_{AK} = \vec{C}_{Ab} \vec{C}_{bj} \vec{P}_{jK}$$

"周围人"的范围扩大n次：

$$P_{AK} = \vec{C}_{Ab} \vec{C}_{bc} \vec{C}_{cd} \cdots \vec{C}_{mn} \vec{P}_{nk}$$

当n足够大时，买家就可以通过"周围人"与大部分曾在陌生店铺购物并给出信用评分的用户发生信任联系，从而根据他们的信用评分得出自己对陌生店铺的衍生信用评分。

(4) 扩大的参与信用评分的用户数。根据信任传递原理,可以得到买家对陌生买家、陌生店铺的衍生信用评分。在结合买家评价计算店铺信用评分的时候,未参与直接购物的买家的衍生信用评分也应当作为参考。图3为当前计算店铺信用评分时参考的用户评价范围,图4为改进后计算店铺信用评分时扩大参考的用户评价范围。

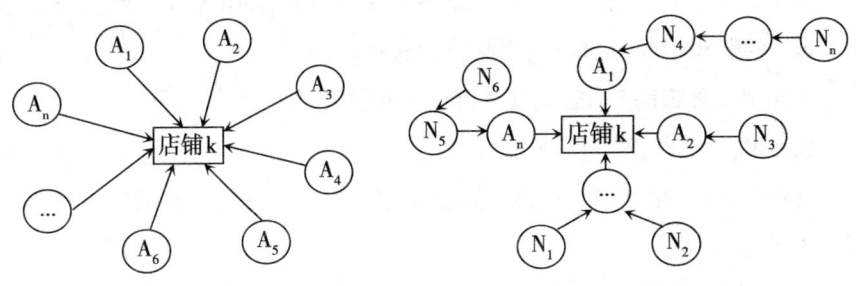

图3 改进前的用户评价数　　　　图4 扩大的用户评价数

(5) 改进的网络零售市场商家动态交易状况信用评分。假设在网络零售市场中存在 n 个用户(包括买家与卖家),商家动态交易状况信用评分与其他每个用户给予他的信用评分、评价用户自身的信用度、评价用户的购买金额相关。于是,本文构造出商家动态交易状况信用评分的计算公式如下:

$$S_{1j} = \frac{\sum_{i=1}^{n} P_i P_{ij}(1+\lambda_{ij})}{\sum_{i=1}^{n} P_i(1+\lambda_{ij})}$$

($i \neq 1$,如果 P_{ij} 不存在,$i \neq 1'$)

其中,P_i 表示根据其他用户评价得出的关于用户 i 的信用度(如果是商家,则 $P_i = S_{1i}$)。S_{1j} 表示用户商家 j 动态交易状况的信用评分。P_{ij} 表示 i 对 j 的衍生信用评分,$1+\lambda_{ij}$ 表示 i 关于 j 的购买金额系数,如果 i 不是直接购买用户,则 $\lambda_{ij} = 0$。

3. 网络零售市场信用评价改进模型的建立

商家基本状况的信用评分为:

$$S_0 = W_{01}V_{01} + W_{02}V_{02} + W_{03}V_{03}$$

其中，W_{01}、W_{02}、W_{03}分别表示商家基本状况信用评价指标的权重。

动态交易状况的信用评分为：

$$S_1 = \sum_{i=1}^{n} W_{14i} W_{15i} Q_{ij}$$

其中，Q_{ij}表示买家i对店铺j动态交易状况的信用评分，W_{14i}、W_{15i}表示买家i的购买金额与自身信用状况的权重。

而买家i对店铺j动态交易状况的信用评分为：

$$Q_{ij} = W_{11}V_{11} + W_{12}V_{12} + W_{13}V_{13}$$

其中，W_{11}、W_{12}、W_{13}分别表示每个用户对商家动态交易状况评分的信用评价指标的权重。

商家服务情况的信用评分为：

$$S_2 = W_{21}V_{21} + W_{22}V_{22} + W_{23}V_{23}$$

其中，W_{21}、W_{22}、W_{23}分别表示商家服务情况的信用评价指标的权重。

商家的综合信用评分为：

$$S = W_0 S_0 + W_1 S_1 + W_2 S_2$$

其中，W_0、W_1、W_2分别表示三类信用评分的权重。

改进的网络零售市场信用评分法以更大范围的用户评价作为参考，综合考虑了用户自身的信用度、用户购买金额等因素，能够有效降低用户直接评价中虚假评价对店铺信用度的影响，降低"信用炒作"、"恶意诋毁"等行为的作用。同时，还能反映店铺卖家和买家真实的信用度，降低买家购买时因信息不对称带来的信用风险，为网络零售商营造一个公平竞争的环境。

五、总结

我国网络零售市场要进一步发展壮大，信用风险控制显得尤为重要。本文提出的基于信任传递原理改进的网络零售市场信用评价机制，能够有效降低用户虚假评价及其他蓄意破坏行为对我国网络零售市场信用系统的影响，反映店铺真实的信用度，降低买家因信息不对称和时空分隔带来的不信任性，降低消费者购买的信用风险，同时为卖家提供一个公平的竞争环境，为我国网络零售市场健康发展奠定良好的信用基础。

参考文献：

［1］JIE ZHANG. The Roles of Players and Reputation：Evidence from Ebay online Auctions［J］. Decision Support Systems，2006（42）：1800-1818.

［2］MUI L.，MOHTASHEMI M.. A Computational Model for Trust and Reputation［J］. Systems Sciences，2002：2431-2439.

［3］ABDUL RAHMAN，HAILES. Supporting Trust in Virtual Communities［J］. Systems Sciences，2000：56-87.

［4］朴春慧，方美琪. C2C 电子商务网站信用评价模型及算法研究［J］. 情报杂志，2007（8）：105-107.

［5］甄磊，郑力，吴姗姗. 基于 C2C 电子商务信用评价体系的探讨［J］. 大众商务，2010（1）：147-178.

［6］李瑞轩，卢正鼎. C2C 电子商务交易的信用评估风险方法研究［J］. 通信学报，2009，7（30）：78-85.

［7］徐大鹏，洪红，王超. 电子商务信用风险研究综述［J］. 经营管理者，2001（20）：1-3.

［8］杨蕾，单晓菲. 基于 SNS 的 C2C 市场信用改进研究——以淘宝网为例［J］. 电子商务，2011（7）：15-18.

［9］张建，张勇，赵洁. 面向领域的电子商务平台交易信用研究［J］. 计算机与数字工程，2012（11）：32-49.

［10］AUDUNJOSANG，ROSLAN LSMAIL，CLION BOYD. A Survry of Trust Reputation Systems for Online Service Provision［J］. Decision Support Systems，2007（43）：618-644.

网络交易平台运营商垄断行为的政府规制[1]

邱毅[2]

摘　要：随着现代信息技术的发展和消费者购物行为的变化，网络交易市场组织正在迅速崛起。由于网络交易平台具有显著的规模经济、范围经济、网络经济效益等自然垄断特性，在平台之间的市场竞争中出现了"一枝独秀"和"赢者通吃"的市场竞争格局，有可能会出现损害市场效率的垄断现象。这就需要政府通过政策或法规方式引入竞争性力量，抑制网络交易平台运营商利用垄断势力实施垄断行为的冲动。对网络交易平台实施政府规制，可考虑在维持网络交易平台垄断性业务的基础上，增强其所在产业领域内的可竞争性因素，即在其产业链上下游的可竞争性业务领域引入竞争机制，从而抑制其垄断行为的发生。借鉴西方发达国家在自然垄断产业相关环节内导入竞争性力量的基本思路，对网络交易平台实施政府规制主要包括端口接入规制、业务范围规制、网络互通规制、共同投资规制四类模式。这四种规制模式各有利弊，其政策实施的关键点（难点）与适用范围是不同的。

关键词：网络交易平台；垄断势力；垄断行为；政府规制

---

[1] 本文受教育部人文社科项目"交易方式变革与中国流通现代化研究"（项目编号：10JJD790022）、浙江省社会科学基金重点课题"我国商贸平台型企业公司治理结构研究"（项目编号：10JDSM01Z）、浙江省教育厅课题"基于利益相关者理论的公司治理结构演化研究"（项目编号：Y200906811）资助。

[2] 作者简介：邱毅（1981—），男，博士，浙江省衢州市人，教育部人文社会科学重点研究基地浙江工商大学现代商贸研究中心教师，浙江工商大学现代商贸流通体系建设协同创新中心研究人员，主要研究方向为商贸流通、区域经济、企业战略。

一、引言

近年来，随着我国经济的快速发展与现代信息技术的日益普及，网络交易规模快速增长。全国电子商务市场交易规模由 2008 年的 3.15 万亿元增加到 2013 年的 9.9 万亿元。在网络交易快速发展与庞大网络交易量背后，最值得关注的是网络交易服务市场的高集中度现象，在许多领域都呈现出"一枝独秀"和"赢者通吃"的市场竞争格局。2013 年，在我国中小企业 B2B 电子商务运营商平台服务市场中，阿里巴巴的占比为 42.3%；在新兴的移动购物交易市场中，淘宝网的占比高达 76.1%；在在线旅游 OTA 市场中，携程网的占有率为 49.7%。❶

上述数据表明，在我国网络交易市场领域，少数网络交易平台运营商已经形成了足以实施垄断行为的垄断势力。遗憾的是，西方产业组织理论并未对包括网络交易在内的流通产业市场结构及其绩效进行足够多的研究。之所以会出现这一现象，并不仅仅因为网络交易平台垄断是近年来现代信息技术日益普及之后才在流通领域出现的新问题，其中更为重要的一个原因是西方产业组织理论研究的重点是垄断与竞争间的关系，在发达国家成熟的市场经济条件下，传统的以非网络交易为主的流通产业并不明显存在厂商进出的自然垄断和人为垄断壁垒。因此，有必要运用垄断及其相关理论分析我国网络交易平台垄断现象，并提出相应的政府规制建议。

二、对网络交易平台垄断行为进行适度政府干预的理论依据

1. 网络交易平台具有天然的垄断性

在不考虑政府规制的前提下，"一家独大"的自然垄断无疑是企业追求内部技术经济性的最佳结果，这就要求网络交易平台运营商充分利用包括规模经济、范围经济在内的各种手段来追求利润的最大化。规模经济是指企业提供单位产品的成本随着提供总量的增加而趋于下降，信息技术的特点决定了在网络交易平台上，每一笔新增交易所产生的边际成本几乎可以忽略不计。规模经济的要求还同样反映在网络交易平台的

---

❶ 资料来源于 http：//www.iresearch.com.cn/coredata/2013q4_1.shtml。

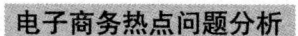

进入壁垒上，随着行业内企业实力的不断增强，电子商务行业已经成为一个高技术密集和高资本密集的领域，新网络交易平台项目建设规模与投资额不断攀升。以京东商城为例，其已经进行了多轮融资：2007年8月，京东商城获得首轮融资，额度为1000万美元；2009年，完成了第二轮2100万美元的融资；2010年1月，完成了第三轮1.5亿美元的融资；2011年4月1日完成了第四轮15亿美元的投资；2013年2月，完成了第五轮融资，金额约为7亿美元。❶可见，一家企业如果缺乏得力的人才团队和强大的资金保障，是难以迈过网络交易平台建设的"最小规模经济门槛"的。范围经济是指一个企业同时提供多种产品的成本低于几个企业分别提供这些产品的成本。所有的网络交易平台运营商都尽可能多地在其平台上引入多类别商品，并通过对客户信息的深入挖掘，将相关商品的关联展示直接推送到用户页面上。一家网络交易平台越是能够将更多种类的商品集中到自己的平台上，就越能为消费者在网上比较商品信息、支付货款、选择物流带来便利，从而越能刺激消费者购买更多的商品。

"双边市场"特征是网络交易平台与一般企业相比最大的不同之处，即企业需要面对两组市场参与者。这一特征要求平台运营商在为交易双方提供"媒"服务时能够集聚更多的成员数量和交易总额。当大量的商品供给者与需求者在网络交易平台上互相之间进行多次交易时，便形成了一张商品流通的无形网络，产生了网络外部性，即产品对消费者的效用随着采用相同产品或可兼容产品的消费者的增加而增加。[1]网络外部性由成员外部性和使用外部性两部分构成。其中，成员外部性指与所有借助该平台发生业务往来的参与人相关的外部性，它与参与人的数量密切相关，消费者只需加入网络，成为其中的成员，而无须对产品进一步消费，就会对其他消费者（包括已经加入平台者和未加入平台者）的消费行为与决策产生影响；使用外部性指利用该平台实现的交易量的外部性，它与整个平台的交易总额密切相关，平台上交易量越大，使用频率越高，在规模经济、范围经济等因素的作用下，其平均到每个用户的成本就越低。大量商户之所以愿意在某个网络交易平台上集聚，并向平台运营商支付一定的费用（需要

---

❶ 资料来源于http://tech.163.com/13/0216/19/8NRV1RVS000915BF.html。

注意的是网络交易平台上的费用通常以较为隐蔽的广告费或技术服务费等形式收取），是因为它们能够在该平台上获得比平台外更多的正外部性。这种基于网络而形成的外部性被称为网络经济效益，它具有两大特征：其一是"从成本的角度看，网络经济效益表现为极高的固定成本和较低的边际成本，两者所形成的平均成本曲线异常陡峭，表明网络经济平均成本曲线下降急剧并在一定区间内永远下降"。[2]对目前的淘宝、京东等网上商城而言，新增客户对其经营成本的影响几乎可以忽略不计。其二是"从效益的角度看，网络的外部性和溢出效应与规模之间呈现非线性指数化变化特征"。[3]反映网络价值与节点之间关系的梅特卡夫法则认为，网络的价值等于网络节点的平方，即网络节点在按照算术级增长的同时，网络价值会以几何级数的方式增长。这表明，网络交易平台间的竞争会出现以下局面：某家企业在客户数量规模上最初的优势会不断被放大，并促使整个市场形成"赢者通吃、一家独大"的格局。

综上所述，在规模经济、范围经济与网络经济效益的作用下，网络交易平台具有天然的垄断性。

2. 现代信息技术增强了网络交易平台的垄断势力

在现代科技被广泛应用于商贸流通领域的20世纪中期之前，传统的有形商品交易平台，如城市购物中心、商品交易市场等，尽管也呈现出追求规模经济、范围经济的发展趋势，但由于复杂、大容量信息交换成本居高不下的技术制约，它们的影响力和辐射范围往往被限制在了一个较小的区域范围内。随着现代信息技术日新月异的发展，该因素对商品交易平台实现规模经济和范围经济的制约越来越小了。近年来，一批传统零售型企业在"产—供—销"链上的地位由从属转为主导。尽管上述变化的发生存在消费者势力崛起❶等重要原因，但不能否认技术力量在其背后的推动作用。宝洁公司与沃尔玛公司产销联盟的推动者普里切特曾经表示，大型零售企业比制造商能更好地了解消费者偏好与商品周转情况，这是因为沃尔玛大

---

❶ 消费者势力的崛起对零售型交易平台地位的提升具有很大的促进作用。从零售商与生产商之间关系的演变历史来看，在短缺经济条件下，生产和供给能力成为产业链的核心要素，因此当时供应商在产业链中占据优势地位；而进入生产相对过剩时期后，产业链的核心要素转变为消费和零售，进而表现为货架稀缺与渠道稀缺，从而导致零售商凭借与消费者的接近能力在产业链中占据主导地位。

幅度改善了企业内外部沟通体系，不仅通过扫描装置搜集了大量的信息数据，而且发展了能够灵活运用并挖掘这些数据的技术。[4]很显然，沃尔玛作为实体型零售平台的典型代表，其竞争力在很大程度上与技术密切相关，比一般的传统制造企业更依赖于现代信息技术的发展。

对于像淘宝、京东商城这样完全依赖互联网的网络交易平台而言，其竞争力更是直接取决于信息技术水平的高低。2005年，阿里巴巴集团高价收购雅虎中国，❶其主要目的之一就是获取雅虎公司当时全球领先的搜索引擎技术，因为出色的搜索引擎技术可以保证消费者在浏览成千上万不同种类商品网页信息时，能够迅速找到自己真正想要的商品，这同时也大大提高了不同供应商获得竞争对手信息的效率，刺激了各细分产品行业内的竞争，实现了平台上范围经济的正外部性溢出。我们相信，随着人类社会的信息化进入到"大数据"时代，那些拥有信息技术优势的网络交易平台的垄断势力有着进一步增强的趋势。

3. 网络交易平台对客户权益侵害的可能性

之前的论述表明，在网络交易领域已经形成了较强的垄断势力并呈现出进一步增强的趋势。更为重要的是，网络交易平台上的客户（包括买家和卖家）往往具有较强的单归属特征，即客户对网络交易平台产生了很强排他性的使用黏性，这就为平台运营商实施垄断行为提供了便利条件，从而引发了一系列冲突。例如，2011年10月，淘宝商城大幅度提高服务费和保证金的做法引发了在商城中经营的部分中小卖家的激烈反对，他们通过恶意购买等方式对淘宝商城的大卖家进行集体攻击以发泄不满。❷这背后的一个关键问题是，为什么那些认为自己利益受损的中小网络卖家，不选择"用脚投票"离开淘宝商城呢？这是因为，他们转移到其他交易平台上开展经营存在较高的转换成本。

较高的转换成本会抑制客户的转换行为，其作用相当于客户被某个平台"套牢"。这里的转换成本是指，当客户（包括买家和卖家）从一个网络交易平台转移到另外一个平台时，产生的能够被客户感受到的物质或精神层面的成本，如连续成本、学习成本和沉没成本。连续成本指

---

❶ 资料来源于 http：//info.1688.com/detail/5573939.html。
❷ 资料来源于 http：//finance.people.com.cn/GB/15879737.html。

由转换引起的权益和绩效损失,如网络客户在原有交易平台上累积的信用等级;学习成本包括转换前的搜索和评估成本以及转换后的行动和认知成本,如网络客户为学习原有交易平台操作技巧而投入时间、精力成本等;沉没成本指建立并维持原关系的已经花费的投资和成本等,如网络客户在大量网络交易过程中累积建立起来的客户群资源以及相关交易的数据记录。

显然,高转换成本为那些拥有垄断势力的网络交易平台侵害正当客户权益提供了可能性。为防止那些具有垄断势力的网络交易平台干扰正常的市场竞争秩序,侵害消费者权益,我国政府部门有必要研究相应的政府规制政策。

三、对网络交易平台实施政府规制的难点分析

政府对垄断产业实行规制是为了控制那些拥有"垄断势力"的企业采取"垄断行为",从而有助于在竞争条件下形成各种产品或服务的市场化价格。因此,可行的规制政策有两个基本方向:一是通过价格管制、强制拆分等方式,直接消除相关企业的"垄断势力";二是在难以消除"垄断势力",或者一旦消除了"垄断势力"将导致规模经济、范围经济重大损失的情况下,引入可竞争性因素,抑制相关企业采取"垄断行为"的冲动。

如果要直接消除企业的"垄断势力",首先必须对其是否实施了"垄断行为"进行取证。一般认为,"垄断行为"的重要标志是对全部或部分消费者实施了价格歧视。但是,双边市场和单边市场吸引客户的机制不同,因此通过"价格—成本"对双边市场中的垄断行为进行判定并实施相关反垄断规制是一个复杂且难度较大的课题。这是因为,在双边市场环境中,政府政策可能出现误区。[5]例如,传统产业组织理论认为低于边际成本的定价意味着掠夺性定价,但由于双边市场中存在"先有鸡还是先有蛋"的问题,平台运营商首先必须讨好其中的一方客户,提高受益一方加入平台的积极性,因此平台运营商针对某方客户实施的免费甚至补贴策略并不能简单认为是为了控制整个市场。

可见,政府制定直接针对网络交易平台"垄断势力"的规制政策将面临很大的取证难题。即使能够取证成功,那么直接消除"垄断势力"的政策效果如何呢?一般认为,政府将垄断企业分割为若干家竞争性经营企

业，能够为竞争创造空间，并带来三方面的好处：一是刺激企业间竞争，提高效率；二是缩小企业规模，提高企业运行的灵活性；三是便于比较不同企业的绩效。但是，这样的切割方案可能会大大降低网络交易所涉及产业的整体经济效益。由于存在显著的规模经济、范围经济和网络经济效益，竞争机制所产生的效益或许无法与其垄断的效率相比，以至于直接在垄断业务环节引进竞争机制很有可能产生低效率，增加社会总成本，也不会增加消费者剩余，反而得不偿失。

从本质上说，对涉及垄断的行业实施政府规制，其基本目标都是为了缓解"马歇尔冲突"，即在追求规模、范围经济效应的同时，形成与市场竞争活力相协调的有效竞争格局，从而提升该垄断领域的整体经济效率或所对应的消费者福利水平。[6]在西方发达国家，由于政府管制措施的失灵以及技术发展等因素的作用，20世纪70年代中期以来开始了一场声势浩大的自然垄断产业改革，对垄断产业（主要是自然垄断产业）普遍采取了放松管制和引进竞争的规制政策。因此，对网络交易平台实施政府规制的可行方案是，在维持网络交易平台垄断性业务的基础上，增强其所在产业领域内的可竞争性因素，即在其产业链上下游的可竞争性业务领域引入竞争机制，抑制其垄断行为的发生。

四、对网络交易平台进行政府干预的基本模式

以下借鉴西方发达国家在自然垄断产业相关环节导入竞争性力量的基本思路，提出对网络交易平台实施政府规制的四类模式。

1. 端口接入规制

该规制模式要求政府在允许网络交易平台开展垄断性业务和竞争性业务垂直一体化经营的前提下，通过制定端口接入政策，强制要求该网络交易平台向其他流通业中的弱势企业公平地提供接入服务。一旦某个网络交易平台（第Ⅰ类平台）在流通领域某个重要基础性环节形成其他企业所不具备的垄断势力，就可考虑对其实施端口接入规制。如图1所示，一旦网络交易平台在上游业务环节产生垄断性竞争优势，它就有可能依托自己在上游环节中的垄断地位，通过拒绝其他企业接入，或者通过索取高额端口接入费的方式，在下游竞争性市场领域也形成独占优势，并损害最终消费者的福利。这就要求政府规制者采取有效规制措施，以防止网络交易平台采取

各种措施拒绝或限制为竞争企业提供接入服务的反竞争行为，因此该类政策的核心应当是规定与实际成本相符的端口接入费用（甚至可以要求免费接入或者接入费用完全由政府买单）、允许接入企业的数量（某些领域可以要求不设企业数量上限）以及尽可能详细的端口接入服务的质量标准。

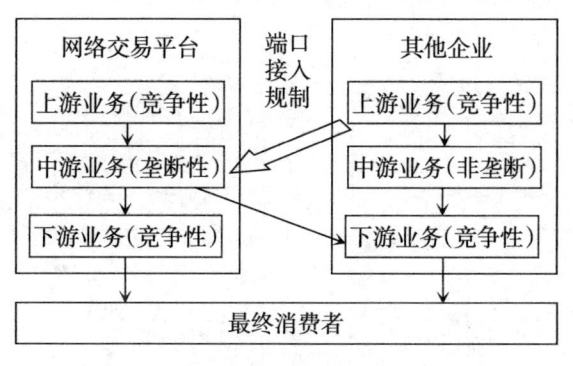

图1 端口接入规制

2. 业务范围规制

该规制模式不允许网络交易平台开展垄断性业务与竞争性业务垂直一体化经营，从而迫使网络交易平台必须向与自己处在同一纵向产业领域的其他竞争性企业提供接入服务。当某个网络交易平台（仍然属于第Ⅰ类平台）很容易通过隐藏信息的方式绕过政府对端口接入的规制，为企业内其他业务部门争取竞争优势，而政府又很难发现并对其实施惩罚时，就应当实施业务范围规制，将该企业的业务仅仅局限于垄断业务内。此外，考虑到企业内部交叉补贴行为具有很强的隐蔽性和多样性，相关政府部门难以制定细致的规范并实施监督，因此限制此类企业的业务范围是较为合适的做法。业务范围规制政策的实施较为简单，只需对网络交易平台的业务范围实施纵向切割，并严格禁止其在竞争性领域开展混业经营。这有利于消除第一种政策实行时垂直一体化经营企业在竞争性业务领域可能采取的歧视行为，即对本企业经营单位和其他竞争企业采取差异性行为，以排斥竞争企业，但不利的一面是可能会牺牲范围经济所带来的好处。与此同时，为防止该企业利用垄断优势向其他公司收取高额接入费或向消费者收取高价，还应当在产业链连接环节使用相应的端口接入规制与之相配合，这样就增加了政策实施的复杂程度。图2显示了网络交易平台处于产业链不同

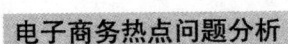

环节时的两种业务范围规制情况,当网络交易平台处于产业链中间位置时,需要同时对其连接上游和中游两端的端口实施接入规制。

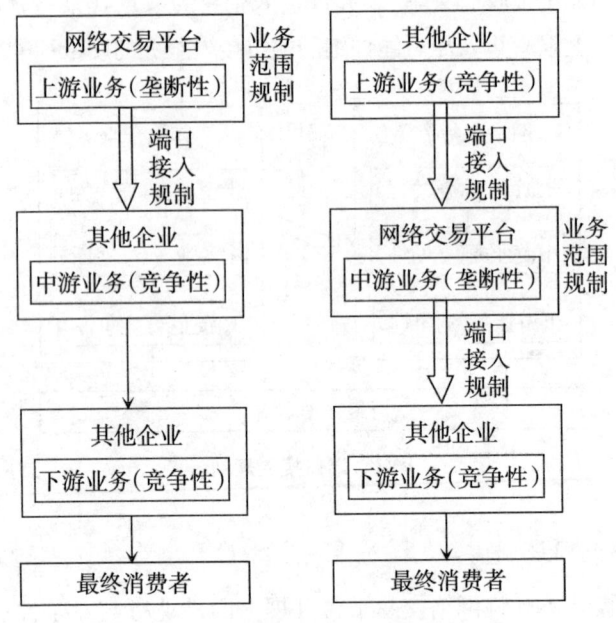

```
┌─────────────────┐  业务          ┌─────────────────┐
│  网络交易平台    │  范围          │   其他企业       │
│ 上游业务(垄断性) │  规制          │ 上游业务(竞争性) │
└────────┬────────┘                └────────┬────────┘
         │端口                              │端口
         │接入                              │接入
         ▼规制                              ▼规制
┌─────────────────┐                ┌─────────────────┐  业务
│   其他企业       │                │  网络交易平台    │  范围
│ 中游业务(竞争性) │                │ 中游业务(垄断性) │  规制
└────────┬────────┘                └────────┬────────┘
         │                                  │端口
         │                                  │接入
         │                                  ▼规制
         │                         ┌─────────────────┐
         │                         │   其他企业       │
         │                         │ 下游业务(竞争性) │
         │                         └────────┬────────┘
         ▼                                  ▼
┌─────────────────┐                ┌─────────────────┐
│   其他企业       │                │                 │
│ 下游业务(竞争性) │                │                 │
└────────┬────────┘                └─────────────────┘
         ▼                                  ▼
┌─────────────────┐                ┌─────────────────┐
│   最终消费者     │                │   最终消费者     │
└─────────────────┘                └─────────────────┘
```

图 2　两种结构的业务范围规制

3. 网络互通规制模式

该规制模式鼓励不同的网络交易平台之间开展互联互通,充分利用平台客户间正的网络外部效应刺激不同网络交易平台(第Ⅱ类平台)之间以互利互惠为动机主动实行联网,即每家企业的局部垄断性业务不仅向本企业内的竞争性业务单位开放,也向其他网络交易平台的竞争性业务单位开放。网络互通规制与第一类端口接入规制的区别在于,后者强调通过行政手段要求网络交易平台向处于弱势地位的其他企业公平公正地提供接入服务,而前者强调以效益激励为主、政府鼓励为辅的方式促使网络交易平台之间放弃"各自为营"的做法,从而增加消费者福利。例如,在国内外信用卡领域,各大银行之间通过共享客户信用信息,规避某些消费者的恶意透支行为;在电信领域,中国移动、中国联通、中国电信等运营商被要求做到网络互联互通。但是,目前在网络交易领域,这方面互通的规制仍然较少,如阿里巴巴的淘宝集市与腾讯的拍拍网之间就可以展开客户信用共享、商户信息共享等方面的合作。图3显示，两家势力均等的网络交易平台上下游业务环节均处于可竞争状态，互相间为争取客户，两家企业的上下游业务本应处于自然互通状态，但由于两家企业均在产业链中游环节形成了垄断势力，如果采取"各自为营"的策略，二者都将禁止自身企业内可竞争性业务与对方可竞争性业务的互通，其原因可利用博弈论最为经典的"囚徒困境"进行解释：理性个体追求各自利益最大化的结局可能是集体意义上的不理性。为打破"囚徒困境"的僵局，必须在二者之间建立互信关系，而最为重要的初始互信的建立需要一个具有公信力的第三方的介入，政府无疑是最合适的人选。此后，在互惠互利的刺激下，两个平台会自发地开展更为广泛的合作，合作方互信过程的建立与深化可由合作博弈理论的"一报还一报"策略进行解释。因此，实施网络互通规制政策的难点在于，政府最初如何介入才能确保网络交易平台之间高效率地建立信赖关系。此外，这类规制还受到行业局限性的限制，只适用于网络正外部性相当显著的领域，网络交易平台之间规模越接近，政策效果越好，否则网络规模较大的企业必然会以种种借口拒绝与网络规模较小的企业实现网络互通，在这种情况下可采取第一种端口接入规制政策。

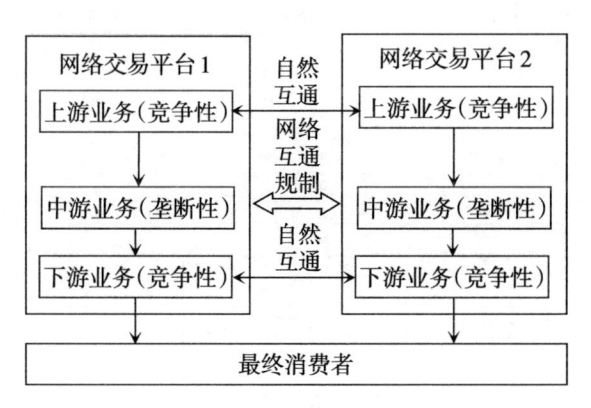

图3 网络互通规制

4. 共同投资规制模式

该规制模式鼓励从事竞争性业务的企业共同入股投资某一网络交易平台（第Ⅲ类平台），这不仅增强了产业链中"局部垄断"业务对最终消费者需求变化作出快速反应的能力，也在产业链中规模经济、范围经济效应最明显的业务环节形成了竞争者的利益共同体。之前阐述的三类规制政策均强调利用政府外部监管促使网络交易平台规范自己的行为，而实施共同投资规制的目的在于从网络交易平台公司治理的内部抑制其滥用市场垄断势力的冲动。如图 4 所示，假设某一网络交易平台开展的垄断性业务处在产业链中间环节，其余企业在产业链其他环节经营竞争性业务，但这家网络交易平台的股份由若干家同一领域内从事竞争性业务的企业共同所有。实施共同投资规制有利于产业中的垄断性业务与竞争性业务保持协调一致，消除网络交易平台与其他企业间的矛盾。但政府推动共同实施规制的难度较大，其原因一是原有竞争性企业往往会联合排斥新企业占有网络交易平台的股份，这就要求政府作出行政协调；二是这些具有共同利益的竞争性企业可能会达成某种私下的合谋，然后利用网络交易平台对局外企业采取歧视政策；三是假如联合投资平台的企业数量很多，就有可能导致建立在共同投资基础之上的网络交易平台的公司治理结构过于松散，从而产生公司治理层面的问题。

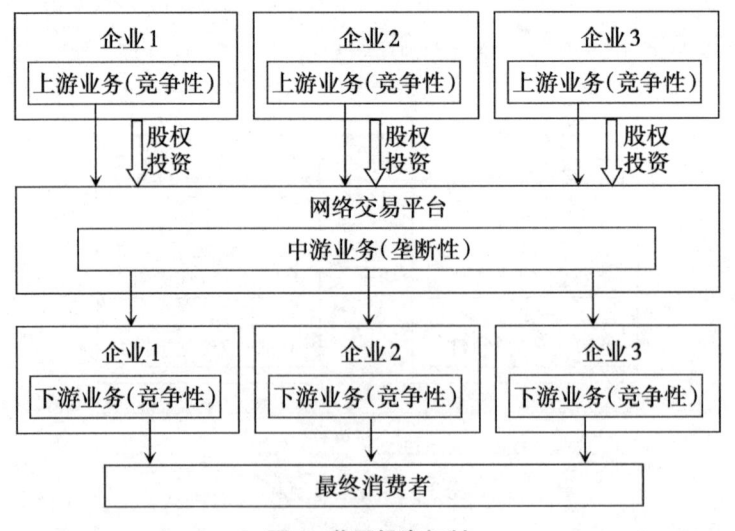

图 4　共同投资规制

通过讨论可知，上述四种针对网络交易平台的政府规制模式各有利弊，其政策实施的关键点（难点）与适用范围如表 1 所示。

表1　对网络交易平台四种规制政策的总结

类型	政府规制的关键点（难点）	适用范围
端口接入规制	如何确定合理的接入条件：重点包括接入费用、接入数量、接入质量等。	第Ⅰ类网络交易平台。存在网络交易平台寡头垄断现象的领域。
业务范围规制	如何减少网络交易平台在"范围经济"方面的损失。	
网络互通规制	如何通过恰当的方式在若干家网络交易平台之间高效率地建立互信，促进它们之间的互通。	第Ⅱ类网络交易平台。存在若干家势均力敌网络交易平台的领域（既可以是跨区域的，也可以是同一产业内的）
共同投资规制	如何防止共同投资的竞争性企业之间达成合谋：不允许其他新的竞争性企业进入、共同向新的竞争性企业索要高价等。	适用于第Ⅰ、Ⅱ、Ⅲ类网络交易平台。要求竞争性企业规模适度，具有承担联合投资的能力。

参考文献：

[1]奥兹·谢伊. 网络产业经济学[M]. 张磊等，译. 上海：上海财经大学出版社，2002：2-3.

[2]、[3]李怀. 基于规模经济和网络经济效益的自然垄断力量创新——辅以中国垄断产业的经验检验[J]. 管理世界，2004（4）：61-81.

[4]岳中刚，赵玻. 通道费与大型零售商赢利模式研究：基于双边市场的视角[J]. 商业经济与管理，2008（8）：3-9.

[5]JULIAN WRIGHT. One-sided Logicin Two-Sided Markets[J]. Review of Network Economics，2004（3）：44-63.

[6]王俊豪. 自然垄断产业市场结构重组的目标、模式与政策实践[J]. 中国工业经济，2004（1）：21-27.

电子商务中的消费者知情权保护探讨

温蕾[1]

摘　要：我国现行的《中华人民共和国消费者权益保护法》，在应对电子商务环境中消费者知情权保护方面无法直接适用，这一问题逐渐凸显。由于网络交易中的经营者和消费者基于利益的驱动成为经济矛盾体，而互联网带来的全新交易模式中，网络商品和服务的虚拟性及网络卖家的隐蔽性更强，因此，电子商务模式下消费者知情权益的保护问题应当引起足够的重视。国家应立足于电子商务中消费者知情权保护的特点，制定更为完善的针对性法律法规，全社会也应建立强大的公众舆论力量，同时创新和完善各种在线法律程序，以满足电子商务模式下消费者对知情权益的渴求。

关键词：电子商务；消费者；知情权；法律保障

信息经济时代的到来，得益于计算机网络及通信技术的飞速发展，同时也孕育了电子商务。作为一种全新的交易模式，电子商务以其便捷、迅速、商品价格低廉等特点越来越多地受到全世界的重视，迅猛发展，但是电子商务本身的虚拟性、隐蔽性及跨国性等特征也给消费者带来巨大的风险。现行的消费者权益保护法和条例更多地侧重于对传统交易模式的立法和保护，而在电子商务模式下，当消费者的知情权、求偿权、隐私权、公平交易权等权益受到侵害时，在很多方面都无法适用现有的法律，传统的法律已经无法满足电子商务的发展要求。因此，当相应的权益无法得到实

---

[1] 作者简介：温蕾（1979—），男，河北省石家庄市人，太原理工大学教师，博士，主要研究方向为物流、电子商务。

现时，消费者对电子商务的信任感就会消失，商家的诚信度就会下降，进而会阻碍电子商务的发展。探讨和寻找在电子商务模式下保护消费者权益的法律已经成为迫切需要解决的重要问题，不仅仅要从实体法的角度弥补和完善基于电子商务特点的消费者权益的相关内容，更要建立健全电子商务模式下消费者救济的法律程序。

一、知情权的由来

美国前总统约翰·肯尼迪在1962年3月15日向国会提交的《消费者权利咨文》中，提出了消费者应当享有四种基本权利：一是有获得商品安全保证的权利；二是获得商品正确资料的权利；三是对商品自由选择的权利；四是提出消费者意见的权利。其中第二项就是消费者有了解事实真相的权利，也就是知情权。鉴于该咨文对消费者权益保护具有重大意义，国际消费者联盟组织将这四项权利作为最基本的工作目标。英国在1967年颁布了《错误陈述法》，其中关于事实揭露义务的规定为保护知情权建立了可运作、更系统的标准；1984年颁布的《数据保护法》，赋予公民以搜索、查阅在计算机信息中存储的有关本人各项信息的权利。1982年，澳大利亚颁布了《自由信息法》，使知情权进一步得到改善，1983年通过国会又进行较大的修改，通过法条明确规定澳大利亚居民的一项基本权利就是知情权，其《贸易惯例法》更是严令禁止经济领域的任何商业组织或法人做出任何误导或者欺骗消费者的行为。[1]1983年以来，每年的3月15日，世界各国的消费者协会都会组织大量的活动，宣传消费者的权利和义务，"使消费者获得足够的资讯，依其希望及需要选择"的权利于1985年4月9日在《联合国消费者保护指南》中予以确定，得到了所有国家的支持，使保护消费者知情权上升到国际法的层面。我国于1987年9月正式加入国际消费者联盟组织，以3·15为主题的消费者维权日也于1988年正式确立。

《中华人民共和国消费者权益保护法》（以下简称《消费者权益保护法》）第8条规定："消费者享有知悉其购买、使用商品或者接受服务的真实情况的权利。消费者有权根据商品或服务的不同情况，要求经营者提供商品的价格、产地、生产者、用途、性能、规格、等级、主要成分、生产日期、有效期限、检验合格证明、使用方法说明书、售后服务，或者服务的内容、规格、费用等有关情况。"消费者的知情权是我国较早通过立法形式予以保护的公民知情权，其应属于社会知情权范畴。[2]

知情权作为消费者完成购买消费活动的前提条件，是法律赋予消费者自身所享有的一项基础性权利。通过对消费者知情权的保护，能够事前规避消费风险，协调商品信息与消费者信息的不对称性，避免消费者的消费纠纷而起到防患未然的作用，更多地体现出事先保护而不是事后救济。

二、电子商务模式下的知情权

电子商务是基于网络通信而进行活动的，交易双方所处的空间具有较大的差异性，互相之间很可能没有任何的联系和认知，所具备的电子商务硬件、软件和技术也不尽相同，作为消费者，仅仅能够通过视频、图片、文字介绍等方式了解交易标的，而不具备传统交易方式中亲眼观看、触摸等更加直观了解的条件。基于卖家追求自己经济利益的驱动，有可能会发布与标的商品不符的信息，使得消费者的信息和商品的信息不对称，网络商品的质量也无法得到相应的保障。[3]而且卖家的个人信息在网上披露有限，一旦出现纠纷，消费者的求偿权无法实现，对电子商务的信任度会降低，这将严重阻碍电子商务的发展。因此，在电子商务环境下，消费者的知情权显得尤为重要，而侵害消费者知情权的问题已经凸显，探寻电子商务模式下消费者知情权保护法律已经成为亟待解决的现实问题。

三、电子商务模式下侵犯消费者知情权的具体形式

1. 网络消费者权利信息不明确

通过电子商务进行商品交易的活动中，很多卖家避重就轻，对消费者的权利信息如购买商品的相关注意事项、退换货款的具体说明、操作流程等，并没有在醒目的区域进行清晰的说明，弱化了作为卖家应当尽到的提醒义务，使消费者不能完全知悉自己应该享有的知情权利，这对于网络消费的事先保护起到了消极作用，网络消费纠纷的数量也随之增加。

2. 网络商品信息不对称

就知情权而言，网络消费者相较于传统方式的消费者，最重要的区别是无法用眼观、触摸等传统方式去感受商品，而只能通过销售平台所提供的图片、视频及文字说明等间接方式了解商品的特性，这些间接方式与传

统的直接方式是无法比拟的。例如,网上的商品存在颜色差异、比例不协调、尺寸不标准、功能不健全、信息不对称、售后不完善等问题,这些都可能误导消费者对商品做出合理的判断。

3. 卖家信息不完全

基于网络的特点,大多数消费者在进行商品交易之前,都没有接触过卖家,对卖家的个人信息和信用知之甚少,网络上所披露的卖家个人信息的真伪也难以辨认,一旦出现网络纠纷,很可能无法找到卖家。卖家的信誉度也可以通过多种其他不正当的方式得到"提升",这些不完全、不准确的卖家信息使得消费者知情权益无法得到保护。

四、电子商务模式下侵犯消费者知情权问题的成因

1. 网络卖家的自律性较差

有些商家出于对利益的追求,以次充好,侵害消费者权益的纠纷时有发生,为了达到利益最大化,借助于网络消费环境的虚拟性、高科技性、跨时空性、无国界性等特点,弱化甚至隐藏对商品销售不利的信息,扰乱了消费者对商品的选择和判断,侵害了消费者的知情权利。有些商家在电子商务活动中,不披露自己的信息、信息披露不完全或者提供虚假信息,侵犯消费者的知情权。例如,网络卖家应该本着公平、诚信的经营理念,将其基本信息如真实姓名、联系方式、经营地点、证书授权机构(Certificate Authority, CA)颁发的相关证件等在显著、醒目的位置予以公布,使消费者充分知情,从而使消费者的知情权得以实现。

2. 保护消费者知情权的法律制度不完善

关于消费者知情权,现行的法律条文是《消费者权益保护法》中的相关规定,电子商务属于新兴产业,立法并没有跟上,相关法律基本属于空白。消费者的网络知情权受到侵害,没有有力的法律武器来维护其合法权益。在法律保障和制度约束存在严重空白的电子商务环境中,大量侵权活动不可避免地在虚拟环境中发生,造成消费者对网络消费的恐慌和不信任。

3. 虚假广告与网络欺诈问题突出

利用网络虚拟性等特点,虚构或者提供不完整的商品或服务信息,误

导和欺瞒消费者，扰乱消费者的正常判断，以达到非法占有的目的，侵害消费者合法权益的行为被称之为网络欺诈行为。利用网络的瞬时性、便捷性等特点，大量发布商品或服务的虚假广告，过分夸大产品功能、虚伪价格、虚假服务承诺，诱使消费者上当，造成其精神和经济的双重损失。而消费者通过网络虚拟广告，对商家所售商品的信息了解不全面甚至是虚假的，极大地侵犯了消费者对商品的知情权。虚假网络广告的发布者，借助于互联网的虚拟特点，使消费者无法准确定位商家的具体位置和实施欺诈的行为人，借助于网络散布的虚假广告隐蔽性强，传播速度快，发布容易而且费用低廉，监管的难度也很大，相对于消费者来说，知情权被侵害的程度也就越深。

4. 现行法律的可操作性差

针对目前电子商务中侵犯消费者知情权益的违法现象，网络消费者往往投诉无门。现行的《消费者权益保护法》虽然明确了消费者求偿的方法，但是在电子商务环境下的实际操作过程中出现了很多问题。调解是解决经营者和消费者矛盾最基本的方法，但是面对隐蔽和虚拟的互联网，基于经济利益的驱使，网络消费者面对道德底线缺失的网络经营者，往往连其经营场所、联系方式都无法获知，调解更是无从谈起。网络消费者只能向相关政府部门进行投诉，而到底该由哪个部门来解决此类纠纷，在电子商务环境下，其法律关系也相当复杂，牵扯的部门如果出现互相推诿的情况，作为消费者又如何维护自己合法的知情权益。因此，现行法律的可操作性差也是亟待解决的实际问题。[5]

5. 现行法律的适用性存在问题

面对电子商务的兴起，现行的法律制度与电子商务并不匹配，也没有一部专门针对电子商务的法律法规。鉴于电子商务中的商事活动绝大部分属于一般民事法律行为，目前我国现行法律中，《民法通则》《消费者权益保护法》《产品质量法》《合同法》《广告法》《广告管理条例》等可以介入网络消费者知情权益保护。但是面对实际的法律问题，这些法律法规在适用性上还存在层次不分明、结构不明确、适用不直接等问题，司法部门在审判过程中，面对网络侵害消费者知情权益的相关案件，从实体法的角度来看缺乏具体的操作方法，而从程序法的角度来看具体过程又显得不足。[6]在以上可以适当适用的现行法律中,到底哪部法律有优先适用权,也没有具体的衡量标准,所以在网络侵害消费者知情权益的相关案件发生后,现行法律在适用问题上比较混乱。

五、我国电子商务模式下消费者知情权益保护的立法设想

1. 完善我国电子商务模式下消费者知情权保护的实体法律制度

(1) 建立完善的信息披露法律制度

在电子商务环境下的商品交易模式中,经营者和消费者往往并不面对面,而且就交易的专业知识和相关经验而言,消费者也处于弱势,在网络平台上购买商品时无法直接接触商品,因此很难通过对网络图片和信息的观察、分析获取商品的全面信息,而其他包括服务信息、卖家信息等缺失得更为严重,因此,为了最大限度地保障网络消费者的知情权,应该通过实体立法的形式,在法律中明确规定,在电子商务环境下的网络卖家应该尽到适当的信息披露义务。根据我国现行的《消费者权益保护法》和《产品质量法》相关规定,经营者应该提供真实的商品相关信息和服务,并且不得以虚假宣传误导消费者。商品的相关信息包含了商品的特点、使用方法及要求、规格和等级、主要含量、放置要求、如使用不当的后果等,如果是特殊商品,更应该在醒目位置进行说明和提示。需要预先让消费者知晓的,应该在外包装上显著说明。而我国现行法律或法条,并没有对"需要预先让消费者知晓的"内容进行明确统一的司法解释。因此,在实际商品交易中,信息披露的缺失造成了经营者和消费者之间的信息不对称。商品交易的双方本身就是经济利益的矛盾体,卖家为了实现利益最大化,就需要对商品进行促销,因此商品和服务的相关信息很可能出现避重就轻,甚至故意隐瞒或者进行虚假宣传。所以,应该从立法的角度对经营者关于商品和服务的信息披露做出更为详尽的规定,并且明确双方的权利和义务关系,具体细化双方的法律责任。特别是在互联网上,应该在醒目、重要的位置标明商品和服务的相关信息。由于消费者的网络水平不尽相同,再次或者多次链接以显示相关信息无法从根本上保护消费者的知情权,应该在其主页的显著位置公示其经营者的相关信息,包括其姓名、住所、联系方式、经营许可证、税务登记证、经营范围、注册资金、经营性质以及证书授权机构颁发的认证书,以便消费者能准确掌握经营者的真实信息。对商品的信息描述应该客观、形象、真实和全面,以便消费者能够最大限度地了解商品、使用方法和注意事项,图片不能经过处理或者从其他网站转载,应当多角度、全方位进行清晰拍摄,对颜色的描述应尽量真实,如有色差应着重说明;商品的大小应该符合国际惯例并建立参照图或参照物;商品质量应进行详细说明和对比;商品的售前、售中和售后服务要有具体说明,并依照此说明加以落实;对其他买家的评价公正、客观地予以披露,杜绝对差评的删除和修改,应该对提出质疑的评价做出合理解释;如果发生刻意隐瞒商品和服务信息使消费者知情权益受到损害的,应该对经营者做出何种惩罚等等,以法律的形式进行具体、明确、详尽的规定,通过更加透明的信息披露制度,维护消费者的知情权益。

(2) 加大政府部门的信息监管力度

政府部门作为整个社会经济发展的调控者和市场秩序的规范者,对电子商务环境下进行的商事活动应该加大信息监管力度。与网络经营者相比,政府部门所具有的权威性和可信赖度是其无法比拟的。因此,政府部门应该加强对网络信息的控制,建立与消费者沟通的渠道,倾听消费者的诉求和声音,强化社会舆论的监督职能,完善政府部门对网络信息及消费者知情权益的保护。首先,对网络经营者的经营信息进行集中梳理,一旦有消费者的投诉和检举,即刻进行调查取证并依据相关规定做出处理。其次,净化网络空间,对虚假广告和不良信息进行筛查、过滤,防止网络欺诈行为的发生,对发布虚假广告的相关行为进行严肃处理。再次,通过或者指定机构设立举报、投诉电话或网络渠道,不定期地举行各种听证会,了解消费者在网络购物时遇到的各种问题和纠纷,建立畅通的、多向的消费者与政府部门信息沟通渠道,使消费者及时获得网络经营者的信息,维护消费者的知情权等合法权益。最后,利用现代传媒,对网络信息侵害消费者权益进行社会监督。现在是一个信息爆炸的时代,网络、报纸、杂志、电视、广播等诸多媒体联合起来,可以进行有效的社会舆论监督,形成强大的社会舆论威慑力,对消费者权益起到强有力的保护作用。

(3) 普及全网道德教育

电子商务在借助于网络进行商事活动的同时,与社会其他经济活动紧密相连,相互渗透,为整个国家经济发展做出重要贡献的同时,也产生了大量的伦理道德问题。目前对电子商务的发展,人们更多地在研究电子商务环境下软、硬件的建设和发展,却忽视了其社会伦理、道德、文化等方面的建设。[7]因此,在促进电子商务发展的同时,还应树立网络生态伦理道德意识。网络卖家为了追求效益,通过各种销售方式推销产品,对产品本身的信息及服务信息避重就轻,甚至发布虚假信息,侵犯消费者的知情权,造成消费者的损失,其利己主义价值观可见一斑。基于网络购物的虚拟性、隐蔽性、跨时空性、瞬间性等特点,加之网络交易的监管力度差,消费者求偿无法得到更多的支持和帮助,因此,网络商家以虚假信息欺瞒顾客,使顾客得不到商品信息或服务保障的事件时有发生,反映出网络卖家的自律意识相对较差。由此可见,普及全网的伦理道德教育具有极其深远的意义。只有强化网络道德的自律性、宣传网络道德的必要性、构建电子商务环境下的诚信机制,才能使电子商务在正常有序的环境下健康发展。

(4) 制定和完善电子商务相关法律法规

电子商务的发展对现行法律法规已经提出了严峻的挑战,我国现行的法律制度,很多不能直接适用于电子商务环境,而随着电子商务的迅猛发展,在未来一段时间之内这种矛盾将越演越烈,更加凸显。同时,电子商务需要法律法规为其发展保驾护航,只有以完备的法律体系作为保障,电子商务才能健康地发展下去。因此,在制定适用于电子商务环境的法律法规时,首先要在国家对电子商务宏观调控的基础上,建立具有威信的、公正的电子商务认证机构,结合国家政府部门建立健康的电子商务交易秩序,完善电子商务环境下消费者保护网络。各级政府机关制定相应的工作规范和政策制度,对电子商务的发展起到监管作用,针对网络经营者和消费者,制定与电子商务相适应的行为规范和准则、具体的管理方案和操作的行业标准。在现行《消费者权益保护法》的基础上进一步细化,凸显网络经营者的义务和责任,进一步规范新兴的购物方式。这一系列法律制度的改革和完善,必然会推动我国的法制进步。

(5) 优化事后救济法律制度

网络消费者知情权的保护,着重体现的是一种通过预先了解和预判的事先救济,但是这种事先救济也无法实现网络消费者知情权益的完全规避,一旦出现此类纠纷,事后救济法律制度应进行优化。传统的诉讼制度对时间和经济的消耗都体现出了很高的维权成本,电子商务基于网络的特点，使得举证、知情等难度进一步提高，求偿成本进一步加大。因此，寻找一条便捷、高效、经济的事后救济法律制度，已成为网络消费者的迫切需求。特别是一些网络消费者会因为网络商品成本比维权成本还要低而放弃维权，这样会极大地伤害网络消费者对电子商务的信任，从而阻碍电子商务的发展。在世界发达国家都建立了小额诉讼制度，这对网络消费者权益保护起到了非常关键的作用。我国现行的《民事诉讼法修正案》也给予小额诉讼制度更多的法律保障，把民事诉讼的简易程序借鉴过来以适用诉讼标的比较小的网络案件。这种诉讼标的小、方式灵活、程序快捷、费用低廉，因此更加符合网络消费者的诉讼需求，也更加体现了"公平与效率"的司法精神，同时，也完善了符合我国国情的多元化法律纠纷解决机制。

2. 健全我国电子商务模式下消费者知情权保护的法律程序

（1）设立在线投诉中心

基于电子商务在我国的纵深发展，伴随着电子商务发展的一系列法律纠纷也相继产生，而现有法律在很多问题上无法直接适用于电子商务，所以电子商务中的一个问题，并不是一部法律或者一个政府部门就能够解决的，因此，政府管理部门应该和消费者保护机构建立在线投诉中心，对网络环境下商事活动中出现的侵害消费者权益的事件进行处理，从救济成本方面也可以更多地保护消费者，而且也解决了投诉地域分散的问题，使得消费者增强了信心，提升电子商务发展的信誉保障程度。

（2）优化在线纠纷解决机制

相较于传统的交易模式，电子商务环境下发生的交易纠纷存在着时空差异，适用目前现行的法律制度，在司法程序下进行调解、仲裁、诉讼等程序的成本较高，而且需要的时间较长，导致效率低下，使消费者在知情权受到侵害时面对高额的司法费用和较长的司法时间而无法得到保护，因此会产生维权恐惧。[8]然而，在线纠纷解决机制的建立，可以使公正的第三方机构介入网络交易纠纷，利用事实证据、行业惯例及相应的法律法规进行在线调解，特别是组建以政府和消费者共同认可的具有权威性的第三方在线调解机构，以公平、诚信的态度进行在线调解，这样有助于纠纷的解决，提高了效率，节约了司法费用，节省了时间成本，使纠纷能够快速稳妥地解决，优化了司法资源的有效配置。[9]

(3) 构建网络信任在线评估体系

对网络经营者建立网络信任在线评估体系，可以让更多的网络消费者对准备交易的网络经营者的诚信进行评估，防微杜渐。对于对商品和服务信息披露不够完整、准确的网络经营者，消费者就可以预先评估其诚信度，对消费者知情权益起到事前保护作用。实践证明，现如今，在中国特色社会主义经济发展的宏观体系下，对于许多经济纠纷的解决，以市场调解为主，以法律调解为辅的方法比较适合。构建网络信任在线评估，对一些信誉不好的网络商家，自然就不会受到顾客的青睐，要想获得更多的效益，就必须遵守网络交易的行业规则，诚信经营，不损害消费者的知情权益，这样才会赢得消费者的信任，才会发掘出更大的市场。通过网络信任在线评估，也构建了网络经营者和网络消费者之间沟通的桥梁，使网络交易在公平、诚信的环境下更好地发展，对保护消费者的知情权起到积极的促进作用。

(4) 完善网络信息在线共享

在这个信息爆炸的时代，信息沟通应该是多向的、互通的、共享的，把零散的、单一的信息进行有效集成，把不良的、虚假的信息进行过滤和删除，才能形成健康的网络信息环境。无论是政府部门、网络经营者，还是网络消费者和第三方认证机构，都可以通过网络信息在线共享机制，获得足够的、真实的网络信息。由政府部门牵头，将信誉优良并经过登记认证的市场主体的信息进行适当披露，建立健全信息公示平台，不断扩展其广度和深度。同时，为满足社会的信息需求，还应该建立一整套完善的信用评价体系，最终形成可以支持在线共享的公正、客观、真实的信息网络。

六、结语

随着计算机网络及通信技术的飞速发展，电子商务以其便捷、迅速、低廉以及跨越时间和空间的特有属性，打破了传统的交易模式，带来了巨大的经济效益。但是，基于电子商务的安全性、虚拟性、跨地域性、高科技性等特点，也对消费者权益保护的法律关系提出挑战，例如消费者知情权、消费者隐私权、[10]消费者维权、公平交易权、对消费者的服务等问题，导致电子商务诚信缺失、商业诈骗、恶意插件、网络病毒等案件频繁发生，严重阻碍了电子商务在我国的健康发展。因此，我国应该结合现行《消费者权益保护法》与电子商务的特点，建立行之有效的保障机制，以完善现行的法律体系。

参考文献：

[1]何培育.电子商务环境下个人信息安全危机与法律保护对策探析[J].河北法学，2014（8）：36-38.

[2]胡浩.电子商务模式下消费者权益保护问题研究[J].经营管理者，2014（5）：254.

[3]李波.网络购物商品质量管控研究[D].济南：山东大学，2014.

[4]赵凌云.面向服务的消费者行为分析及推荐模型研究[D].济南：山东师范大学，2014.

[5]杨静.电子商务中消费者权益保护的法律问题探讨[J].河南司法警官职业学院学报，2014（6）：84.

[6]倪纬.网购消费者权益法律保护研究[D].重庆：西南大学，2014.

[7]胡珏.我国电子商务与消费者的伦理问题研究[J].商场现代化，2014（5）：76-77.

[8]唐慧俊.论电子商务中消费者求偿权的法律保护[J].消费经济，2011，27（5）：86-89、73.

[9]王悦.浅议电子商务中消费者权益的保护[J].法制与经济，2014（2）：71.

[10]史建颖.论电子商务中的消费者隐私权保护[J].信息安全，2014（8）：54-55.

附　录

国务院关于大力发展电子商务加快培育经济新动力的意见

各省、自治区、直辖市人民政府，国务院各部委、各直属机构：

近年来我国电子商务发展迅猛，不仅创造了新的消费需求，引发了新的投资热潮，开辟了就业增收新渠道，为大众创业、万众创新提供了新空间，而且电子商务正加速与制造业融合，推动服务业转型升级，催生新兴业态，成为提供公共产品、公共服务的新力量，成为经济发展新的原动力。与此同时，电子商务发展面临管理方式不适应、诚信体系不健全、市场秩序不规范等问题，亟需采取措施予以解决。当前，我国已进入全面建成小康社会的决定性阶段，为减少束缚电子商务发展的机制体制障碍，进一步发挥电子商务在培育经济新动力，打造"双引擎"、实现"双目标"等方面的重要作用，现提出以下意见：

一、指导思想、基本原则和主要目标

（一）指导思想。全面贯彻党的十八大和十八届二中、三中、四中全会精神，按照党中央、国务院决策部署，坚持依靠改革推动科学发展，主动适应和引领经济发展新常态，着力解决电子商务发展中的深层次矛盾和重大问题，大力推进政策创新、管理创新和服务创新，加快建立开放、规范、诚信、安全的电子商务发展环境，进一步激发电子商务创新动力、创造潜力、创业活力，加速推动经济结构战略性调整，实现经济提质增效升级。

（二）基本原则。一是积极推动。主动作为、支持发展。积极协调解决电子商务发展中的各种矛盾与问题。在政府资源开放、网络安全保障、投融资支持、基础设施和诚信体系建设等方面加大服务力度。推进电子商务企业税费合理化，减轻企业负担。进一步释放电子商务发展潜力，提升电子商务创新发展水平。二是逐步规范。简政放权、放管结合。法无禁止的市场主体即可为，法未授权的政府部门不能为，最大限度减少对电子商务市场的行政干预。在放宽市场准入的同时，要在发展中逐步规范市场秩序，营造公平竞争的创业发展环境，进一步激发社会创业活力，拓宽电子商务创新发展领域。三是加强引导。把握趋势、因势利导。加强对电子商务发展中前瞻性、苗头性、倾向性问题的研究，及时在商业模式创新、关键技术研发、国际市场开拓等方面加大对企业的支持引导力度，引领电子商务向打造"双引擎"、实现"双目标"发展，进一步增强企业的创新动力，加速电子商务创新发展步伐。

（三）主要目标。到 2020 年，统一开放、竞争有序、诚信守法、安全可靠的电子商务大市场基本建成。电子商务与其他产业深度融合，成为促进创业、稳定就业、改善民生服务的重要平台，对工业化、信息化、城镇化、农业现代化同步发展起到关键性作用。

二、营造宽松发展环境

（四）降低准入门槛。全面清理电子商务领域现有前置审批事项，无法律法规依据的一律取消，严禁违法设定行政许可、增加行政许可条件和程序。（国务院审改办，有关部门按职责分工分别负责）进一步简化注册资本登记，深入推进电子商务领域由"先证后照"改为"先照后证"改革。（工商总局、中央编办）落实《注册资本登记制度改革方案》，放宽电子商务市场主体住所（经营场所）登记条件，完善相关管理措施。（省级人民政府）推进对快递企业设立非法人快递末端网点实施备案制管理。（邮政局）简化境内电子商务企业海外上市审批流程，鼓励电子商务领域的跨境人民币直接投资。（发展改革委、商务部、外汇局、证监会、人民银行）放开外商投资电子商务业务的外方持股比例限制。（工业和信息化部、发展改革委、商务部）探索建立能源、铁路、公共事业等行业电子商务服务的市场化机制。（有关部门按职责分工分别负责）

（五）合理降税减负。从事电子商务活动的企业，经认定为高新技术企业的，依法享受高新技术企业相关优惠政策，小微企业依法享受税收优惠政策。（科技部、财政部、税务总局）加快推进"营改增"，逐步将旅游电子商务、生活服务类电子商务等相关行业纳入"营改增"范围。（财政部、税务总局）

国务院关于大力发展电子商务加快培育经济新动力的意见

（六）加大金融服务支持。建立健全适应电子商务发展的多元化、多渠道投融资机制。（有关部门按职责分工分别负责）研究鼓励符合条件的互联网企业在境内上市等相关政策。（证监会）支持商业银行、担保存货管理机构及电子商务企业开展无形资产、动产质押等多种形式的融资服务。鼓励商业银行、商业保理机构、电子商务企业开展供应链金融、商业保理服务，进一步拓展电子商务企业融资渠道。（人民银行、商务部）引导和推动创业投资基金，加大对电子商务初创企业的支持。（发展改革委）

（七）维护公平竞争。规范电子商务市场竞争行为，促进建立开放、公平、健康的电子商务市场竞争秩序。研究制定电子商务产品质量监督管理办法，探索建立风险监测、网上抽查、源头追溯、属地查处的电子商务产品质量监督机制，完善部门间、区域间监管信息共享和职能衔接机制。依法打击网络虚假宣传、生产销售假冒伪劣产品、违反国家出口管制法规政策跨境销售两用品和技术、不正当竞争等违法行为，组织开展电子商务产品质量提升行动，促进合法、诚信经营。（工商总局、质检总局、公安部、商务部按职责分工分别负责）重点查处达成垄断协议和滥用市场支配地位的问题，通过经营者集中反垄断审查，防止排除、限制市场竞争的行为。（发展改革委、工商总局、商务部）加强电子商务领域知识产权保护，研究进一步加大网络商业方法领域发明专利保护力度。（工业和信息化部、商务部、海关总署、工商总局、新闻出版广电总局、知识产权局等部门按职责分工分别负责）进一步加大政府利用电子商务平台进行采购的力度。（财政部）各级政府部门不得通过行政命令指定为电子商务提供公共服务的供应商，不得滥用行政权力排除、限制电子商务的竞争。（有关部门按职责分工分别负责）

三、促进就业创业

（八）鼓励电子商务领域就业创业。把发展电子商务促进就业纳入各地就业发展规划和电子商务发展整体规划。建立电子商务就业和社会保障指标统计制度。经工商登记注册的网络商户从业人员，同等享受各项就业创业扶持政策。未进行工商登记注册的网络商户从业人员，可认定为灵活就业人员，享受灵活就业人员扶持政策，其中在网络平台实名注册、稳定经营且信誉良好的网络商户创业者，可按规定享受小额担保贷款及贴息政策。支持中小微企业应用电子商务、拓展业务领域，鼓励有条件的地区建设电子商务创业园区，指导各类创业孵化基地为电子商务创业人员提供场地支持和创业孵化服务。加强电子商务企业用工服务，完善电子商务人才供求信息对接机制。（人力资源社会保障部、工业和信息化部、商务部、统计局，地方各级人民政府）

（九）加强人才培养培训。支持学校、企业及社会组织合作办学，探索实训式电子商务人才培养与培训机制。推进国家电子商务专业技术人才知识更新工程，指导各类培训机构增加电子商务技能培训项目，支持电子商务企业开展岗前培训、技能提升培训和高技能人才培训，加快培养电子商务领域的高素质专门人才和技术技能人才。参加职业培训和职业技能鉴定的人员，以及组织职工培训的电子商务企业，可按规定享受职业培训补贴和职业技能鉴定补贴政策。鼓励有条件的职业院校、社会培训机构和电子商务企业开展网络创业培训。（人力资源社会保障部、商务部、教育部、财政部）

（十）保障从业人员劳动权益。规范电子商务企业特别是网络商户劳动用工，经工商登记注册取得营业执照的，应与招用的劳动者依法签订劳动合同；未进行工商登记注册的，也可参照劳动合同法相关规定与劳动者签订民事协议，明确双方的权利、责任和义务。按规定将网络从业人员纳入各项社会保险，对未进行工商登记注册的网络商户，其从业人员可按灵活就业人员参保缴费办法参加社会保险。符合条件的就业困难人员和高校毕业生，可享受灵活就业人员社会保险补贴政策。长期雇用5人及以上的网络商户，可在工商注册地进行社会保险登记，参加企业职工的各项社会保险。满足统筹地区社会保险优惠政策条件的网络商户，可享受社会保险优惠政策。（人力资源社会保障部）

四、推动转型升级

（十一）创新服务民生方式。积极拓展信息消费新渠道，创新移动电子商务应用，支持面向城乡居民社区提供日常消费、家政服务、远程缴费、健康医疗等商业和综合服务的电子商务平台发展。加快推动传统媒体与新兴媒体深度融合，提升文化企业网络服务能力，支持文化产品电子商

国务院关于大力发展电子商务加快培育经济新动力的意见

务平台发展，规范网络文化市场。支持教育、会展、咨询、广告、餐饮、娱乐等服务企业深化电子商务应用。（有关部门按职责分工分别负责）鼓励支持旅游景点、酒店等开展线上营销，规范发展在线旅游预订市场，推动旅游在线服务模式创新。（旅游局、工商总局）加快建立全国12315互联网平台，完善网上交易在线投诉及售后维权机制，研究制定7天无理由退货实施细则，促进网络购物消费健康快速发展。（工商总局）

（十二）推动传统商贸流通企业发展电子商务。鼓励有条件的大型零售企业开办网上商城，积极利用移动互联网、地理位置服务、大数据等信息技术提升流通效率和服务质量。支持中小零售企业与电子商务平台优势互补，加强服务资源整合，促进线上交易与线下交易融合互动。（商务部）推动各类专业市场建设网上市场，通过线上线下融合，加速向网络化市场转型，研究完善能源、化工、钢铁、林业等行业电子商务平台规范发展的相关措施。（有关部门按职责分工分别负责）制定完善互联网食品药品经营监督管理办法，规范食品、保健食品、药品、化妆品、医疗器械网络经营行为，加强互联网食品药品市场监测监管体系建设，推动医药电子商务发展。（食品药品监管总局、卫生计生委、商务部）

（十三）积极发展农村电子商务。加强互联网与农业农村融合发展，引入产业链、价值链、供应链等现代管理理念和方式，研究制定促进农村电子商务发展的意见，出台支持政策措施。（商务部、农业部）加强鲜活农产品标准体系、动植物检疫体系、安全追溯体系、质量保障与安全监管体系建设，大力发展农产品冷链基础设施。（质检总局、发展改革委、商务部、农业部、食品药品监管总局）开展电子商务进农村综合示范，推动信息进村入户，利用"万村千乡"市场网络改善农村地区电子商务服务环境。（商务部、农业部）建设地理标志产品技术标准体系和产品质量保证体系，支持利用电子商务平台宣传和销售地理标志产品，鼓励电子商务平台服务"一村一品"，促进品牌农产品走出去。鼓励农业生产资料企业发展电子商务。（农业部、质检总局、工商总局）支持林业电子商务发展，逐步建立林产品交易诚信体系、林产品和林权交易服务体系。（林业局）

（十四）创新工业生产组织方式。支持生产制造企业深化物联网、云计算、大数据、三维（3D）设计及打印等信息技术在生产制造各环节的应用，建立与客户电子商务系统对接的网络制造管理系统，提高加工订单的响应速度及柔性制造能力；面向网络消费者个性化需求，建立网络化经营管理模式，发展"以销定产"及"个性化定制"生产方式。（工业和信息化部、科技部、商务部）鼓励电子商务企业大力开展品牌经营，优化配置研发、设计、生产、物流等优势资源，满足网络消费者需求。（商务部、工商总局、质检总局）鼓励创意服务，探索建立生产性创新服务平台，面向初创企业及创意群体提供设计、测试、生产、融资、运营等创新创业服务。（工业和信息化部、科技部）

（十五）推广金融服务新工具。建设完善移动金融安全可信公共服务平台，制定相关应用服务的政策措施，推动金融机构、电信运营商、银行卡清算机构、支付机构、电子商务企业等加强合作，实现移动金融在电子商务领域的规模化应用；推广应用具有硬件数字证书、采用国家密码行政主管部门规定算法的移动智能终端，保障移动电子商务交易的安全性和真实性；制定在线支付标准规范和制度，提升电子商务在线支付的安全性，满足电子商务交易及公共服务领域金融服务需求；鼓励商业银行与电子商务企业开展多元化金融服务合作，提升电子商务服务质量和效率。（人民银行、密码局、国家标准委）

（十六）规范网络化金融服务新产品。鼓励证券、保险、公募基金等企业和机构依法进行网络化创新，完善互联网保险产品审核和信息披露制度，探索建立适应互联网证券、保险、公募基金产品销售等互联网金融活动的新型监管方式。（人民银行、证监会、保监会）规范保险业电子商务平台建设，研究制定电子商务涉及的信用保证保险的相关扶持政策，鼓励发展小微企业信贷信用保险、个人消费履约保证保险等新业务，扩大信用保险保单融资范围。完善在线旅游服务企业投保办法。（保监会、银监会、旅游局按职责分工分别负责）

五、完善物流基础设施

（十七）支持物流配送终端及智慧物流平台建设。推动跨地区跨行业的智慧物流信息平台建设，鼓励在法律规定范围内发展共同配送等物流配送组织新模式。（交通运输部、商务部、邮政局、发展改革委）支持物流（快递）配送站、智能快件箱等物流设施建设，鼓励社区物业、村

国务院关于大力发展电子商务加快培育经济新动力的意见

级信息服务站（点）、便利店等提供快件派送服务。支持快递服务网络向农村地区延伸。（地方各级人民政府，商务部、邮政局、农业部按职责分工分别负责）推进电子商务与物流快递协同发展。（财政部、商务部、邮政局）鼓励学校、快递企业、第三方主体因地制宜加强合作，通过设置智能快件箱或快件收发室、委托校园邮政局所代为投递、建立共同配送站点等方式，促进快递进校园。（地方各级人民政府，邮政局、商务部、教育部）根据执法需求，研究推动被监管人员生活物资电子商务和智能配送。（司法部）有条件的城市应将配套建设物流（快递）配送站、智能终端设施纳入城市社区发展规划，鼓励电子商务企业和物流（快递）企业对网络购物商品包装物进行回收和循环利用。（有关部门按职责分工分别负责）

（十八）规范物流配送车辆管理。各地区要按照有关规定，推动城市配送车辆的标准化、专业化发展；制定并实施城市配送用汽车、电动三轮车等车辆管理办法，强化城市配送运力需求管理，保障配送车辆的便利通行；鼓励采用清洁能源车辆开展物流（快递）配送业务，支持充电、加气等设施建设；合理规划物流（快递）配送车辆通行路线和货物装卸搬运地点。对物流（快递）配送车辆采取通行证管理的城市，应明确管理部门、公开准入条件、引入社会监督。（地方各级人民政府）

（十九）合理布局物流仓储设施。完善仓储建设标准体系，鼓励现代化仓储设施建设，加强偏远地区仓储设施建设。（住房城乡建设部、公安部、发展改革委、商务部、林业局）各地区要在城乡规划中合理规划布局物流仓储用地，在土地利用总体规划和年度供地计划中合理安排仓储建设用地，引导社会资本进行仓储设施投资建设或再利用，严禁擅自改变物流仓储用地性质。（地方各级人民政府）鼓励物流（快递）企业发展"仓配一体化"服务。（商务部、邮政局）

六、提升对外开放水平

（二十）加强电子商务国际合作。积极发起或参与多双边或区域关于电子商务规则的谈判和交流合作，研究建立我国与国际认可组织的互认机制，依托我国认证认可制度和体系，完善电子商务企业和商品的合格评定机制，提升国际组织和机构对我国电子商务企业和商品认证结果的认可程

度，力争国际电子商务规制制定的主动权和跨境电子商务发展的话语权。（商务部、质检总局）

（二十一）提升跨境电子商务通关效率。积极推进跨境电子商务通关、检验检疫、结汇、缴进口税等关键环节"单一窗口"综合服务体系建设，简化与完善跨境电子商务货物返修与退运通关流程，提高通关效率。（海关总署、财政部、税务总局、质检总局、外汇局）探索建立跨境电子商务货物负面清单、风险监测制度，完善跨境电子商务货物通关与检验检疫监管模式，建立跨境电子商务及相关物流企业诚信分类管理制度，防止疫病疫情传入、外来有害生物入侵和物种资源流失。（海关总署、质检总局按职责分工分别负责）大力支持中国（杭州）跨境电子商务综合试验区先行先试，尽快形成可复制、可推广的经验，加快在全国范围推广。（商务部、发展改革委）

（二十二）推动电子商务走出去。抓紧研究制定促进跨境电子商务发展的指导意见。（商务部、发展改革委、海关总署、工业和信息化部、财政部、人民银行、税务总局、工商总局、质检总局、外汇局）鼓励国家政策性银行在业务范围内加大对电子商务企业境外投资并购的贷款支持，研究制定针对电子商务企业境外上市的规范管理政策。（人民银行、证监会、商务部、发展改革委、工业和信息化部）简化电子商务企业境外直接投资外汇登记手续，拓宽其境外直接投资外汇登记及变更登记业务办理渠道。（外汇局）支持电子商务企业建立海外营销渠道，创立自有品牌。各驻外机构应加大对电子商务企业走出去的服务力度。进一步开放面向港澳台地区的电子商务市场，推动设立海峡两岸电子商务经济合作实验区。鼓励发展面向"一带一路"沿线国家的电子商务合作，扩大跨境电子商务综合试点，建立政府、企业、专家等各个层面的对话机制，发起和主导电子商务多边合作。（有关部门按职责分工分别负责）

七、构筑安全保障防线

（二十三）保障电子商务网络安全。电子商务企业要按照国家信息安全等级保护管理规范和技术标准相关要求，采用安全可控的信息设备和网络安全产品，建设完善网络安全防护体系、数据资源安全管理体系和网络安全应急处置体系，鼓励电子商务企业获得信息安全管理体系认证，提高自身信息安全管理水平。鼓励电子商务企业加强与网络安全专业服务机构、相关管理部门的合作，共享网络安全威胁预警信息，消除网络安全隐患，共同防范网络攻击破坏、窃取公民个人信息等违法犯罪活动。（公安部、国家认监委、工业和信息化部、密码局）

（二十四）确保电子商务交易安全。研究制定电子商务交易安全管理制度，明确电子商务交易各方的安全责任和义务。（工商总局、工业和信息化部、公安部）建立电子认证信任体系，促进电子认证机构数字证书交叉互认和数字证书应用的互联互通，推广数字证书在电子商务交易领域的应用。建立电子合同等电子交易凭证的规范管理机制，确保网络交易各方的合法权益。加强电子商务交易各方信息保护，保障电子商务消费者个人信息安全。（工业和信息化部、工商总局、密码局等有关部门按职责分工分别负责）

（二十五）预防和打击电子商务领域违法犯罪。电子商务企业要切实履行违禁品信息巡查清理、交易记录及日志留存、违法犯罪线索报告等责任和义务，加强对销售管制商品网络商户的资格审查和对异常交易、非法交易的监控，防范电子商务在线支付给违法犯罪活动提供洗钱等便利，并为打击网络违法犯罪提供技术支持。加强电子商务企业与相关管理部门的协作配合，建立跨机构合作机制，加大对制售假冒伪劣商品、网络盗窃、网络诈骗、网上非法交易等违法犯罪活动的打击力度。（公安部、工商总局、人民银行、银监会、工业和信息化部、商务部等有关部门按职责分工分别负责）

八、健全支撑体系

（二十六）健全法规标准体系。加快推进电子商务法立法进程，研究制定或适时修订相关法规，明确电子票据、电子合同、电子检验检疫报告和证书、各类电子交易凭证等的法律效力，作为处理相关业务的合法凭证。（有关部门按职责分工分别负责）制定适合电子商务特点的投诉管理制度，制定基于统一产品编码的电子商务交易产品质量信息发布规范，建立电子商务纠纷解决和产品质量担保责任机制。（工商总局、质检总局等部门按职责分工分别负责）逐步推行电子发票和电子会计档案，完善相关技术标准和规章制度。（税务总局、财政部、档案局、国家标准委）建立完善电子商务统计制度，扩大电子商务统计的覆盖面，增强统计的及时性、真实性。(统计局、商务部) 统一线上线下的商品编码标识，完善电子商务标准规范体系，研究电子商务基础性关键标准，积极主导和参与制定电子商务国际标准。(国家标准委、商务部)

（二十七）加强信用体系建设。建立健全电子商务信用信息管理制度，推动电子商务企业信用信息公开。推进人口、法人、商标和产品质量等信息资源向电子商务企业和信用服务机构开放，逐步降低查询及利用成本。(工商总局、商务部、公安部、质检总局等部门按职责分工分别负责) 促进电子商务信用信息与社会其他领域相关信息的交换共享，推动电子商务信用评价，建立健全电子商务领域失信行为联合惩戒机制。(发展改革委、人民银行、工商总局、质检总局、商务部) 推动电子商务领域应用网络身份证，完善网店实名制，鼓励发展社会化的电子商务网站可信认证服务。(公安部、工商总局、质检总局) 发展电子商务可信交易保障公共服务，完善电子商务信用服务保障制度，推动信用调查、信用评估、信用担保等第三方信用服务和产品在电子商务中的推广应用。(工商总局、质检总局)

（二十八）强化科技与教育支撑。开展电子商务基础理论、发展规律研究。加强电子商务领域云计算、大数据、物联网、智能交易等核心关键技术研究开发。实施网络定制服务、网络平台服务、网络交易服务、网络贸易服务、网络交易保障服务技术研发与应用示范工程。强化产学研结合的企业技术中心、工程技术中心、重点实验室建设。鼓励企业组建产学研协同创新联盟。探索建立电子商务学科体系，引导高等院校加强电子商务学科建设和人才培养，为电子商务发展提供更多的高层次复合型专门人才。(科技部、教育部、发展改革委、商务部) 建立预防网络诈骗、保障交易安全、保护个人信息等相关知识的宣传与服务机制。(公安部、工商总局、质检总局)

（二十九）协调推动区域电子商务发展。各地区要把电子商务列入经济与社会发展规划，按照国家有关区域发展规划和对外经贸合作战略，立足城市产业发展特点和优势，引导各类电子商务业态和功能聚集，推动电子商务产业统筹协调、错位发展。推动国家电子商务示范城市、示范基地建设。(有关地方人民政府) 依托国家电子商务示范城市，加快开展电子

国务院关于大力发展电子商务加快培育经济新动力的意见

商务法规政策创新和试点示范工作,为国家制定电子商务相关法规和政策提供实践依据。加强对中西部和东北地区电子商务示范城市的支持与指导。(发展改革委、财政部、商务部、人民银行、海关总署、税务总局、工商总局、质检总局等部门按照职责分工分别负责)

各地区、各部门要认真落实本意见提出的各项任务,于2015年年底前研究出台具体政策。发展改革委、中央网信办、商务部、工业和信息化部、财政部、人力资源社会保障部、人民银行、海关总署、税务总局、工商总局、质检总局等部门要完善电子商务跨部门协调工作机制,研究重大问题,加强指导和服务。有关社会机构要充分发挥自身监督作用,推动行业自律和服务创新。相关部门、社团组织及企业要解放思想,转变观念,密切协作,开拓创新,共同推动建立规范有序、社会共治、辐射全球的电子商务大市场,促进经济平稳健康发展。

国务院
2015年5月4日

关于加快发展农村电子商务的意见

近年来，随着互联网的普及和农村基础设施的完善，我国农村电子商务快速发展，农村商业模式不断创新，服务内容不断丰富，电子商务交易规模不断扩大。但总体上我国农村电子商务发展仍处于起步阶段，存在着市场主体发育不健全、物流配送等基础设施滞后、发展环境不完善和人才缺乏等问题。

加快发展农村电子商务，是创新商业模式、完善农村现代市场体系的必然选择，是转变农业发展方式、调整农业结构的重要抓手，是增加农民收入、释放农村消费潜力的重要举措，是统筹城乡发展、改善民生的客观要求，对于进一步深化农村改革、推进农业现代化具有重要意义。根据《中共中央 国务院关于加大改革创新力度加快农业现代化建设的若干意见》（中发〔2015〕1号）和《国务院关于大力发展电子商务加快培育经济新动力的意见》（国发〔2015〕24号）的要求，为加快推进农村电子商务发展，现提出以下意见：

一、总体要求

（一）指导思想

以邓小平理论、"三个代表"重要思想、科学发展观为指导，深入贯彻落实党的十八大和十八届三中、四中全会精神，按照全面建成小康社会目标和新型工业化、信息化、城镇化、农业现代化同步发展的要求，主动适应经济发展新常态，充分发挥市场在资源配置中的决定性作用，加强基础设施建设，完善政策环境，深化农村流通体制改革，创新农村商业模式，培育和壮大农村电子商务市场主体，发展线上线下融合、覆盖全程、综合配套、安全高效、便捷实惠的现代农村商品流通和服务网络。

（二）基本原则

1. 市场为主、政府引导。充分发挥市场在资源配置中的决定性作用，突出企业的主体地位。加快转变政府职能,完善政策、强化服务、搭建平台,加强事中事后监管,依法维护经营者、消费者合法权益。为农村电子商务发展营造平等参与、公平竞争的环境,激发各类市场主体的活力。

2. 统筹规划、创新发展。将发展农村电子商务纳入区域发展战略和新型城镇化规划,作为农村发展的重要引擎和产业支撑,促进城乡互补、协调发展。以商业模式创新推动管理创新和体制创新,改造传统商业的业务流程,提升农村流通现代化水平,促进农村一二三产业融合发展。

3. 实事求是、因地制宜。结合本地区农村经济社会发展水平、人文环境和自然资源等基础条件,认真研究分析,着眼长远,理性推进。注重发挥基层自主性、积极性和创造性,因县而异,探索适合本地农村电子商务发展的路径和模式。

4. 以点带面、重点突破。先行先试、集中力量解决农村电子商务发展中的突出矛盾和问题,务求实效,对老少边穷地区要重点扶持、优先试点;总结先行地区经验,不断提升示范效应,形成推广机制。

(三)发展目标

争取到2020年,在全国培育一批具有典型带动作用的农村电子商务示范县。电子商务在降低农村流通成本、提高农产品商品化率和农民收入、推进新型城镇化、增加农村就业、带动扶贫开发等方面取得明显成效,农村流通现代化水平显著提高,推动农村经济社会健康快速发展。

二、提升农村电子商务应用水平

(四)建设新型农村日用消费品流通网络

适应农村产业组织变化趋势,充分利用"万村千乡"、信息进村入户、交通、邮政、供销合作社和商贸企业等现有农村渠道资源,与电子商务平台实现优势互补,加强服务资源整合。推动传统生产、经营主体转型升级,创新商业模式,促进业务流程和组织结构的优化重组,增强产、供、销协同能力,实现线上线下融合发展。支持电子商务企业渠道下沉。加强县级电子商务运营中心、乡镇商贸中心和配送中心建设,鼓励"万村千乡"等企业向村级店提供B2B网上商品批发和配送服务。鼓励将具备条件的村级农家店、供销合作社基层网点、农村邮政局所、村邮站、快递网点、信息进村入户村级信息服务站等改造为农村电子商务服务点，加强与农村基层综合公共服务平台的共享共用，推动建立覆盖县、乡、村的电子商务运营网络。

（五）加快推进农村产品电子商务

以农产品、农村制品等为重点，通过加强对互联网和大数据的应用，提升商品质量和服务水平，培育农村产品品牌，提高商品化率和电子商务交易比例，带动农民增收。与农村和农民特点相结合，研究发展休闲农业和乡村旅游等个性化、体验式的农村电子商务。指导和支持种养大户、家庭农场、农民专业合作社、农业产业化龙头企业等新型农业经营主体和供销合作社、扶贫龙头企业、涉农残疾人扶贫基地等，对接电商平台，重点推动电商平台开设农业电商专区，降低平台使用费用和提供互联网金融服务等，实现"三品一标"、"名特优新"、"一村一品"农产品上网销售。鼓励有条件的农产品批发和零售市场进行网上分销，构建与实体市场互为支撑的电子商务平台，对标准化程度较高的农产品探索开展网上批发交易。鼓励新型农业经营主体与城市邮政局所、快递网点和社区直接对接，开展生鲜农产品"基地+社区直供"电子商务业务。从大型生产基地和批发商等团体用户入手，发挥互联网和移动终端的优势，在农产品主产区和主销区之间探索形成线上线下高效衔接的农产品交易模式。

（六）鼓励发展农业生产资料电子商务

组织相关企业、合作社，依托电商平台和"万村千乡"农资店、供销合作社农资连锁店、农村邮政局所、村邮站、乡村快递网点、信息进村入户村级信息服务站等，提供测土配方施肥服务，并开展化肥、种子、农药等生产资料电子商务，推动放心农资进农家，为农民提供优质、实惠、可追溯的农业生产资料。发挥农资企业和研究机构的技术优势，将农资研发、生产、销售与指导农业生产相结合，通过网络、手机等提供及时、专业、贴心的农业专家服务，与电子商务紧密结合，加强使用技术指导服务体系建设，宣传、应用和推广农业最新科研成果。

（七）大力发展农村服务业

按照新型城镇化发展要求，逐步增加农村电子商务综合服务功能，实现一网多用，缩小城乡居民在商品和服务消费上的差距。鼓励与服务业企业、金融机构等加强合作，提高大数据分析能力，在不断完善农民网络购物功能的基础上，逐步叠加手机充值、票务代购、水电气费缴纳、农产品网络销售、小额取现、信用贷款、家电维修、养老、医疗、土地流转等功能，进一步提高农村生产、生活服务水平。与城市社区电子商务系统有机结合，实现城乡互补和融合发展。

（八）提高电子商务扶贫开发水平

按照精准扶贫、精准脱贫的原则，创新扶贫开发工作机制，把电子商务纳入扶贫开发工作体系。积极推进电商扶贫工程，密切配合，形成合力，瞄准建档立卡贫困村，覆盖建档立卡贫困户。鼓励引导易地扶贫搬迁安置区和搬迁人口发展电子商务。提升贫困地区交通物流、网络通讯等发展水平，增强贫困地区利用电商创业、就业能力，推动贫困地区特色农副产品、旅游产品销售，增加贫困户收入。鼓励引导电商企业开辟贫困老区特色农产品网上销售平台，与合作社、种养大户建立直采直供关系。到2020年，对有条件的建档立卡贫困村实现电商扶贫全覆盖。

三、培育多元化农村电子商务市场主体

（九）鼓励各类资本发展农村电子商务

支持电商、物流、商贸、金融、邮政、快递等各类社会资本加强合作，实现优势资源的对接与整合，参与农村电子商务发展。加快实施"快递下乡"工程，支持快递企业"向下"、"向西"发展。支持第三方电子商务平台创新和拓展涉农电商业务。引导涉农信息发布平台向在线交易和电商平台转型，提升服务功能。

（十）积极培育农村电子商务服务企业

引导电子商务服务企业拓展农村业务，支持组建区域性农村电子商务协会等行业组织，成立专业服务机构等。为农村电子商务发展提供咨询、人员培训、技术支持、网店建设、品牌培育、品质控制、营销推广、物流解决、代理运营等专业化服务，引导市场主体规范有序发展，培育一批扎根农村的电子商务服务企业。

（十一）鼓励农民依托电子商务进行创业

实施农村青年电商培育工程和巾帼电商创业行动。以返乡高校毕业

生、返乡青年、大学生村官、农村青年、巾帼致富带头人、退伍军人等为重点，培养一批农村电子商务带头人和实用型人才，切实发挥他们在农村电子商务发展中的引领和示范作用。指导具有特色商品生产基础的乡村开展电子商务，吸引农民工返乡创业就业，引导农民立足农村、对接城市，探索农村创业新模式。各类农村电子商务运营网点要积极吸收农村妇女、残疾人士等就业。

四、加强农村电子商务基础设施建设

（十二）加强农村宽带、公路等设施建设

完善电信普遍服务补偿机制，加快农村信息基础设施建设和宽带普及，推进"宽带中国"建设，促进宽带网络提速降费，积极推动4G和移动互联网技术应用。以建制村通硬化路为重点加快农村公路建设，推进城乡客运一体化，推动有条件的地区实施公交化改造。

（十三）提高农村物流配送能力

加强交通运输、商贸流通、农业、供销、邮政各部门和单位及电商、快递企业等相关农村物流服务网络和设施的共享衔接，发挥好邮政点多面广和普遍服务的优势，逐步完善县乡村三级物流节点基础设施网络，鼓励多站合一、资源共享，共同推动农村物流体系建设，打通农村电子商务"最后一公里"。推动第三方配送、共同配送在农村的发展，建立完善农村公共仓储配送体系，重点支持老少边穷地区物流设施建设。

五、创建农村电子商务发展的有利环境

（十四）搭建多层次发展平台

鼓励电商基础较好的地方积极协调落实项目用地、利用闲置厂房等建设农村特色电子商务产业基地、园区或综合运营服务中心，发挥孵化功能，为当地网商、创业青年和妇女等提供低成本的办公用房、网络通信、培训、摄影、仓储配送等公共服务，促进网商在农村的集聚发展。支持地方依托第三方综合电商平台，开设地方特色馆，搭建区域性电商服务平台。促进线下产业发展平台和线上电商交易平台的结合，推动网络经济与实体经济的融合。研究建立适合农村情况的电子商务标准、统计制度等。

发挥各类农业信息资源优势，逐步覆盖农产品生产、流通、销售和消费全程，提高市场信息传导效应，引导农民开展订单生产。

（十五）加大金融支持力度

鼓励有条件的地区通过拓宽社会融资渠道设立农村电子商务发展基金。鼓励村级电子商务服务点、助农取款服务点相互依托建设，实现优势互补、资源整合，提高利用效率。提高农村电商的大数据分析能力，支持银行业金融机构和支付机构研发适合农村特点、满足农村电子商务发展需求的网上支付、手机支付、供应链贷款等金融产品，加强有关风险控制，保障客户信息安全和资金安全。加大对电商创业农民的授信和贷款支持。充分利用各地设计开发的"青"字号专属金融产品，或依托金融机构现有产品，设计"青"字号电商创业金融服务项目，支持农村青年创业。协调各类农业信贷担保机构，简化农村网商小额短期贷款办理手续，对信誉良好、符合政策条件的农村网商，可按规定享受创业担保贷款及贴息政策。

（十六）加强培训和人才培养

依托现有培训项目和资源，支持电子商务企业、各类培训机构、协会对机关、企业、农业经营主体和农民等，进行电子商务政策、理论、运营、操作等方面培训。有条件的地区可以建立专业的电商人才培训基地和师资队伍，努力培养一批既懂理论、又懂业务、会经营网店、能带头致富的复合型人才。引导具有实践经验的电商从业者返乡创业，鼓励电子商务职业经理人到农村发展。进一步降低农村电商人才就业保障等方面的门槛。

（十七）规范市场秩序

加强网络市场监管，打击制售假冒伪劣商品、虚假宣传、不正当竞争和侵犯知识产权等违法行为，维护消费者合法权益，促进守法诚信经营。督促第三方交易平台加强内部管理，规范主体准入，遏制"刷信用"等欺诈行为。维护公平竞争的市场秩序，营造良好创业营商环境。推进农村电子商务诚信建设。加强农产品标准化、检验检测、安全监控、分级包装、冷链仓储、加工配送、追溯体系等技术、设施的研究、应用和建设，提高对农产品生产、加工和流通等环节的质量管控水平，建立完善质量保障体系。

（十八）开展示范和宣传推广

开展电子商务进农村综合示范，认真总结示范地区经验做法，梳理典型案例，对开展电商创业的农村青年、农村妇女、新型农业经营主体和农村商业模式等进行总结推广。加大宣传力度，推动社会各界关注和支持农村电子商务发展。加强地区间沟通与交流，促进合作共赢发展。

电子商务进农村是三农工作的新领域。各地要加快转变政府职能，打破传统观念和模式，大胆探索创新，加强组织领导，加强部门沟通协调，改进工作方式方法，提升政府服务意识和水平，推动农村电子商务健康快速发展，促进农村现代市场体系建立完善，加快推进农业现代化进程。

附件：农村电子商务发展重点工作

商务部

发展改革委

工业和信息化部

财政部

人力资源社会保障部

交通运输部

农业部

人民银行

工商总局

质监总局

银监会

证监会

保监会

邮政局

国务院扶贫办

供销合作总社

共青团中央

全国妇联

中国残联

2015 年 8 月 21 日

附件：
农村电子商务发展重点工作

工作名称	工作内容	牵头部门
一、农村青年电商培育工程	加强农村青年电子商务培训，引导农村青年运用电子商务创业就业，提高农村青年在县、乡、村电子商务服务体系建设中的作用。	共青团中央
二、"快递向西向下"服务拓展工程	完善中西部、农村地区快递基础设施，发挥电子商务与快递服务的协同作用，提升快递服务对农村电子商务的支撑能力和水平。	邮政局
三、电商扶贫工程	在贫困县开展电商扶贫试点，重点扶持建档立卡贫困村贫困户，推动贫困地区特色农副产品、旅游产品销售。	扶贫办
四、巾帼电商创业行动	建立适应妇女创业的网络化、实训式电子商务培育模式，借助互联网和大数据，助推农村妇女创业致富。	全国妇联
五、电子商务进农村综合示范	培育一批农村电子商务示范县，健全农村电子商务支撑服务体系，扩大农村电子商务应用领域，提高农村电子商务应用能力，改善农村电子商务发展环境。	财政部、商务部